Die Exegese hat das erste Wort

Die Exegese hat das erste Wort

Beiträge zu Leben und Werk Benno Jacobs

Herausgegeben von
Walter Jacob und Almuth Jürgensen

Calwer Verlag
Stuttgart

Die Deutsche Bibliothek – CIP-Einheitsaufnahme

Die Exegese hat das erste Wort: Beiträge zu Leben und Werk
Benno Jacobs / hrsg. von Walter Jacob und Almuth Jürgensen. –
Stuttgart: Calwer Verl., 2002

ISBN 3-7668-3745-1

© 2002 Calwer Verlag, Stuttgart
Alle Rechte vorbehalten.
Wiedergabe, auch auszugsweise,
nur mit Genehmigung des Verlags
Satz: Karin Klopfer, Calwer Verlag
Einbandgestaltung: Karin Sauerbier, Stuttgart
Druck und Verarbeitung: Gutmann + Co., 74388 Talheim

Inhalt

Walter Jacob / Almuth Jürgensen
Introduction / Vorwort 7

Walter Jacob
The life and work of Benno Jacob 11

Christiane Pritzlaff
»Nur das Persönliche tut wohl ...«
Familie Jacob/Loewenthal im Grindelviertel 32

Christian Wiese
Ein »Schrei ins Leere«? Die Wissenschaft des Judentums und
ihre Auseinandersetzung mit protestantischer Theologie und
ihren Judentumsbildern als Kontext des Werkes Benno Jacobs 49

Almuth Jürgensen
The fascination of Benno Jacob and his critique
of Christian Scholarship 70

Maren Ruth Niehoff
Benno Jacob's concept of a »Wissenschaft des Judentums« 85

Shimon Gesundheit
Bibelkritische Elemente in der Exegese Benno Jacobs 98

Yaakov Elman
Benno Jacob in historical context 111

Almuth Jürgensen
»Die Exegese hat das erste Wort« –
Zu Benno Jacobs Bibelauslegung 124

Inhalt

W. Gunther Plaut
Benno Jacob's method, an examination of Genesis 3 148

Herbert Marks
»Ich werde es sein, der ich es sein werde«
Ein Kommentar zum Kommentar 152

Walter Jacob
Benno Jacob on Leviticus 169

Anhang
Rezensionen und Besprechungen von Benno Jacobs Publikationen ... 191

Verzeichnis der Autorinnen und Autoren 200

Walter Jacob / Almuth Jürgensen

Introduction / Vorwort

Martin Buber, Karl Barth, Gerhard von Rad, and Brevard Childs are all well known and very different personalities, yet each had an admiration for Benno Jacob and his Biblical studies. They valued his contributions and used them in their own works.

Now more than half a century after his death, Benno Jacob's works, many republished in English, German, and Hebrew have been reexamined. The scholars in this volume provide us with an appreciation and appraisal of his efforts. After the passage of decades it is also possible to see Benno Jacob in a different light and to assess him both alongside his contemporaries and in the light of earlier centuries of Biblical commentaries. The authors of these essays, both Jewish and Christian, do so in light of their own traditions and scholarly endeavors.

In last century, interest in the Bible went in two directions. Some scholars concentrated on archeological, critical, or linguistic studies and dismissed everything else, especially earlier studies and commentaries. The Bible was a part of ancient literature which may present us with some insights into the development of our civilization. The second group consisted of commentators and scholars who were profoundly religious and often fundamentalist; they ignored the contemporary studies entirely and wrote as if they did not exist. The two groups of Biblical scholars occasionally fought with each other, usually despised each other, but rarely enriched each other.

Benno Jacob, as shown here, was able to unite both methods in his studies. He combined a critical, linguistic approach with a deep devotion to the Torah and its religious message. The combination provided a new understanding of the texts. The reward for this achievement was to be largely ignored by both sides. It did not help his cause to be a Jewish scholar who served as the rabbi of a large German congregation. He was not an academician and the academy favors its own; it has always been suspicious of gifted individuals outside that circle. Nor was it helpful that he wrote in German just as the German Jewish community was on the verge of annihilation.

Introduction

Benno Jacob was not only a scholar, but a fighter. When he saw errors he did not hesitate to point them out and to challenge even the most revered figures of Biblical scholarship. His two major commentaries on Genesis and Exodus, each more than eleven hundred pages, present a challenge to the reader. With biting sarcasm and careful detailed analysis Jacob attacks those who have taken wrong paths, never mind the prestige or position of that scholar. As our authors point out, Benno Jacob's combination of the tradition with modern critical methods have proven fruitful, challenged old notions, and provided hundreds of insights into the rhythm of the text, difficult sequences, and much more. This combative scholar was never dull.

The bilingual nature of these essays written by scholars from Germany, North America, and Israel indicates the broad interest in Benno Jacob. They also show how far we have come in interreligious dialogue in Europe and North America during the last portion of the twentieth century. We hope that these essays will further understanding of the Torah and Biblical scholarship.

Walter Jacob

Benno Jacobs Bibelauslegung ist in den vergangenen Jahren wiederentdeckt worden. Vor wenigen Jahren erschien sein Kommentar zum zweiten Buch Mose auf Englisch (The Second Book of the Bible: Exodus, translated with an Introduction by Walter Jacob, Hoboken N. J. 1992). Dieser in den 40-er Jahren im Londoner Exil fertiggestellte Kommentar wurde 1997 erstmalig auf Deutsch verlegt (Das Buch Exodus, Calwer Verlag Stuttgart). Drei Jahre später erschien eine Wiederauflage des Genesiskommentars von 1934 (Das Buch Genesis, Calwer Verlag Stuttgart, 2000).

Zu Lebzeiten war Benno Jacob keinesfalls unbekannt. Sein Hauptwerk, der Genesiskommentar, befand sich im Gepäck vieler Jüdinnen und Juden, die in den 30-er Jahren durch die Nationalsozialisten aus Deutschland vertrieben worden waren. Mit ihnen wich auch die Selbstverständlichkeit einer theologischen Auseinandersetzung von Jüdinnen und Juden mit Christinnen und Christen, wie sie während der Weimarer Zeit gepflegt worden war.

Auf die grundsätzlichen Anfragen Benno Jacobs an die deutsche christliche Theologie wurde bislang keine Antwort gegeben. Seine scharfe Kritik an protestantischer Bibelauslegung, an ihrem Antijudaismus, verhinderte eine größere Popularität dieses eigensinnigen Rabbiners und Bibelwissenschaftlers in seinem Heimatland.

Vorwort

1949 zitierte der Alttestamentler Gerhard von Rad an vielen Stellen seines Genesiskommentars Benno Jacob. Jacobs Kommentar war der aktuellste und der umfassendste, auf den von Rad bei seiner Arbeit am ersten Buch Mose zurückgreifen konnte.

Mittlerweile ist es in christlicher Exegese fast selbstverständlich, sich mit jüdischer Auslegungstradition zu befassen. Im Dialog von Christinnen und Christen mit Jüdinnen und Juden sowie innerhalb der neu entstehenden Vielfältigkeit jüdischer Gemeinden in Deutschland werden Benno Jacobs Beiträge zur Bibelauslegung, aber auch seine Einstellung zum Leben als Deutscher und Jude, herangezogen. Die Kombination von jüdischem Traditionsbewusstsein und philologisch geschultem Blick, sein selbstverständlicher Umgang mit der Bibel und mit jüdischer Geschichte ist – zumindest für den deutschsprachigen Raum – eine Seltenheit. Jacob hinterlässt durch seine großen Kommentare und durch seine vielen Aufsätze die Gewissheit, daß die Tora nie zu Ende erforscht sein wird.

Im vorliegenden Band sind Beiträge verschiedener Autorinnen und Autoren versammelt, die aus unterschiedlicher Perspektive Leben und Werk Benno Jacobs beleuchten.

Walter Jacob, Rabbiner am Rodef Shalom Temple in Pittsburgh/USA, Oberrabbiner der Liberalen jüdischen Gemeinde Beth Shalom in München, Lehrer am Abraham Geiger Institut in Potsdam und Enkel von Benno Jacob, führt in *Life and Works of Benno Jacob* ein. In seinem zweiten Beitrag, *Benno Jacob on Leviticus*, geht er auf verschiedene frühe und späte Werke Jacobs ein. Im Londoner Exil begann Jacob einen Kommentar zu Leviticus, den er jedoch nicht beendete.

Ausschnitte vom jüdischen Leben in Hamburg beschreiben das Umfeld der letzten Jahre Benno Jacobs in Deutschland. Christiane Pritzlaff, Oberstudienrätin und Lehrbeauftragte an der Universität Hamburg, unternimmt – orientiert an den Familien Jacob/Loewenthal – einen Spaziergang durchs Hamburger Grindelviertel.

Jacob war ein Vertreter der »Wissenschaft des Judentums«. Christian Wiese, evangelischer Theologe und Lehrbeauftragter für Judaistik an der Universität Erfurt, schildert mit seinem Essay *Ein »Schrei ins Leere«? die ›Wissenschaft des Judentums‹ und ihre Auseinandersetzung mit protestantischer Theologie und deren Judentumsbildern*. Er untersucht die Forschungsbedingungen jüdischer Wissenschaftler um die Jahrhundertwende und die Kommunikationsstruktur zwischen ihnen und christlichen Wissenschaftlern.

Almuth Jürgensen, Pastorin der Nordelbischen Kirche und Benno-Jacob-Forscherin, legt in dem Artikel *Benno Jacobs Critique of Christian Scholarship* ihr

Introduction

Augenmerk auf das, was Jacob insbesondere seinen christlichen Leserinnen und Lesern sagen wollte. In ihrem Beitrag »*Die Exegese hat das erste Wort*« – *Zu Jacobs Bibelauslegung* beschreibt sie zunächst Voraussetzungen und einzelne Schritte der Exegese Jacobs, um dann Eigenarten seiner Kommentare sowie sein Verständnis von Theologie darzustellen.

Maren Ruth Niehoff, Universität Jerusalem, Dozentin für Jüdische Studien an der hebräischen Universität Jerusalem, analysiert *Benno Jacob's Concept of »Wissenschaft des Judentums«* und akzentuiert gegenüber dem Ansatz von Leopold Zunz bei Jacob eine idealistische Verwendung des Wissenschaftsbegriffs. Gleichzeitig erkennt sie bei Jacob eine Verbindung von religiös orientierter Bibelauslegung und kritischer Annäherung an den biblischen Text aus jüdischer Perspektive.

Shimon Gesundheit, Dozent für Bibelstudien an der hebräischen Universität Jerusalem und in Harvard / USA, befaßt sich mit historisch-kritischen Seiten in der Bibelauslegung von Jacob. Unter der Überschrift des von Jacob selbst geäußerten Satzes »*Schon Wellhausen hat hier das Richtige gesehen*« belegt er *bibelkritische Elemente in der Exegese Benno Jacobs* entlang der Schritte historisch-kritischer Exegese.

Der New Yorker Bibelwissenschaftler und Rabbiner Yaakov Elman widmet sich »*Benno Jacob in Historical Context*«. Er vergleicht Jacob mit Bibelwissenschaftlern seiner Zeit (Y. Kaufmann, U. Cassuto) und legt Wert darauf, in Jacob keinesfalls lediglich einen Apologeten zu sehen. Am Beispiel von Jacobs Auslegung der Josephsgeschichte weist Elman auf die *omnisignificane* von Jacobs Auslegung hin.

Rabbiner Gunther Plaut, Rabbiner in Toronto, veranschaulicht überraschende Interpretationen Benno Jacobs anhand von Genesis 3 in einer Ansicht von *Benno Jacobs Methode*.

Herbert Marks, Literaturwissenschaftler an der Indiana University Bloomington/USA und am Institute for Biblical and Literary Studies, gibt einen *Kommentar zum Kommentar* ab. Er betrachtet Ex 3,14 »*Ich werde es sein, der ich es sein werde*« aus literaturwissenschaftlicher Perspektive. Dabei geht es ihm um die Form des Kommentars und um Jacobs Bemühen, den Originaltext mit seiner eigenen Interpretation zu verbinden.

Die Beiträge entstanden anläßlich zweier Konferenzen zu Leben und Werk Benno Jacobs. Wir danken für die großzügige Unterstützung der Karl H. Ditze-Stiftung, der Gustav Prietsch-Stiftung, der Axel Springer Stiftung und der Fritz Thyssen Stiftung. Letzere hat mit einem Druckkostenzuschuss das Erscheinen dieses Bandes unterstützt.

Almuth Jürgensen

Walter Jacob

The life and work of Benno Jacob*

Biblical studies represent Benno Jacob's most significant contribution to scholarship and Jewish life. Yet we should not forget that until his retirement in 1929 he was rabbi in the large Jewish community of Dortmund with its 3,500 members and played a leading role in German Jewish life, both in the rabbinical organizations and in the Central Union of German Citizens of the Jewish Faith (Centralverein deutscher Staatsbürger jüdischen Glaubens). For many years he was on the executive board of the latter. His published works demonstrated his interest in a variety of modern Jewish problems. He battled anti-Semitism through courageous speeches, personal confrontations as well as essays and articles. All these factors played a role in his intellectual development in the turbulent times through which he lived, from Bismarck and the Franco-Prussian War to Hitler and World War II. Previous biographical essays have treated various aspects of his life separately;[1] this essay will summarize those efforts and add material from correspondence, notebooks, and interviews.

Benno Jacob was born on September 7, 1862, in Breslau. The city was the capital of Silesia and the second-largest city of Prussia. It played a con-

---

*   An earlier version of his essay was published in *The Second Book of the Bible, Exodus*, Hoboken, 1992.
** My gratitude to Mrs Hannah Loewenthal, my beloved mother-in-law, and Dr. Eric Loewenthal, for their generous response to questions and for personal material in their possession.
1   Kurt Wilhelm, »Benno Jacob: A Militant Rabbi,« *Yearbook of the Leo Baeck Institute* 7 (1962): 75–94; Ernest I. Jacob, »Benno Jacob als Rabbiner in Dortmund,« *Leben der Juden in Westfalen* (Frankfurt, 1962), 89–92; Ernest I. Jacob, »Life and Work of B. Jacob (1862–1945),« *Paul Lazarus Gedenkbuch* (Jerusalem, 1961), 93–100; see also the *Jewish Encyclopedia*, the *Universal Jewish Encyclopedia*, and the *Encyclopaedia Judaica*, and B. Jacob, *Genesis*, (1974), 375 ff, for a bibliography. My father, Ernest I. Jacob spent much time and energy on getting appropriate recognition for B. Jacob's Biblical studies; he also made numerous attempts to find a publisher for the *Exodus Commentary*. Many who could have been helpful and were involved with the Claims Conference and German Jewish cultural organizations had crossed swords with B. Jacob and were unwilling to forget this, so those efforts failed. He, nevertheless, continued to prepare the manuscript for publication and to organize the other manuscripts.

siderable role in Bismarck's ambitions against Austria. Its Jewish population continued to grow during the nineteenth century[2] as Breslau attracted new settlers from the surrounding small communities and nearby Poland. As the scene of the Geiger-Titktin Affair (1838–1843), in which the young liberals challenged the established Orthodoxy, it played a role in the struggle between Orthodox and Liberal Judaism. The establishment of the Jüdisch-theologisches Seminar (1854) under the direction of Zacharias Frankel turned the city into a center of modern Jewish learning. Benno Jacob's father, Zeev David Jacob, was rabbi, cantor, and teacher in small congregations in Silesia and was a descendant of a long line of rabbis and scholars.[3] Benno Jacob, who never liked his first name, and therefore refused to use it, enjoyed a childhood in these small communities, although the family remained poor. He made many non Jewish friends and established a lifelong love of nature. His family consisted of two brothers, Martin, who entered business and eventually died at the hands of the Nazis in Berlin in 1942,[4] and Nathan, who was a businessman in Düsseldorf. A sister died at an early age. Benno Jacob's fighting spirit was accompanied by considerable physical strength. He received his higher education at the University of Breslau and the Jewish Theological Seminary (Jüdisch-theologisches Seminar), which he entered in 1883. His doctorate in classical and Oriental languages set him onto the path of philological research. He was a gifted student who read widely and was blessed with a photographic memory. His memory did not fail even in old age; during my years of editing and translating, I have found only a few incorrect references, despite his lack of library facilities in London during the

---

2   From 3000 in 1800 to 18,440 in 1905; *Jewish encyclopedia,* »Silesia.«
3   R. Teomin of Prague (Nimukim to Ture Zahav, Novellae). R. Samuel Phoebus; died Vienna 1630. Zevi Hirsch, rabbi in Plotzk. R. Loeb Munk, rabbi in Graetz and Krotoschin. R. Beer Munk of Meseritz. R. Zevi Hirsch, rabbi in Schwerin 1735, Meseritz 1736. R. Jehuda Loeb. R. Meir Munk Posener 1735, Danzig 1807, rabbi in Meseritz 1763, Königsberg and Frankfurt a. O. Messe 1767, Danzig, Schottland, and Langfuhr 1783 (Bet Meir, Zelo-ot Habayit, Novellae). R. Hayyim Munk, rabbi in Schottland. R. Benjamin Schreiber 1779–1839, rabbi in Graetz. R. Israel Makovsky. R. Zeev David Jacob, Gompolno 1832–Berlin 1917. Campolno 1832-Berlin 1917. R. Benno Jacob, Frankenstein 1862-London 1945 *(Im Namen Gottes. Der Pentateuch, Die Abzählungen and Exegese. Auge um Auge, Das Erste Buch der Torah, Genesis).* R. Ernest Jacob, Göttingen 1899–1974 *(Die altassyrischen* Gesetze *und ihr Verhältnis zu den Gesetzen des Pentateuchs; Israelitische Religionslehre: Genesis* (ed. tr.), *Paths of Faithfulness, The Jewish Treasure Reading Plan).* R. Walter Jacob, Augsburg 1930 *(Christianity Through Jewish Eyes; American Reform Responsa, Questions and Reform Jewish Answers, Nicht durch Geburt Allein* (ed.), *The Healing Past, Pharmaceuticals in the Biblical and Rabbinic World* (ed. with I. Jacob), *Dynamic Jewish Law – Essays and Responsa* (ed.), and twenty-eight other books as well as several hundred essays).
4   His descendants (Stranz) now live in Israel; Martin Jacob *to* B. Jacob, April 11, 1940, Martin Jacob to Ernst Jacob, February 16, 1941; B. Jacob to Ernst Jacob, September 7, 1941.

war years. His classical education continued to play a major part in his life, as he pursued Near Eastern, Greek, and Latin studies throughout his life. His estate contains large collections of studies in these fields. He corresponded with one friend in Latin for most of his life.

In 1886 Benno Jacob and eleven medical students formed the first German Jewish dueling fraternity, named »Viadrina«. This was the parent organization of the later popular Union of Jewish Student Fraternities (K.C.-Kartell-Convent Jüdischer Verbindungen). This fraternity imitated its German counterparts with drinking ceremonies, student songs, colors, caps, and dueling to defend Jewish honor. During these student days he wrote a number of popular songs for his fraternity.

Although civil rights and the ability to study for most professions had been granted to German Jews by the last third of the nineteenth century, barriers remained in virtually every field except the free-lance professions. The Jewish university students came from patriotic families affected by the nationalism of the 1870's. They were disappointed and angered by the rising anti-Semitism fostered through the efforts of the political clergyman Adolf Stoecker and by such intellectuals as Professors Heinrich von Treitschke and Theodor Mommsen. This anti-Semitism appealed to the lower middle class, which suffered from the economic depression of the early eighties and the general dislocation brought by economic changes. The students saw the university as a place to fight anti-Semitism. As the Christian fraternity system excluded them totally, the Viadrina challenged this system. When the other fraternities refused to acknowledge it, the members forced the issue through vigorous provocation. This belligerent spirit angered the Jewish community of Breslau but found patrons in the historian Heinrich Graetz and Rabbi Joel.[5] Benno Jacob was among the duelists and disabled one opponent. This marked the beginning of a lifelong struggle against anti-Semites. He was absolutely fearless and did not hesitate to arise in large, hostile Gentile audiences to challenge an anti-Semitic speaker. Physical danger never troubled him, whether dealing with the insults of soldiers during World War I or, as a man in his seventies, facing the S.S. during the Nazi boycott of 1934. He was convinced that such straightforward confrontation would help Jews to their rightful place in German life; he combined these efforts with a staunch German patriotism and served a year in the Prussian army as a conscript. This attitude earned him respect in the general German Jewish community.

---

5   A. Asch and J. Philippson, »Self-Defense at the Turn of the Century; The Emergence of the K. C.«, *Yearbook of the Leo Baeck Institute* 3 (1958): 122ff.

At the Jewish Theological Seminary he was a favorite student of the historian Heinrich Graetz. His doctoral dissertation on Esther in the Septuagint combined classical and historical Biblical studies.[6] His belligerent spirit and outspoken opinions earned him the opposition of the Seminary rabbi, who refused to sign his ordination certificate. That meant that Benno Jacob, along with some colleagues who shared his point of view, was ordained by a special committee composed of leading rabbis of the General Rabbinic Assembly (Allgemeiner Rabbinerverband, founded in 1884).

After Benno Jacob finished his years at the Seminary and the University, he remained in Breslau as an instructor. He was an inspiring teacher, and several of his students later entered the rabbinate. From 1891 until 1906 he held a pulpit in the small university city of Göttingen with its Jewish community of a few hundred people; it proved to be a good place to begin a career, as there was sufficient time for Biblical and other studies, as well as leisure to enjoy the friendship of Jews and non Jews. The great German Biblical scholar Julius Wellhausen, whose theories Benno Jacob opposed all his life, taught at Göttingen during this period; they had some contact and Wellhausen considered some of his ideas »ingenious«.[7]

In 1894 Benno Jacob married Helene Stein, one of the pretty daughters of Jakob Stein, president of the Jewish Teachers Seminary in Cassel. Her family came from nearby Glogau. His father-in-law had edited a textbook on Jewish religion,[8] which went through five editions, the last prepared under the direction of his son-in-law. As there were no children during the initial five years of marriage, she continued to study at the university and also participated in his rabbinate. Her quiet humor and gentler manner balanced Benno Jacob's harsher tone. The couple had three children, Ernst (1899–1974), who became a rabbi, Hannah (1902–1988), and Ewald (1904–1979).

Benno Jacob's studies during this period ranged over broad areas; in addition to popular pamphlets, he wrote a linguistic study of the Psalms (*Beiträge zu einer Einleitung in die Psalmen,* 1896–1900) and an essay on Palestinian Aramaic *(Das hebräische Sprachgut im Christlich-Palestinischen,* 1902). His interpretations of Hebrew words were frequently adopted by Biblical commentators; his precise methodology was rarely surpassed. He emphasized shades of meaning and tried to establish the original thought and overtones of words. He wrote at length on the puzzling *se-lah* frequently

---

6 Das Buch Esther bei den LXX (Gießen, 1890).
7 H. Loewenthal, October 6, 1981.
8 Jakob Stein, *Israelitsche Religionslehre* (Cassel, 1887), 178 pp.

found in psalms. He collaborated with Wilhelm Ebstein on two volumes on medicine in the Bible and Talmud (*Die Medizin im Alten Testament* [Stuttgart, 1991]; *Die Medizin im Neuen Testament und im Talmud* [Stuttgart, 1903]; although for some reason unknown to me, he did not wish the collaboration acknowledged. This was followed by the important work *In the Name of God* (*Im Namen Gottes* [Berlin, 1903]), which dealt with the phrase in the Hebrew Bible and New Testament in an original manner. Benno Jacob here rejected the slow evolution of monotheism and any original magic overtones of the divine name while discussing various beliefs and superstitions often connected with the divine name. He denied the validity of the division of the Pentateuch between Yahvists and Elohists. There was a thorough excursus on *y-h-v-h* at its conclusion. The book also contained much on semantics and symbolic logic.

This slim volume was favorably reviewed in many journals and brought the author to the attention of fellow scholars. Some of them began to correspond with Benno Jacob; among them were Samuel Krauss, W. Streitmüller, and A. Büchler. That work was followed by *The Pentateuch: Critical and Exegetic Studies* (*Der Pentateuch Exegetisch-Kritische Forschungn* [Leipzig, 1905]), which set the pattern for his later studies. It dealt with some of the most difficult and neglected sections of the Pentateuch. Each segment contained many original ideas, and Benno Jacob tried, for example, to find a system in the use of numbers. The pieces on chronology, genealogy, the desert sanctuary, and the sacrificial cult dealt with matters basic to an understanding of Biblical religion, although they treated segments of the Bible eschewed by most readers.

Benno Jacob proposed the thesis that the Biblical author did not wish to provide a technical description of the desert Tabernacle; therefore it has also proven impossible to reconstruct the Tabernacle according to the Biblical text. The text expressed profound theological ideas through symbols. This made the question of the Tabernacle's existence irrelevant. In the other chapters of Benno Jacob's *Pentateuch*, the festive cycle and the chronological and genealogical passages of the Five Books of Moses were also shown to present theological ideas, not historical data. He felt that much of this material represented an artificial symbolic construction. The results were surprising and were achieved in ingenious ways.

Benno Jacob's thorough studies used ancient and modern scholar ship-literary, archaeological, philological, and grammatical. Jewish exegesis, which most Biblical critics neglected, was widely utilized in this and subsequent works. Benno Jacob possessed a feeling for the language of the Bible and understood its characteristics better than contemporary Biblical critics. Some reviewers disagreed with him, and this led to vigorous scholarly debates.

These writings led him to conclusions diametrically opposed to those of contemporary scholars, many of which are only slowly being recognized. Benno Jacob has been improperly called a conservative Biblical critic. He sought to preserve and conserve the text agains pseudo scholarly methodology and fanciful reconstructions. He acknowledged that the Biblical text was edited by later hands and that segments of the Pentateuch did not stem from Moses, but also considered the editor at least as intelligent as the modern reader and not prone to obvious mistakes. Furthermore, he felt that the sources which preceded the editorial period were not recoverable. Efforts in that direction were vain and avoided the main task of scholarship, which was the study of the transmitted text. Some scholars argued with him, and he responded with careful attention to detail. The vast majority simply ignored him. In Jewish circles he received early appreciation from Rosenzweig, Cassuto, Buber, Segal, and Kaufmann, and somewhat later from Leibowitz and Plaut. Cassuto's work was influenced by Benno Jacob, and some of their studies paralleled each other. General Biblical scholarship did not benefit from his efforts until the postwar writings of von Rad, Childs, and the philosopher Barth; Speiser managed to ignore him.[9]

Benno Jacob's general approach to Jewish scholarship became clear through a lecture held during a conference of the General German Rabbinic Assembly in 1907, which resulted in the pamphlet *The Scientific Study of Judaism (Die Wissenschaft des Judentums)*. This paper acknowledged the achievements of this scholarly movement and the positive influence exercised upon Jews and non-Jews. Its work had eventually been grudgingly received by Christian scholars, but they found new ways of attacking Jews and Judaism, so the hostility between Judaism and Christianity had not diminished. Benno Jacob criticized the scientific study of Judaism for its excessive adaptation to the surrounding civilization and its exclusive use of German. He was, to the dismay of his colleagues, even more critical of the decline in Jewish studies, which had produced no successor to Graetz, few rabbinic scholars, and absolutely no one of the first rank devoted to the Bible. Benno Jacob failed to mention David Hoffmann or Jakob Barth. He castigated

---

9 K. Barth, *Church Dogmatics*, Vol. III (Edinburgh, 1967); B.S. Childs, *The Book of Exodus: A Critical, Theological Commentary* (Philadelphia, 1974); N. Leibowitz, *Iyunim B'sefer B'reshit* (Jerusalem, 1967); G. von Rad, *Genesis: A Commentary* (Philadelphia, 1961); E. A. Speiser, *Genesis* (New York, 1964); W. P. Plaut, *The Torah: A Modern Commentary* (New York, 1981).

Jewish research for its lack of dynamism and vision. The speech led to an angry debate in which he participated. More significantly, it signaled his own entry into the field of Biblical studies, which he pursued for the remainder of his life.

Benno Jacob's efforts in this period were not limited to Biblical studies, as he edited the sermons of a colleague and friend, Benjamin Rippner, who died after serving twenty-five years as rabbi in Glogau (*Predigten* [Berlin, 1901]). He felt that these thoughtful sermons deserved to be printed. The introduction to this volume dealt with the loneliness of the rabbi in a small community; it emphasized the importance of the spoken word for the synagogue service and Jewish life, as well as the contribution which traditional thought could make in dealing with contemporary problems. This was the pattern which Benno Jacob set for his own sermons; unfortunately very few have survived the Nazi period, usually accidentally placed in a larger work. Some of his popular lectures enable us to understand his approach, as well as his use of Biblical and rabbinic texts.

During his years as rabbi in Göttingen, and later in Dortmund, Benno Jacob maintained a close relationship with his colleagues in the neighboring communities. Their monthly or bimonthly meetings moved from one community to the next and provided intellectual discussions and an opportunity to deal with common problems. The rabbis' wives also formed lifelong friendships during these meetings. In the summers the family would inevitably pack up and spend the time as boarders in the village of Klausthal in the Hartz Mountains near Goslar; they stayed with Jewish families, usually meeting some colleagues and their families there, among them the Samuels of Essen and the Baecks of Berlin. The family enjoyed nature and spent the hours reading and studying, so that these ventures into the countryside were always accompanied by a large trunk of appropriate books. Benno Jacob used his knowledge of mushrooms and berries during family excursions into the forests.

Although Benno Jacob spoke throughout Germany during these and subsequent years in defense against anti-Semites, there was little money for pleasure travel, and he seldom saw his brothers in Düsseldorf and Berlin. Helene Jacob saw her sisters only when serious illness struck, although they lived nearby. The slim rabbinic salary was augmented by boarding an orphan, Kurt Schattenberg, for a number of years, despite the difficulty of adding another child to the family; he later died in England.

In 1906 Benno Jacob became rabbi of Dortmund, a community of 3,500 members. Although Dortmund was an old city with a medieval tradition, it gained significance only through rapid industrialization at the conclusion of the nineteenth century. Its population had grown from 30,000 at mid-century to 100,000 in 1900: the growth accelerated and reached 330,000 by the late 1920's. It was not easy to be the first modern rabbi of this growing community in a rugged industrial city still developing its traditions. He had to »civilize« the nouveau riche Jews. This led to many struggles, and it took some years before the community was willing to let its rabbi sit on the board and participate in the major decisions of the congregation. His activities in Dortmund included weekly sermons, twenty hours of religious education in the public schools each week, marriages, funerals, supervision of charitable causes, leadership of the lodges, as well as the general needs of the Jewish community. The community had erected a beautiful new synagogue in the center of the city near the municipal theater in 1899; it was demolished and turned into a parking lot on Nazi orders following the *Yamim Noraim* in 1938. It is now the site of an opera house and there is a commemorative plaque.

Despite his congregational activities, Benno Jacob found time to continue his efforts in defense of German Jews. His best-remembered confrontation had taken place earlier against the anti-Semitic leader Liebermann von Sonnenberg, member of the German Parliament and an advocate of racial anti-Semitic theories. In 1892 von Sonnnenberg gave a two-and-a-half-hour lecture on Jews and Judaism under the theme »Is the Moral Teaching of the Talmud Compatible with Civil Law?« Benno Jacob appeared with a porter whom he had sent to bring several volumes of the Talmud. At the conclusion of the lecture he came forward, opened the volumes, and asked the speaker to read the passages to which he had referred. Von Sonnenberg had to confess ignorance of the language of the Talmud and could not even read a single Hebrew letter. (As the porter was a simple, uneducated man, he had brought the first large books he saw which were *Turim*, not the Talmud, but B. Jacob was sure of his ground and proceeded anyhow). Benno Jacob demanded to know how he dared discuss the moral nature of the Talmud when he could not read it. He proceeded to lecture the audience on the Talmud, carefully listing his own credentials of attendance at German schools and universities, as well as service in the Prussian army. He reminded the people that although he was a rabbi, he spoke perfect German, not the Judeo-German to which the speaker had alluded. Benno Jacob then appealed to liberal ideals. He fought every effort to restrict Jews and remove the rights gained slowly in the nineteenth century. Ultimately his efforts at this time and later failed, but they should be recognized as courageous. The labors of these opponents of anti-Semitism have often been forgotten by contemporary historians.

The years prior to World War I were marked by further Biblical studies as well as essays on Liberal Judaism. Benno Jacob rejected the superficial treatment of significant questions provided by some colleagues. He used a devastating review of F. Coblenz's *The Jewish Religion: A Teaching Guide* (*Jüdische Religion, ein Lehrbuch,* 1907) to state his position. He rejected its interpretation of Liberal Judaism. This led to a lengthy exchange of opinion with his colleagues. Two years later Benno Jacob wrote an essay which advocated a more central position for the rabbi in the Jewish community (*The Status of the Rabbi [Zur Stellung des Rabbiners],* 1910). This piece was prompted by Prussian legislation which redefined the structure of the German Jewish community. Eventually the rabbis gained a voice on the community boards and veto power in religious matters; this elevated the status of the rabbi. This essay led to many speeches throughout Germany as the question was debated. His polemic skill helped his colleagues in their struggle within various communities.

During the prewar years, Benno Jacob's Biblical studies continued and led to a lengthy essay on the various enumerations in the books of Leviticus and Numbers (*Die Abzählungen in den Gesetzen der Bücher Leviticus und Numeri,* 1909). This followed the general pattern set by previous Biblical essays with the innovation that he tried to establish a system for the numbers used in the Pentateuch. That thought reappeared frequently in his Genesis and Exodus commentaries; he pointed to an inner rhythm which often characterized the Biblical text. Benno Jacob later applied this heuristic idea to many passages of the Torah. When this controversial thesis was rejected, because it contradicted the usual literary methods, Ben no Jacob would say: »Count for yourself and you will find that the numbers are there. Can this be merely accidental?« Although no other longer pieces were published before World War I, his Biblical studies proceeded at a rapid pace, as shown by his 120 notebooks, which maintained a continual record of Biblical studies spanning a half-century. It was Benno Jacob's practice to carry such a notebook as well as a small Bible at all times, especially on long walks. As ideas germinated, he recorded them along with the appropriate Biblical citations. The notebooks represent the original form of many later writings.[10]

World War I brought its own series of problems. Benno Jacob was a staunch patriot and therefore worked for German victory. Despite anti-Semitic accusations raised during the war years, he remained hopeful for the

---

10 As they were intended purely for personal use and the notations were made under a wide variety of conditions, they are not easily legible. They must still be thoroughly studied.

future of the Jewish community in Germany. Early in the war he arranged a special collection of gifts for soldiers which he then delivered personally to the front. He organized weekly wartime religious services in Dortmund which served Jews and non-Jews alike. As the war brought food shortages, he was obliged to ensure that the rations permitted his community to maintain the dietary laws. This led to many greater and smaller aggravations with the authorities throughout the years. During the concluding years of the war the German government brought Polish forced laborers to the Ruhr industrial section; among them were hundreds of Jews. He assured them proper *kasher* provisions and did his best to alleviate the difficulty of their separations from their families. He provided services, which followed the Polish *minhag*, to which they were accustomed. In addition, he organized social and intellectual activities for their free time, but despite these efforts some misunderstandings arose. After the war a fair number of East European Jews settled in Dortmund, and their different religious needs had to be satisfied. This group of newcomers had frequent difficulties with the authorities, for they did not possess proper papers, often not even a birth certificate. Benno Jacob saw to it that linguistic instruction, food, clothing, and proper living quarters were provided. During the last war years and in the early post-war period, Benno Jacob organized a number of children's transports to Switzerland, so that the children of Dortmund and the neighboring communities could benefit from better nourishment and living conditions in this neutral land. He also arranged to send children to rural Jewish families who were able to provide for them. His daughter, Hannah, vividly recalled the months spent with such an isolated Jewish family in Wehden near Osnabrück; they maintained their heritage while totally integrated into village life.[11]

In the years immediately following the First World War, as the German Empire collapsed and the German republic was established, the Ruhr area was the scene of considerable turmoil. For a time the Ruhr was occupied by the French, and it was necessary to obtain passes to leave and move about. As Benno Jacob had just organized a children's transport to the south, he needed to visit them. It took a great deal of effort, as well as bluff, to obtain the necessary permits. Communists as well as National Socialists tried to establish their own regimes. In this difficult period Benno Jacob represented the Jewish community before the appropriate authorities who were

---

11 Members of this family, Sauer, had lived in the same village for generations and played an important role in the community's life.

temporarily in power. For example, just before one *Pesah*, the Communists ruled Dortmund while all the community's *matzot* were at the railroad station and a general strike prevented their distribution. Benno Jacob petitioned the Communist authorities, who only vaguely understood the situation but finally released the *matzot*. When the city was liberated from the Communists by the Freikorps, Benno Jacob happened to find himself standing on a street corner on a *Shabbat* afternoon while a group of soldiers marched by, and one insulted him as a Jew. He immediately went to the commanding officer and demanded an apology, which the soldier later provided personally. During one of the battles for the city, he accompanied a funeral to the cemetery; while the other mourners scattered and sought safety from the hail of bullets, he remained to complete the burial. These troubled years were followed by the German inflation and its difficulties for all civil employees, as the purchasing power of money diminished every day.

Despite these aggravations Benno Jacob published his volume *Source Criticism and Exegesis of the Pentateuch (Quellenscheidung und Exegese im Pentateuch*, 1916) in the midst of the war. Its hundred pages were devoted to a devastating critique of Pentateuchal source criticism. It, along with the lengthy supplement on the same subject in the *Genesis Commentary* (German edition), represented a thorough analysis of source criticism and its shortcomings. In typical German polemic style filled with irony, Benno Jacob spared no one and took a whole generation of Biblical scholars to task. He noted that anti-Semitism had frequently influenced their exegesis. The subsequent years saw the popular essays on »God and Pharaoh« (»Gott und Pharaoh«) and »Moses at the Thornbush« (»Moses am Dornbusch«, 1922);[12] they also witnessed a number of articles and speeches which dealt with current Jewish problems. Best known among them were the lectures entitled *War, Revolution, and Judaism (Krieg, Revolution und Judentum*, 1918), *The Jews and the Berlin Daily News (Die Juden und das Berliner Tageblatt*, 1920), and *God of Vengeance (Gott der Rache)*. In these and other writings Benno Jacob defended Jews as loyal patriots without other national aspirations. His *A Word to Our Academicians (Ein Wort an unsere Akademiker)* was directed to Jews who had entered the academic world and were alienated from Judaism. He tried to win them to a spiritual and intellectual form of Judaism. All of these essays displayed a rationalistic, non-Zionist approach to Judaism. During the war Benno Jacob was on the executive board of the General

---

12 *Monatschrift für die Geschichte und Wissenschaft des Judenthums*, Vol. 66, 1–33, 116–138, 180–200, 266–920.

Rabbinic Assembly; he succeeded in healing a breach which almost divided the general assembly of German Jews at Berlin in May 1921.

Benno Jacob was an anti-Zionist and retained his hope in liberal European politics. More important, he felt that Zionism represented a threat to Jewish religiosity, as it substituted nationalism for religion. Zionism and Jewish religious Messianism were incompatible. He understood the need in the 1920's for Palestine as a place of refuge and resettlement, but not as a Jewish state. When an effort was made to establish a Zionist organization in Dortmund, he sought to block it, but his wife, who had independent views, raised her voice to become a charter member. The struggle between Zionists and anti-Zionists loomed large in the first three decades of this century in Germany, and Benno Jacob was active participant.

During the 1920's Benno Jacob's scholarly efforts were influenced by his new friendship with Franz Rosenzweig and, to a lesser extent, Martin Buber. Rosenzweig had noted Benno Jacob's stand on community matters in 1916 while serving in the Balkans. In 1921 he read Benno Jacob's work on the Pentateuch and was enthusiastic about it.[13] Rosenzweig visited Benno Jacob in Dortmund later that year and enticed him to provide some lectures at the Frankfurter Lehrhaus. A lengthy scholarly correspondence ensued. The friendship was sufficiently close so that Ernst Jacob could write Rosenzweig in 1922 to ask whether he would edit a festschrift for Benno Jacob's sixtieth birthday.[14] Rosenzweig considered it more important to further the publication of Benno Jacob's Biblical commentaries and felt that all efforts should be concentrated in that direction. Benno Jacob had already proceeded with his Genesis commentary, and Rosenzweig urged him on.[15] The first effort in that direction appeared as a popular piece in the periodical *Der Morgen* in 1926;[16] other essays followed rapidly during the succeeding years, although they never extended to the entire Pentateuch.

Rosenzweig acknowledged his indebtedness to Benno Jacob for some important ideas in his own Bible translation, which was undertaken with Martin Buber. Rosenzweig's interpretation of the name of God came from Benno Jacob.[17] Pamela Vermes considers the influence of Benno Jacob on this Bible translation and other works of Buber and Rosenzweig greater than

---

13 Franz Rosenzweig, *Briefe und Tagebücher* (1979), vol. 2, pp. 706f.
14 Ibid., pp. 812ff.
15 Ibid., pp. 70ff.
16 Der Morgen, 1927–1928.
17 Rosenzweig, op. cit.

they themselves realized;[18] or, one might add, than Buber was willing to acknowledge.[19]

Benno Jacob expressed his anti-Zionism in a vigorous exchange of correspondence with Franz Rosenzweig. Rosenzweig's response was published under the title »Letters of a Non-Zionist to an Anti-Zionist« (*Briefe eines Nichtzionisten an einen Antizionisten*).[20] Benno Jacob's portion of this correspondence has been lost. He felt strongly that German nationalism would conflict with Zionism and considered Jerusalem as a Messianic symbol rather than as the potential capital of a Jewish state. When he reviewed the volume entitled *Zionistische Politik* by Hans Kohn and Robert Weltsch in the periodical *Der Morgen* in 1927, he used the occasion for a clear exposition of his anti-Zionist feelings and emphasized the danger of secularizing Jewish yearnings for Israel, so that political and economic achievements would replace religious values. In May 1927, he voted against the resolution of the Union of German Liberal Rabbis (Vereinigung der Liberalen Rabbiner Deutschlands) which favored the *Keren Hayesod*. His successor in Dortmund, Kurt Wilhelm, was a Zionist, and Benno Jacob indicated that he would struggle against his views, yet they became good friends, and studied the Bible together frequently.[21] He would have been most astonished to find two of his grandchildren permanently settled in Israel and another there for a decade, while the others have been involved in Zionist activities.

His book *Eye for an Eye* (*Auge um Auge*, 1929) combined Biblical studies and the struggle against anti-Semitism. Benno Jacob demonstrated philologically that »eye for an eye« did not possess the apparent literal meaning in Biblical times but indicated payment for damage done, as later also interpreted by the Talmud. His fullest discussion of anti-Semitism appeared in his article on that subject in the German-language *Encyclopedia Judaica* (1928). Though he was requested to write this piece, he was not asked to contribute to the Biblical articles, because his views remained out of favor.

Upon retirement Benno Jacob remained in Dortmund for one year and then moved to Hamburg, where his daughter and son-in-law, as well as three grandchildren, lived. His time was fully occupied with Biblical studies, yet he gave some lectures and taught several bright young men in the Hamburg

---

18 Pamela Vermes, *Buber on God and the Perfect Man* (Chico, CA, 1980), pp. 95ff.
19 See the vague acknowledgment in Buber, *Moses* (New York, 1946), p. 208, n 39.
20 M. Buber (ed.), *Der Jude*, February 1928.
21 Kurt Wilhelm, »Benno Jacob: A Militant Rabbi«, *Yearbook o the Leo Baeck Institute*, vol. 7, p. 86.

community.[22] Despite the fatal illness of his wife, who died in 1932, he continued to work on his *Genesis Commentary*. He acknowledged her encouragement, influence, critique, and peace-making endeavors in her eulogy.[23] The commentary was then published in 1934 and brought him some recognition in Germany as the leading Jewish Biblical scholar of that period. Yet the academic world remained aloof; before their attitude could change, German Jewish life along with German Jewry vanished. The 1930's were poor years for publication in the German language, and many copies of the *Genesis Commentary* were destroyed. Only a dozen reviews appeared in Europe and America. Thomas Mann, however, used it as a source for his Joseph trilogy.[24]

This is the most thorough commentary on Genesis yet written. In its thousand pages, Benno Jacob reviewed the thoughts of all leading previous commentators, including many neglected by modern scholars. He rejected the documentary hypothesis and viewed Genesis as a unit; its constituent parts could not be reconstructed. Benno Jacob utilized his own knowledge of Semitic languages to gain an insight into Biblical Hebrew. He was aided by an extraordinary sense for the Hebrew language. Frequently, simple procedures and thorough analysis led to astonishing results.

Along those efforts stood a detailed critique of the documentary hypothesis. A lengthy appendix on Biblical higher criticism discussed every theory and clearly demonstrated the weakness of the arguments, their circular nature, and their tenuous results. This section was written in a highly polemic manner and therefore brought verve and spirit to what might otherwise have been dull argumentation.

Benno Jacob acknowledged the value of an historical-critical approach, since the Bible was the product of history. He used archaeological discoveries and comparative linguistic material. He was willing to emend the text if it was absolutely necessary, but did so rarely. He felt that the text had been composed later than Moses and thus that some material alluded to facts long after Moses' death. Earlier sources had been used in the final composition of the Pentateuchal text, but they could no longer be recovered. Scholarly effort had segmented the Pentateuch rather than understood the received text. Source Criticism also caused most contemporary Christian Biblical scholars to place the material in an artificial historical sequence which led from »primitive« Judaism to the »sophisticated« New Testament.

---

22 Walter J. Stern to Walter Jacob, March 8, 1980.
23 B. Jacob, *Worte des Gedenkens*, pp. 5ff.
24 Thomas Mann, *Tagebücher*, 1933–1934 (1977), pp. 577ff.

Most apparent textual contradictions could be explained through the text itself; therefore Benno Jacob focused upon the Massoretic text, the inner logic of the material, and the thoughts concealed in the repetitions, which always added facets or new ideas. Benno Jacob was particularly fascinated by the numbers used in the text and the repetition of certain base numbers. His explanations for their use are ingenious, even when not fully convincing.

As the documentary hypothesis continued to reign supreme in the 1930's, the 1940's, and beyond, Benno Jacob's *Genesis Commentary* was largely ignored. It would have been difficult to refute it, so brushing it aside proved easier. During the post–World War II years the commentary began to gain influence in Israel and Germany. Gerhard Von Rad, Gordon Childs, and Karl Barth used it. Among Jewish scholars, and Israelis in particular, we find Martin Buber, Nehama Leibowitz, Abraham Heschel, M. Segal, Umberto Cassuto, Yehezkel Kaufmann, Joseph Hertz, Harry Orlinsky, and Gunther Plaut utilizing it. Undoubtedly the work will be more influential in the future as some of Benno Jacob's studies appear in English and Hebrew. An abridged version of the *Genesis Commentary* in English, prepared by my late father, Ernest I. Jacob, and me, was published in 1974. My translation of the *Exodus Commentary* appeared in 1992 and the commentary in the original German in 1997.

Nineteen thirty-four was also the year in which Benno Jacob finally visited Israel and Egypt. He did so in order to see his son Ewald, who had emigrated to Israel a year earlier; it provided a welcome rest from his studies. The letters from that journey clearly demonstrated how much he enjoyed the visit despite his strong anti-Zionist feelings. During this trip he met virtually all the Israeli intellectuals engaged in Biblical or Talmudic studies. His spoken Hebrew improved rapidly, and he also used his Arabic to exchange ideas with Arab scholars and others whom he met along the way. He was impressed by the beauty and variety of the land. He did not go to Sinai. as the journey was difficult and expensive, but visited Egypt and saw the pyramids, as well as the sights around Cairo. On the way back he saw something of classical Greece, stopped on the Isle of Rhodes to visit the small Italian seminary for Sephardic rabbis there, and generally received a very nice reception wherever he went. In Israel many urged him to come and settle; he was formally invited to teach at the Hebrew University. Although it was tempting, and many coworkers, including Rav Kook, would have welcomed him, he did not feel that this was the place for him and there was faculty opposition.

On his return trip he stopped in Rome and visited Umberto Cassuto. There on his desk he saw the first full copy of his own *Genesis Commentary*, while Cassuto spoke to him of his work on Genesis. It had taken a different form and dealt with specific questions on various segments of the book, rather than a verse-by-verse commentary. Cassuto owned and read everything which Benno Jacob had written, and so Benno Jacob enjoyed this visit with his younger colleague.

In the following years Benno Jacob began to occupy himself with his *Commentary* on *Exodus* as well as a wide variety of specialized studies. The development of this commentary is partially visible through his notebooks and through an extensive correspondence with his son, Ernst Jacob, in Augsburg. These two rabbis shared many interests, and Benno Jacob regularly sent his son segments of the commentary for criticism and suggestions. In addition, he visited Augsburg for a month in the spring and autumn. A good deal of this time was spent in scholarly discussions as well as continued work on the commentary. Unfortunately, most of Benno Jacob's letters of this period have been lost while the replies of his son survived. The correspondence was in German and Hebrew. During this period Ernst began a translation of the *Genesis Commentary* into Hebrew in an attempt to reach a broader audience, but this was lost to the Nazis.

The correspondence reflected the uncertainties and difficulties of the Nazi years. Increasing restrictions were placed upon the Jewish community. Passports were no longer available nor were funds for travel. The Hebrew letters of these years were franker than those written in German. By 1936 Ernst Jacob contemplated emigration, as he felt that there was little future for Jewish life in Germany. Benno Jacob remained somewhat more optimistic, but this was partially due to total immersion in Biblical studies. Entire days, week after week, with interruption only for meals were spent on his *Exodus Commentary*. It is worth noting that in 1933, when the Nazis temporarily boycotted Jewish places of business, Benno Jacob, with his customary courage, insisted on going from one Jewish store to the next in order to patronize them, despite the Storm Troopers outside.

In the summer of 1938 his son-in-law, Ludwig Loewenthal, visited England on business. While he was there, his wife, Hannah was persuaded that the situation was critical, so overnight, much to her husband's surprise left with the children for Holland and England. They came with a single suitcase each., Friends enabled him to regularize this emigration. In the meantime, he left his father-in-law, Benno Jacob, the task of packing the household and transporting it to England. He did so while preparing for his own emigration, which was complicated by the steady flow of restrictive laws which virtually confiscated all Jewish property and bank accounts. Benno Jacob tried to circumvent them partially through mailing books with currency in them to scholarly friends abroad, of course, without a name or return address. When he arrived in England, he wrote to them explained the circumstances which had left him virtually without means, and asked them to kindly forward the currency, while they were welcome to keep the books. Interestingly enough, some claimed that the books which they received contained nothing. He settled in England at the invitation of the Chief Rabbi, who arranged for a foundation to provide a small subvention for the remaining years of his life.

Benno Jacob had witnessed the rapid deterioration of conditions in Germany and the burning of almost all German synagogues on November 9, 1938. He saw his son, Rabbi Ernst Jacob, deported to the concentration camp in Dachau along with thousands of German Jews. Upon his release Ernst Jacob was also able to go to England temporarily at the invitation of the Chief Rabbi while awaiting a visa for the United States. Ernst Jacob arrived early in 1939, much to Benno Jacob's joy, and the rest of his family came in March of 1939, after the invasion of Czechoslovakia made any further stay in Germany precarious. Benno Jacob, who had received a good government pension in Germany, of course had no financial resources in England. He saw to it that the rights to his pension were transferred to his brother Martin in Berlin and thus assisted him a little during these difficult years.

The basic work on his *Exodus Commentary* had been completed by 1940. During Ernst Jacob's ten-month stay in England, they frequently discussed segments of it. Benno Jacob continued to expand it, although his own library was now reduced to three hundred volumes, and other resources were not available. He was helped by his excellent memory and by an ability to concentrate upon the task at hand. Although proficient in reading and writing English, Benno Jacob felt awkward with spoken English. This limited his contact with the English-speaking community. Furthermore, the refugee rabbis remained rather isolated from the general English community. This was heightened by the mood of suspicion which prevailed against foreigners during the early phase of World War II and subsequently was increased by the poverty of all the new immigrants. Benno Jacob spent a considerable effort during the early forties to bring other family members from Germany to England or the United States, but this failed and after one or two Red

Cross notes from his brother, he received a rather laconic message that Martin and his wife died in February of 1942.[25]

Ernst Jacob and his family left for the United States at the end of 1939. Subsequently a lively correspondence between father and son continued, much of it scholarly. The correspondence was carried out in English by Ernst Jacob and in German by Benno Jacob. They no longer wrote in Hebrew as this would have further delayed the letters, which needed to be censored. Any question asked by either side took approximately three months for an answer. This led both parties to keep copies of their correspondence so they could readily refer to earlier letters. It is astonishing how seldom the letters treated the hardships of life. In addition to rationing, blackouts, heavy bombing, and all the problems of war time England, there was poverty. Although Benno Jacob received a grant from the Chief Rabbinate and generous help from his son-in-law, who was just beginning to reestablish himself, he felt the need to supplement this income by teaching very young children the rudiments of Hebrew or to begin their Biblical studies. Benno Jacob saw himself again at the same stage as the outset of his career, Yet he used even these simple tasks to gain further insight into the Biblical text; he treated lectures given gratis to a mixed group of laymen similarly. They forced him to rethink his conclusions and clarify them. Occasionally an entirely different kind of student found his way to his doorstep. He taught the young son of the Hallo family, who had been lifelong friends of Franz Rosenzweig. He also taught Jakob Petuchowski, who eventually became a professor at Hebrew Union College in Cincinnati. Among these students was young Miss Liebrecht, who had begun her rabbinic studies at the Lehranstalt in Berlin. Throughout this time he yearned for the publication of his *Exodus Commentary* and undertook many efforts in that direction, while his son made some attempts to interest people in the United States. Wartime England was not the proper place, and Jewish studies in the United States were not ready for this work.

An occasional letter reflected the conditions of life in wartime England; for example, the letter of October 16, 1940, spoke of seven air raids during the last day and a final attack which lasted through the entire night. Benno Jacob did not go to the shelters, as they were crowded and noisy, but he also did not remain upstairs in his room, since a house 300 feet away had been largely destroyed a few days earlier. He and the others who lived in the

---

25 B. Jacob to Ernst Jacob, August 22, 1942.

pension sat downstairs all night with their suitcases, ready to leave at a moment's notice. His baggage, of course, consisted only of his manuscripts and a Bible. In another letter he mused on the question whether it was worthwhile living under such conditions at the age of seventy-nine and stated that some pleasures were provided by children, grandchildren, and friends, but it was mainly the task of studying and bringing an understanding of the Bible to others which made life worthwhile.[26]

At various times he considered evacuation to Cambridge or Oxford and also pursued the possibility of joining his son Ernst in the United States, but immigration to the United States proved impossible. Ernst could not yet provide an affidavit and shipping space was at a premium. He sent an early version of the *Exodus Commentary* for safekeeping to Oxford while a single copy remained in London for further revisions. He began a commentary on Leviticus but lacked the library resources to proceed very far.

During these war years Benno Jacob found himself very much alone. The refugees in London were concerned with their own survival and had relatively little time for him. His colleagues were poor and often could not afford busfare. As he was primarily interested in scholarly conversation rather than small talk, it isolated him even more. His main contacts were Friday evening dinners with his daughter Hannah and son-in-law Ludwig and their family, who were most attentive. He had regular visits from his grandchildren, who came for Hebrew lessons. There was some discussion of daily affairs with the people of the boarding house. Otherwise he described his day at seventy-nine as follows: He rose early, worked until two o'clock, had a quiet lunch which consisted of cabbage and a powdered egg, then rested for an hour, wrote until dinner at 7:30, and then after dinner resumed his work until nine in the evening. Following this he often took a two-hour walk in the neighborhood parks, for he continued to enjoy nature. His only luxury was one pipe of tobacco and an occasional bottle of wine.[27]

Benno Jacob's eightieth birthday later that year was celebrated with a reception at which Chief Rabbi Hertz spoke. There was a special gathering of 250 people and many addresses were given, while he responded with the hope that on his ninetieth birthday his English would have improved. He received many letters, particularly from former friends in Dortmund, Augsburg, and Hamburg, and also pleasant little gifts. He commented with amusement that only three people thought of giving him a book as they felt

---

26 B. Jacob to Ernst Jacob, July 4, 1942.
27 B. Jacob to Ernst Jacob, November 20, 1942; February 19, 1944.

that he had books enough already. One of the books, a Hebrew Bible, had come from a simple man at his boarding house, and this touched him particularly. He was disappointed that the scholarly world had ignored his eightieth birthday.[28]

The correspondence during these years contained discussions of current books which showed that Benno Jacob and his son read widely in various fields. They recorded many thoughts on English and American Jewry as well as the future of Jewish life. His critical judgment continued to be sharp.

In 1943 Benno Jacob prepared a copy of the final *Exodus* manuscript for mailing to the United States. It was sent after considerable bureaucratic formalities along with a special letter to the censor imploring his kind consideration; the manuscript succeeded in reaching his son Ernst after an eight-month journey. In 1943 their correspondence discussed the possibility of translating a section or the entire commentary into English as there would be no German reading public for the book. During the war years the only literary work of Benno Jacob published was a little essay entitled »Childhood and Youth of Moses, the Messenger of God«; it formed a part of a festschrift in honor of J. Hertz, Chief Rabbi of Great Britain, and appeared in 1942. An occasional note of pessimism appeared as the war dragged on, and as some of his younger colleagues died and the likelihood of seeing his son Ernst diminished.

In the last year of his life Benno Jacob still had sufficient energy to engage in a totally new enterprise. During the early part of 1944 he became the technical advisor for an educational film which portrayed *Shabbat* and *Pesah* in the time of Jesus. He found his English better than he imagined and enjoyed working with the English film crew.

The buzz bombs toward the end of the war, with their particular brand of danger and uncertainty, were difficult. Yet Benno Jacob continued to work and to write to the very end. Even as he left for the hospital with pneumonia he carried his little *humash* and his last notebook to record new thoughts. He died on January 24, 1945, and was buried in London. The inscription on his grave simply and appropriately reads: »To learn and to teach, to fight and to help.«

Six decades after Benno Jacob's death, the German Jewish symbiosis for which he struggled early in life has vanished; much of German Jewish life has been forgotten, but other facets are only now coming into their own,

---

28 Ibid.

among them Benno Jacob's Biblical studies. The emphasis of Biblical scholarship has moved from source criticism, and more attention has been given to the text as received. Benno Jacob's contribution has, therefore, begun to be appreciated, and the remainder of his literary legacy[29] will eventually also become available in English and Hebrew.

---

29 The manuscript archive of B. Jacob is slowly being transferred to the Hebrew Union College in Cincinnati so that it will be more accessible to scholars.

Christiane Pritzlaff

»Nur das Persönliche tut wohl ...« Familie Jacob/Loewenthal im Grindelviertel

Seit Ende des 19. Jahrhunderts bis zur Herrschaft der Nationalsozialisten war das Grindelviertel Zentrum jüdischen Lebens in Hamburg. Kultus, Tradition, Lehre, Geist, Wohlfahrt und Kunst lagen hier einst eng beieinander und bestimmten das Leben. Alles war leicht zu Fuß erreichbar: Schule, Synagoge, das rituelle Bad, die Bibliothek, das Gemeindehaus, das jüdische Theater. Der Grindel entwickelte sich zu einem lebendigen und geschäftigen Stadtgebiet. Das tägliche Nebeneinander von Wohnen, Gewerbe und Gemeindeeinrichtungen von Juden und Christen blieb jahrzehntelang für den Grindel kennzeichnend. Hier befanden sich vor allem kleinere Gewerbebetriebe von Juden. Angehörige der unteren und mittleren Einkommensschichten lebten ebenfalls in diesem Gebiet. Die wohlhabenden Juden bevorzugten das Villenviertel Harvestehude oder auch den Stadtteil Rotherbaum. Verwaltungsmäßig gehört das Grindelviertel aber auch zu Harvestehude-Rotherbaum, zum Bezirk Eimsbüttel.

Als Benno Jacob Anfang der 30er Jahre das *Wohnhaus Hallerstraße 50* bezog, trug die Straße noch den Namen des Hamburger Senators und Bürgermeisters Ferdinand Haller (1805–1876). Dies änderte sich, nachdem das Groß-Hamburg-Gesetz von 1937 in Kraft trat. Da es nun notwendig war, die Straßennamen zu vereinheitlichen, nutzte man die Gelegenheit, sämtliche nach Juden benannte Straßen und Plätze umzubenennen. Damit kam man der Anordnung des Reichsinnenministers vom 27.7.1938 zuvor. Die Hallerstraße hieß von nun an »Ostmarkstraße«, denn Nicolaus Ferdinand Haller war getaufter Jude gewesen. »Ostmark« nannten die Nationalsozialisten Österreich.

Die Adresse der schönen Villa, an der die Gedenktafel an Benno Jacob erinnert, ist heute wieder Hallerstraße 50. Auf der ca. 30 x 50 cm großen Bronzeplatte, die in einen braunen Holzrahmen eingelassen ist, steht:

»Hier lebte in den 30er Jahren Dr. Benno Jacob
Rabbiner und Bibelwissenschaftler
1938 von den Nationalsozialisten vertrieben
starb er 1945 im Londoner Exil«

Darunter ist die Abbildung von Jakobs Kampf mit dem Engel aus dem Exlibris von Benno Jacob, ein Linolschnitt, der Rembrandts Alterswerk, entstanden um 1660, nachgestaltet ist. Die Unterschrift hebräisch und deutsch lautet: »Nicht Jakob sei dein Name, sondern Israel. Gen 32,29«.

Fast genau dem Haus Nr. 50 gegenüber, im *Haus Hallerstraße 45* – heute ein Neubau – befand sich einmal die sogenannte *Wintersynagoge der Sepharden*. Die portugiesisch-jüdische Synagoge stand in der Marktstraße hinter dem Haus Nr. 6, und als 1882 die Altonaer Synagoge der Sepharden geschlossen wurde, blieb die Hamburger Synagoge die einzige sephardische in Deutschland. Nachdem die jüdische Bevölkerung zunehmend in Harvestehude lebte, nutzte man das Haus Hallerstraße 45 in der kalten Jahreszeit als Wintersynagoge, bis am 14. März 1935 in der Innocentiastraße 37 die »Esnoga der Portugiesisch-jüdischen Gemeinde ›Bet Jisrael‹ zu Hamburg« eingeweiht werden konnte. Die Gemeinde zählte zu dieser Zeit 170 Mitglieder und blickte stolz auf eine 287 Jahre alte Geschichte zurück. Sie war eine der ältesten jüdischen Gemeinden in Deutschland und bestand als selbständige Gemeinde neben der deutsch-israelitischen bis 1940.

Auf dem Weg zur Hartungstraße 9–11, kommt man an dem Haus Hallerstraße 76 vorbei, in dem Oberrabbiner Dr. Joseph Carlebach mit seiner Familie von 1936 bis zu der Deportation 1941 lebte, und an dem Haus Nr. 74, dem Wohnhaus der Schauspielerin und Prinzipalin der Kammerspiele Ida Ehre, die dort von 1945–1989 zu Hause war. An beiden Häusern befinden sich Erinnerungstafeln.

Auf dem Grundstück *Hartungstraße 9–11*, früher Grindelhof 78, wurde 1863/64 eine klassizistische Villa mit schönem Baumbestand und kleinem Teich errichtet, das Landhaus Pfennig, benannt nach der Familie Pfennig, die nachweislich von 1883–87/88 hier wohnte. Anfang des 20. Jahrhunderts kauften Mitglieder der *Henry Jones-Loge* das Haus, bauten es um und erweiterten es. Es sollte ein Heim für alle Institutionen werden, die der Loge nahestanden.

Die 1887 in Hamburg gegründete Loge ist nach dem 1811 in Hamburg geborenen Heinrich Jonas benannt, der nach Amerika auswanderte und 1866 in New York starb. Mit anderen Zugewanderten gründete er 1843 in Amerika die Bne Brith/Briss – d. h. Söhne des Bundes-Loge. Sie sollte Eingewanderten helfen, sich einzugewöhnen. Auch wollte man in ihr die Liebe zum Judentum pflegen. Ziele dieses jüdischen brüderlichen Ordens, dem Benno Jacob wohl angehört hat, waren Sozialdienst, allgemeine Wohlfahrt und Philanthropie.

Welche Erwartungen Benno Jacob an die Loge hatte, ist seiner ›ungehaltenen Begrüßungsrede‹ »Installation« zu entnehmen. Vor allem persönliche Freundschaft suchte er in der Loge. Sie allein zähle. Er sagt: »Nur das Persönliche tut wohl, und Wohltun soll ja doch die erste Aufgabe der Loge sein. (...) Wenn aber gar in der Loge selbst die Berührungsflächen nur Reibungsflächen geschaffen haben, (...) wenn ich mich in dem ganzen Kreise vergebens umsehe, wem ich vertrauen könnte, wer als wahrer Freund zu mir stehen würde, wer mir helfen würde, wo ich es nötig hätte – dann dürfte ich mich fragen, ob nicht ein zwangloser Stammtisch mir ebensoviel leisten würde, ohne so große Ansprüche zu stellen und mich so starken Bindungen zu unterwerfen.«[1]

Seit 1882 gab es die erste deutsche Loge als »Loge des deutschen Reiches«, die in Hamburg jedoch nicht vertreten war. Die jüdischen Logen können wohl als bedeutendste Kulturträger in den einzelnen Gemeinden angesehen werden.

Die Henry Jones-Loge in Hamburg entwickelte schnell ein umfangreiches Vortragswesen über jüdische Geschichte und Literatur. Im Logenheim gab es drei Bibliotheken und eine Lesehalle mit 24 jüdischen Zeitungen. Bibliothek und Lesehalle zogen 1931 in die Beneckestraße 6 um.

Waren die Mitglieder der Nehemia Nobel-Loge zumeist Akademiker, hatte die Steinthal-Loge vornehmlich reiche und wohlhabende Mitglieder, so stammten die Mitglieder der Henry Jones-Loge vor allem aus mittleren Schichten. Jüdische Merkmale und jüdisches Volkstum wurden betont; dennoch stand man fest auf deutsch-nationalem Boden. Menschenverbrüderung und Integration widersprachen ihrer Meinung nach einer rein jüdischen Vereinigung. Aber auch Vereinigungen, die ideologisch konsequenter waren, wurden die Räume in der Hartungstraße zur Verfügung gestellt. Die Zionisten hatten in den 20er Jahren ihr Büro hier; der Centralverein deutscher Staatsbürger jüdischen Glaubens und auch die Gabriel Riesser-Vereinigung, die unter der Leitung des Tempelpredigers Dr. David Leimdörfer stand, konnten das Haus nutzen. Als Wirkungsstätte diente es außerdem dem Israelitischen Humanitären Frauenverein, der Jüdischen Haushaltungsschule, dem Jüdischen Gemeinschaftshaus und der Hebräischen Sprachenschule Ivriah. Nach dem Vorbild der englischen Toynbee-Halls war das Gemein-

---

* Ich danke Almuth Jürgensen, die mir die Lebensdaten der Familien Loewenthal und Jacob sowie Aufsätze über und Materialien zu Benno Jacob zur Verfügung stellte.
1 Jacob, Benno, Installation. Eine ungehaltene Begrüßungsrede, in: *Der Orden Bnai Briss. Mitteilungen der Großloge für Deutschland.* VIII, Nr. 12, Berlin 1925, S. 232f.

schaftsheim im 2. Stock gegründet. Es sollte Begegnungsstätte für Angehörige unterschiedlicher sozialer Schichten sein.

Im Logentempel mit den kostbaren Fenstern von Ephraim Mose Lilien fanden Trauungen statt. In den Festsälen in der 1. Etage wurde das Hochzeitsmahl hergerichtet.

Die Weltwirtschaftskrise führte dazu, dass die Gesellschaft »Logenheim« das Haus 1930 aufgeben musste. Neuer Besitzer war der Bau-Verein Hamburger Anthroposophen. Er gestattete den jüdischen Vereinen weiterhin die Nutzung der Räume. Auch die 1930 gegründete Franz Rosenzweig-Gedächtnis-Stiftung nutzte den Logensaal als Vortragsraum. Benno Jacob bot der Stiftung seine Mitarbeit an und leitete selbst eine Arbeitsgemeinschaft. Arbeitsgemeinschaften stellten einen Arbeitsschwerpunkt der Stiftung dar. Noch im Wintersemester 1935/36 ist Jacob als Referent verzeichnet. 1935 bot er eine Arbeitsgemeinschaft für Teilnehmer ohne Hebräischkenntnisse an. Thema: »Unser Lehrer Moses. Nach dem deutschen Text des Exodus«. Parallelkurse hielten Dr. Joseph Carlebach und Dr. Paul Holzer. Auch gab Jacob noch einen Kurs »Gemara – Lerngemeinschaft für Fortgeschrittene«[2].

Ende 1935 wurde die Anthroposophische Gesellschaft von den Nationalsozialisten aufgelöst und das Haus von der Gestapo versiegelt. Erst 1937 gab sie das Grundstück zum Kauf frei. Nun erwarb es die Jüdische Gemeinschaftshaus GmbH für 73.000 DM. Die Deutsch-Israelitische Gesellschaft stellte ein unverzinsliches Darlehen zur Verfügung. Das Haus wurde umgebaut, der Logentempel wurde Vortragssaal. Mittelpunkt des Hauses war von nun an ein Theater mit fast 500 Plätzen. Mit einer schlichten Feier wurde am 9. Januar 1938 das Haus eingeweiht. Abends spielte das Ensemble des Jüdischen Kulturbundes »Romeo und Julia«. Der Kulturbund hatte sich Anfang 1934 in Hamburg konstituiert. Sein Programm wurde vom Reichspropagandaministerium überwacht. Als eigenständiger Verein wurde er im Januar 1939 von den NS-Behörden aufgelöst. Als Institution blieb er auf Anordnung der Reichskulturkammer bestehen, bis er 1941 durch die Gestapo liquidiert wurde.

Die weitere Geschichte des Hauses war sehr wechselvoll. Im Oktober 1941 diente es als Proviant- und Versorgungsstelle für die Deportationen und am 11. Juli 1942 als Sammelstelle für einen Transport nach Auschwitz. Am 8. Oktober 1943 eröffneten die Thalia-Kammerspiele im Haus Hartungstraße. Sie hatten ihr eigenes Haus der durch Bomben zerstörten Oper zur Ver-

---

2 Staatsarchiv Hamburg, Jüdische Gemeinde 833 a und b (1930–1939), S. 118.

fügung stellen müssen. Wegen totaler Mobilisierung war neun Monate später aber auch diese Ära zu Ende. Das Haus wurde geschlossen. Ab Dezember 1944 zeigten die Ufa-Kammerspiele dort deutsche Spielfilme. Die letzte Vorstellung war am 1. April 1945. Das Haus wurde am 10. Mai von der Militärregierung beschlagnahmt. Der Army Welfare Service richtete dort das Kabarett »Savoy« ein. Nachdem das Haus für »Kammerspiele« freigegeben worden war, wurde Ida Ehre Pächterin der Jüdischen Gemeinschaftshaus GmbH, später der Freien und Hansestadt Hamburg. Die Schauspielerin und Prinzipalin der Kammerspiele, deren Emigration scheiterte, war 1939 in Hamburg geblieben und hatte hier überlebt. »Theater der Menschlichkeit« sollte ihr Theater sein. Am 10. Dezember 1945 eröffneten die Kammerspiele mit Robert Andreys »Leuchtfeuer«. Wolfgang Borcherts »Draußen vor der Tür« erlebte hier im November 1947 seine Uraufführung als Theaterstück. Heute leiten Ulrich Tukur und Joachim Waller das Theater.[3]

Zurück zum Grindelhof führt der Weg wenige Schritte weiter zur Bieberstraße, die vom Grindelhof wie auch die Hartungstraße links abbiegt. Die *Häuser Bieberstraße 2–6* waren in mehrfacher Hinsicht für die Gemeinde von Bedeutung.

Im Haus Bieberstraße 2, das heute noch existiert, hatte seit 1921 die rabbinische Lehranstalt »*Jeschiwah e.V.*« Räume. Das Haus Nr. 6 beherbergte bis 1923 die Jüdische Bibliothek und Lesehalle. Im Haus Bieberstraße 4 fanden bis 1912 die Lernstunden des *Lernvereins* »*Mekor Chajim*« (Quelle des Lebens) statt. Nachdem sich das Gemeindeleben ins Grindelviertel verlagert hatte, sollten junge Leute sich an diesem Ort dem Torastudium selbständig widmen. Auch Vortragsreihen unter Leitung rabbinischer Lehrer wurden regelmäßig veranstaltet. Von 1914 bis zu seiner Auflösung 1939 fand der Lernverein Raum in einem Gebäude, das im Hintergarten des Rabbinatshauses Grindelhof 46 lag.

Auch die Synagoge vor dem Dammtor, die 1889 mit 250 Plätzen nach Plänen von Ernst Friedheim gebaut wurde und sich im Haus Bieberstraße 4 befand, verdankt ihre Existenz der Verlagerung des Gemeindelebens aus der Neustadt in den Grindel. Als im Jahre 1906 die Hauptsynagoge am Bornplatz eingeweiht wurde, konnte man sie schließen.

Von besonderer Wichtigkeit für das Haus Bieberstraße 4 ist die private streng *orthodoxe Mädchenschule*, die auf Initiative von Oberrabbiner M. A.

---

3 Für die Zeit, als der Spaziergang gemacht wurde, trifft das zu. Inzwischen hat Christiane Schindler die Geschäftsführung des Hauses, Joachim Waller die künstlerische Leitung.

Hirsch 1883 gegründet wurde. Sie nahm ihre Tätigkeit mit nur sieben Schülerinnen auf, 1899 waren es bereits 100. Die Mädchenschule galt als Parallelschule der Talmud Tora-Schule, erhielt aber im Gegensatz zur Jungenschule bis 1914 keine Subventionen der Gemeinde. Sie finanzierte sich ausschließlich durch Schulgeld und Stiftungen und hatte nur wenige Freischülerinnen. 1912 wurde die Schule als Lyzeum anerkannt. Die Verhandlungen über eine Fusion der Gemeindeschule und der Höheren Töchterschule in den 20er Jahren (1924–26) spiegeln ihr Standesbewusstsein wider. Man wehrte sich gegen die Fusion sowohl aus religiösen als auch aus sozialen Gründen; denn die Kinder aus den sogenannten besseren Häusern brächten durch Tradition und Erziehung bessere Vorbedingungen für die lyzeale Ausbildung mit. Man blieb unter sich. Kontakt mit Schülerinnen der anderen jüdischen Schulen gab es kaum. Man war eben exklusiv. Dazu gehörte auch, dass man sich betont schlicht gab und eine schwarze Schürze mit bunter Borte trug.

Die Lehrerinnen der Bieberstraße trafen sich mit den Lehrern der Talmud Tora-Schule beim Mittagstisch der drei Schwestern Hirsch in der Beneckestraße. Dieser Mittagstisch war streng koscher, und da die umständlichen Damen recht lange brauchten, das Essen zu servieren, soll man ins Gespräch gekommen sein.

1926 erhielt die Schule die Anerkennung als Realschule. Doch schon 1931 musste sie aus finanziellen Gründen schließen. Zu dieser Zeit besuchten 190 Schülerinnen die Schule.

Der Lehrplan richtete sich nach dem der höheren Mädchenschulen. Jüdische Religion und hebräische Sprache wurden unterrichtet, »soweit dies für die weibliche Jugend erforderlich ist«. Die Vorsteherin der Schule war Fanny Philip.

An der Schule unterrichteten auch christliche Lehrerinnen und Lehrer, u. a. Dr. Käthe Wellhausen, eine Nichte des Bibelwissenschaftlers Julius Wellhausen.

Margarete Loewenberg, die Frau von Dr. Ernst Loewenberg und Schwägerin von Annette Jacob, besuchte diese Schule. Dr. Ernst Loewenberg übernahm nach dem Tod seines Vaters die Leitung der liberalen jüdischen Mädchenschule in der Johnsallee 33. Seine Schwester Annette heiratete 1929 Ernst Jacob.

Die familiäre Atmosphäre der Schule wird häufig betont. Alle gehörten zum Synagogenverband. Man war vaterländisch gesonnen, feierte Kaisers Geburtstag und den Sedanstag und war tief in Hamburg verwurzelt. Man war Jüdin und Hamburgerin.

Das ursprüngliche Gebäude steht nicht mehr, sondern ein Neubau.

Von hier aus führt der Weg weiter den Grindelhof hinunter bis zur *Talmud Tora-Schule, Grindelhof 30 und 38*, der orthodoxen jüdischen Jungenschule. Das Gebäude ist noch erhalten. Auf ihm ist wieder der Name der ehemaligen Schule zu lesen. Hinweise auf ihre Geschichte sind außen und innen angebracht.

Die Talmud Tora-Schule wurde 1805 als Religionsschule gestiftet. Sie entwickelte sich zu einer bedeutenden jüdischen Schule in Hamburg. Bis zum Jahre 1857 blieb die Schule in dem Gebäude Elbstraße 122 untergebracht. Danach zog sie neben die Synagoge Kohlhöfen 19/20. Die Schule war als Armenschule gegründet und wollte Pflanz- und Pflegestätte des gesetzestreuen Judentums sein. Ihr Hauptzweck war die Erziehung der Knaben zu religiös gebildeten Juden. 60 Jungen im Alter von ca. 7–12 Jahren begannen mit dem Unterricht. Voraussetzung für die Aufnahme waren Hebräischkenntnisse im Lesen. Auf dem Lehrplan standen: Hebräisch (lesen und schreiben), Torastudium im hebräischen Urtext, später Talmud. Darüber hinaus sollte das notwendigste bürgerliche Wissen vermittelt werden. Das hieß drei Stunden täglich Rechnen und Schreiben, wohlgemerkt »Jüdischschreiben«. Die Kinder erhielten einen kostenlosen Freitisch.

1822 wurde der Lehrplan durch Chacham Bernays umgestaltet. Deutsch und Realien wurden eingeführt. Für das Fach Deutsch stellte man junge christliche Theologen ein, um eine reine Aussprache zu garantieren und die Schüler von dem auffälligen Jargon zu befreien. Von der Mitte des 19. Jahrhunderts an wandelte sich die Schule erneut. Der Lehrplan wurde gemäß der Anforderungen staatlicher Realschulen erweitert. Da es noch kaum jüdische Oberlehrer gab, wurden christliche Lehrer aus dem Christianeum und Johanneum stundenweise engagiert, nicht aber Lehrer vom Tempelverband. Ende 1868 hatte der Oberrabbiner A. Stern, der Vorsteher der Schule war, die Schule in eine dreijährige Elementarschule und sechsjährige höhere Schule umgestaltet und eine Selekta eingerichtet, um die Schule auf die Berechtigung zur Verleihung des Einjährigenscheins vorzubereiten. Am 1. September 1869 wurde das Gesuch um »Befugnis zur Ausstellung von Berechtigungs-Zeugnissen für den einjährigen Militärdienst« eingereicht. Ende März 1870 erhielt man die Bewilligung. Die Talmud Tora-Schule hatte damit den Rang einer Realschule zweiter Ordnung erreicht. Eine Armenschule war sie nun nicht mehr.

1909 konnte aus staatlichen Besitz das Grundstück Grindelhof 30 für einen größeren Schulneubau erworben werden. Damit stand die Talmud Tora-Schule wieder in unmittelbarer Nachbarschaft zur Synagoge. Die Einweihung fand am 20. Dezember 1911 statt. 540 Schüler besuchten jetzt die Schule; das Kollegium umfasste 21 Lehrer.

»Nur das Persönliche tut wohl ...«

Der Neubau war Baumeister Friedheim übertragen worden. Lediglich durch die ähnliche Farbe der Ziegel der Außenfronten und des Daches gab es einen Anklang an die Architektur der Synagoge. Kommt man in das Gebäude, so sieht man im Eingangsbereich in jeder Ecke des mosaikartigen Bodens jeweils einen Judenstern. Auch dies erinnert heute noch an die Geschichte des Hauses.

Zimmer und Gänge des Gebäudes sind hell, die Kellerfenster liegen über dem Boden. Flurhalle und Haupttreppenhaus wurden zuerst nur durch farbig getönte Scheiben in Bleiverglasung geschmückt. Später zierten zwei Fensterbilder nach dem Entwurf von F. Rothschild den Raum. Sie zeigten Boas und Ruth. 1936 kam ein Makkabäerfenster in der Größe 3m x 1,50m hinzu. Die Arbeit der Kl. IIIa stellte einen kämpfenden Makkabäer und die 12 Stammeszeichen dar.

Im Keller befanden sich die Hausmeisterwohnung, Vorrats- und Heizungsräume, Milchküche, Waschküche, Fahrradräume und zwei für Duschbäder vorgesehene Räume. Die auch vom Hof zugängliche Turnhalle lag im eingeschossigen Hofflügel. Sie war mit Sänger- und Zuschauerempore versehen, so dass sie jederzeit als Aula dienen konnte. Hier gab es auch zwei Garderobenräume und einen großen Geräteraum. Im Erdgeschoss waren fünf Klassen untergebracht; außerdem das Direktorenzimmer mit Vorzimmer, ein Sitzungszimmer und ein Kartenraum. Im ersten Obergeschoss befanden sich fünf Klassen, ein Konferenzzimmer, ein Lehrerzimmer und zwei Räume für Sammlungen und im zweiten Obergeschoss gab es außer fünf Klassen einen Zeichensaal, einen Physik- und Chemieraum, ein Vorbereitungszimmer und ein Arbeitszimmer für Physik. Im Dachgeschoss waren die Bibliothek, ein Reserveklassenraum sowie Bodenräume.

Sterns Nachfolger Direktor Dr. Joseph Goldschmidt ging es besonders darum, den jüdischen Glauben mit nationaler Bindung und der Liebe zu Hamburg zu verknüpfen. Gesetzestreue und Nationalbewusstsein prägten seine Amtszeit. In diese Zeit ruhiger Entwicklung brach der 1. Weltkrieg ein: 122 Schüler und fünf Lehrer fielen im Krieg. Eine Gedenktafel wurde 1921 für sie im Gebäude enthüllt. Während der Nazizeit wurde diese Tafel zerstört, inzwischen ist sie erneuert.

Auf dem jüdischen Friedhof Ohlsdorf/Ilandkoppel befindet sich ein Ehrenfriedhof der Deutsch-Israelitischen Gemeinde für die Gefallenen des 1. Weltkrieges. Benno Jacob, der dem »Reichsbund jüdischer Frontsoldaten« angehörte, kam bereits 1922 von Dortmund nach Hamburg angereist, um hier am 29. Oktober auf der »Gedächtnisfeier« als Feldrabbiner zu Ehren der gefallenen Kameraden eine »Weiherede« zu halten, die, wie die »Zeitschrift des Vaterländischen Bundes jüdischer Frontsoldaten, Ortsgruppe Hamburg« im November 1922 berichtete, »voll herzbewegender Durchdrungenheit aus der Nacht des Elends und der Not hinaufführt zur neuen glücklichen Lebenshöhe unseres Volkes und Vaterlandes.«[4] Jacob sprach auch das Schlussgebet, »in das die Anwesenden einstimmten«.[5]

Mit Dr. Joseph Carlebach als Schulleiter setzte in der Talmud Tora-Schule eine Periode grundlegender Reformen ein. Er wollte die nationalen Faktoren (Sprache, Land, Kultur) in der jüdischen Religion zu neuem Leben bringen. Eine seiner Reformen betraf deshalb den Unterricht der hebräischen Sprache: Aus der toten Sprache des Kultus sollte die lebende Sprache des Volkes und der Kultur Israels werden. Hierüber gab es Auseinandersetzungen mit einigen älteren Lehrern, die auch dazu beitrugen, dass er 1926 das Angebot annahm, Oberrrabbiner von Altona zu werden. Unter seiner Leitung wurde dem Unterricht in Musik, Kunst und Sport größere Bedeutung beigemessen. Ebenso wurden Aufführungen, Ausflüge und Klassenfahrten wesentlicher Bestandteil des Schullebens. Diese Unterrichtsmethoden begeisterten die Schüler. Neben der Realschule wurde eine vierjährige Grundschule und ein Volksschulzug gegründet. Außerdem wurden Oberrealklassen aufgebaut. Diese organisatorischen Neuerungen setzte Arthur Spier nach Carlebachs Weggang fort.

Besondere Bedeutung für die Schule bekam Dr. Carlebachs Nachfolger Arthur Spier. 1932 erhielt die Schule die Anerkennung als prüfungsberechtigte Oberrealschule und wurde weiter ausgebaut. Mehr als 600 Schüler besuchten die Schule. Ziel war es, bewusste Juden heranzubilden, die zugleich alle Werte deutscher Kultur und ihre Beziehungen zum europäischen und allgemeinen Bildungsgut erfassen sollten. Neun Schüler bestanden 1932 das Abitur. 1929 hatte man das Nebengebäude Grindelhof 38 hinzugekauft. Dort brachte man vier Klassen und die Bibliothek unter. Auch das Dachgeschoss wurde ausgebaut, um mehrere Klassen aufzunehmen. Im Keller waren inzwischen Werkräume und das Arztzimmer eingerichtet worden.

Von 1933–1942 waren die jüdischen Schulen Zufluchtsort für jüdische Kinder, Stätte der Selbstbehauptung und Besinnung auf jüdische Identität. Sie

---

4 Gedächtnisfeier zu Ehren unserer gefallenen Kameraden in Ohlsdorf, November 1922, in: Zeitschrift des Vaterländischen Bundes jüdischer Frontsoldaten, Ortsgruppe Hamburg e.V., 1. Jg., Nr. 9, S. 1–2. Zitiert nach Lorenz, Ina, *Die Juden in Hamburg zur Zeit der Weimarer Republik*. Bd. 2, Hamburg 1987, S. 1147.
5 AaO, S. 1148.

dienten der Vorbereitung auf die Flucht, waren für viele der letzte Fluchtweg in die Freiheit.

In dieser Zeit wurde unter Arthur Spiers Leitung Hamburg zum Mittelpunkt jüdischen Schul- und Erziehungswesens. Jugendliche aus dem ganzen Reichsgebiet kamen hierher, um Einrichtungen zur Vorbereitung der Auswanderung zu besuchen, die der Talmud Tora-Schule organisatorisch verbunden waren: Lehrwerkstätten für Schlosserei und Tischlerei, ein Lehrgang für Gärtner, eine Fachschule für Schneiderinnen, eine Haushaltungsschule sowie Sprach- und Handelskurse für Auswanderer. 1937 hatte die Schule 800 Schüler und 33 Lehrer.

In der Pogromnacht am 9./10. November 1938 wurden sämtliche Lehrer der Schule verhaftet, in das Polizeigefängnis in der Sedanstraße gebracht, misshandelt, dann in das Zuchthaus Fuhlsbüttel transportiert und nach zwei Tagen freigelassen. Ende November nahm die Schule ihren Lehrbetrieb wieder auf. 1938/39 gelang es, mit Kindertransporten Hunderte von Kindern ohne Eltern in die Freiheit zu bringen, vor allem nach England. Seit 1938 stand die Schule völlig unter der Kontrolle der Gestapo. Am 1. April 1939 war die Mädchenschule in der Carolinenstraße 35 aufgelöst worden. Alle Mädchen zogen zur Talmud Tora-Schule um. Schon im Juli 1939 wurde die gesamte Schule in die Carolinenstraße zurückverlegt. Von November 1939 an musste sich die Talmud Tora-Schule »Volks- und Oberschule für Juden« nennen. Ende Dezember benannte man sie »Volks- und Höhere Schule für Juden«. Zuletzt hieß sie nur noch »Jüdische Schule in Hamburg«.

1940 fand die letzte Reifeprüfung an der Schule statt. Zwei Schüler erhielten noch ihr Abitur. Am 1. Oktober 1941 wurden insgesamt 343 Schülerinnen und Schüler unterrichtet, darunter 299 Kinder vom 1.–8. Schuljahr.

Die durch Auswanderung erheblich verringerte Schüler- und Lehrerzahl ging durch die im Herbst 1941 einsetzenden Deportationen weiter zurück, so dass sich nach dem 6. Dezember 1941 nur noch 76 Kinder und 11 Lehrer im Schulhaus Carolinenstraße 35 befanden. Das Gebäude Grindelhof 38 hatte noch bis April 1940 von der Schule benutzt werden dürfen; das Gebäude Nr. 30 wurde der Hansischen Hochschule für Lehrerbildung zur Verfügung gestellt. Endgültig wurden beide Gebäude bereits 1940 zum Einheitswert verkauft.

Am 29. April 1942 verfügte der Reichsstatthalter, dass »die Unterrichtung von Judenkindern in Schulen ab sofort aufzuhören« habe.

Im Gebäude Grindelhof 30 befindet sich ab 1.6.1960 die Büchereischule. Als 1966 die Bibliotheksschule dort einzog, wurden beide Ausbildungsstätten zur Fachhochschule Hamburg – Fachbereich Bibliothekswesen zusammengefasst. Das Gebäude Grindelhof 38 wird heute von der Universität genutzt.

Eli Loewenthal, Sohn von Hannah Loewenthal und Enkel von Benno Jacob, war in den 30er Jahren Schüler der Talmud Tora-Schule. Als wir auf dem Spaziergang durch das Grindelviertel 1997 in der früheren Aula und Turnhalle der Schule saßen – der Raum ist heute restauriert und wird als Vortragssaal genutzt – hatten wir die Freude, von ihm Erinnerungen aus seinem Schulleben zu hören. Diese Anekdoten könnte aber nur er hier einfügen.

Ein paar Schritte den Grindelhof hinunter, nicht weit von dem Gebäude der ehemaligen Talmud Tora-Schule entfernt, liegt die am 9. November 1988 eingeweihte Gedenkanlage für die einst monumentale und prächtige *Synagoge am Bornplatz*. Mittelpunkt des Gedenkplatzes ist ein großes Mosaik, das Synagogenmonument. Es zeigt auf dem Originalgrundriss der zerstörten Synagoge die Linien des Deckengewölbes. Der Platz heißt heute nach dem letzten Oberrabbiner *Joseph-Carlebach-Platz*. Eine Gedenktafel skizziert die Geschichte der Synagoge und gibt Hinweise zur Gedenkanlage. Um die Geschichte zu verstehen, muss man jedoch weiter zurück gehen. Nach der rechtlichen Gleichstellung der Juden entwickelte sich die Deutsch-Israelitische Gemeinde 1864 zu einer Religionsgemeinschaft mit neuer Aufgabenverteilung. Es wurde eine Trennung zwischen Religionsausübung und der bloßen Gemeindeverwaltung vorgenommen. So bildeten sich neben der Gemeinde eigenständige Kultusverbände heraus, die sich in ihrer religiösen Praxis unterschieden und eigene Synagogen unterhielten. Diese Kultusverbände waren der Neue Israelitische Tempelverein und der Deutsch-Israelitische Synagogenverband. In den zwanziger Jahren unseres Jahrhunderts wurde die Neue Dammtorsynagoge als dritter selbständiger Kultusverband anerkannt. Die Deutsch-Israelitische Gemeinde beschloss 1902 für den Synagogenverband eine neue Hauptsynagoge zu bauen und erwarb dafür vom Hamburger Staat ein Grundstück am Bornplatz. Regierungsbaumeister Ernst Friedheim und Architekt Semy Engel lieferten den Entwurf und stellten die Leitung für den Bau, der im Herbst 1904 begann.

Die Bornplatz-Synagoge wurde am 13. September 1906 eingeweiht. Es war die erste auf einem freien Platz errichtete Synagoge in Hamburg, die, entgegen der bisherigen Tradition, Synagogen nur an verdeckt gelegenen Stätten zu errichten, als monumentales Bauwerk weithin sichtbar war.

1931, unmittelbar vor dem Ende der Weimarer Republik, konnte der Oberrabbiner Spitzer bei dem 25jährigen Jubiläum der Bornplatz-Synagoge sagen:

»Die alte Synagoge in der Elbstraße (1788/89) stand in einem Gehöft versteckt. Die Synagoge an den »Kohlhöfen« (1856) wurde schon an einem sichtbaren Platz gebaut, aber immerhin noch vor fremden Blicken verborgen. Erst unsere Synagoge (1906) wurde offen und weit sichtbar an einem freien Platz errichtet. Alle drei Gotteshäuser symbolisieren (...) die Stellung der Juden im Staate. Wir leben in einem Zeitalter der Sicherheit und der unbedingten Gleichberechtigung, und in dieser Zuversicht wurde unsere Synagoge errichtet.«[6] Schon fünf Jahre später hatte sich die Situation völlig verändert, so dass Oberrabbiner Joseph Carlebach in der Festrede zu seiner Einführung 1936 sagte: »(...) so werden wir nicht aufhören, für unser Land zu beten, werden hoffen und glauben und gewiss sein, dass ein neuer Menschheitsfrühling kommen wird, wo man das Volk der Treue und des Martyriums wieder mit offenen Armen und mit gerechter Würdigung aufnehmen wird (...).«[7] Und im Gebet heißt es zum Schluss hin: »Denn fürwahr, darum ist krank unser Herz und darüber verfinstert unser Auge, dass die Ehre Deiner Tora entweiht ist unter den Völkern und Dein großer und heiliger Name entwürdigt. Um Deinetwegen, Gott, um Deinetwegen tue es, denn wie dürfte er entweiht werden, und schütze die Heiligtümer Deines Volkes in allen Weiten der Welt, denn uns ist nichts geblieben, nur diese Tora. Auf Dich hoffen wir, Ewiger, unser Gott, dass Du bannest alles Götzentum von der Erde und alle Menschenkinder wieder anrufen Deinen Namen. Blick hinab von Deiner heiligen Stätte und segne Deutschland, unser Geburtsland, darin wir wohnen viele Hunderte Jahre, segne die hochberühmte Stadt, die uns beherbergt, und uns're erhabene Regierung, segne sie mit dem Licht Deines Angesichtes. Banne Krieg und Streit bis an die Enden der Welt und lass Frieden und Eintracht wohnen zwischen allen Familien des Erdbodens, den nahen und den fernen (...).«[8]

Über drei Jahrzehnte blieb die Bornplatz-Synagoge das Zentrum der Gemeinde und bedeutendes Symbol für das jüdische Leben am Grindel. Am 2. Mai 1939 zwang man die Deutsch-Israelitische Gemeinde, das Grundstück mit dem Synagogenbau zu verkaufen. Von der Hansestadt Hamburg wurde nur der Grund- und Bodenwert vergütet. Der Abbruch der Synagoge wurde noch im Mai 1939 verfügt, also kurz nach dem erzwungenen Verkaufsver-

---

6 Zitiert nach Krohn, Helga, *Die Juden in Hamburg*, Hamburg 1974, S. 63f. Die in Klammern in das Zitat eingefügten Jahreszahlen stammen von der Vf.
7 Carlebach, Joseph, Festpredigt. CAHJP, AHW 544, S. 31f. Bereits zitiert in: Pritzlaff, Christiane, Synagogen im Grindelviertel und ihre Zerstörung, in: Wamser, Ursula/Weinke, Wilfried (Hg.), *Ehemals in Hamburg zu Hause: Jüdisches Leben am Grindel*, Hamburg 1991, S. 26.
8 Carlebach, Joseph, Gebet, in: *Festprogramm zur Einführung Sr. Ehrwürden des Herrn Oberrabbiners Dr. Joseph Carlebach. Gemeinde-Synagoge Bornplatz*, Hamburg 22. April 1936.

trag. Die Beseitigung dieser Synagoge war seit längerem geplant. Die direkte Vorbereitung dazu war der Reichspogrom. Den Gewalttaten der Nacht vom 9./10. November 1938 fielen alle öffentlichen Synagogen Hamburgs zum Opfer. In der Bornplatz-Synagoge hatten Brandsätze und Steinwürfe Teile der Inneneinrichtung zerstört und die großen farbenprächtigen Fenster zerschlagen. Die Synagoge blieb seit dem Reichspogrom geschlossen.

Joseph Carlebach hat Benno Jacob gekannt und seine Arbeiten geschätzt. Er nennt ihn einen »geistvollen Bibelerklärer, dessen Genesiskommentar in allen Lagern Anerkennung gefunden hat«. Allerdings teilt er nicht dessen Beurteilung des Debora-Liedes. Carlebach berichtet über eine Vorlesung Jacobs aus eigenen Werken, zu der er geladen war: »Der Gelehrte trug eine Würdigung des Meerliedes, des schiras hajom vor. Er feierte es als das ethisch-herrlichste aller Siegeslieder, frei von Rachegefühlen und Überheblichkeit, nur erfüllt von Dank und Huldigung gegen den großen Schicksalslenker, der die Geschicke Seines Volkes leitet. Darin hebe sich das Meerlied bedeutsam gegen das der Debora ab, worin der Mord des Jael an dem Feldherrn Sisra gefeiert werde. Von solchem heimtückischen Attentat wende sich unser Gefühl mit Abscheu ab. Mir klangen diese Worte hart ins Ohr.«[9]

Auch mit Jacobs Arbeit »Auge um Auge«, die er »meisterhaft« nennt, setzt sich Carlebach gründlich auseinander.[10]

Gegenüber der Bornplatzsynagoge stand hinter dem *Haus Beneckestraße 4* die Neue Dammtorsynagoge, die erste und einzige Synagoge im maurischen Stil. Geht man über den Carlebach-Platz in die Richtung der ehemaligen Beneckestraße, die es nicht mehr gibt, so kommt man an der Stelle vorbei, wo sich die *Gemeindehäuser* befanden, *Beneckestraße 2 und 6*. Hier erinnert eine Gedenktafel an Einrichtungen der Deutsch-Israelitischen Gemeinde, an die Beratungsstelle für jüdische Wirtschaftshilfe, an die Verwaltung des jüdischen Religionsverbandes und des Bezirks Nordwestdeutschland der Reichsvereinigung der Juden in Deutschland, an die Bibliothek und Lesehalle der Ge-

---

9 Carlebach, Joseph, Noch eine Feststellung, in: *Der Israelit*. Ein Centralorgan für orthodoxe Juden. Nr. 48, Frankfurt a. M. 3. Dezember 1936, S. 1.
10 Carlebach, Joseph, Vergeltung. Ein Mahnruf zur Emunas Chachomim, in: *Der Israelit*. Ein Centralorgan für orthodoxe Juden. Nr. 25, Frankfurt a. M. 18. Juni 1931, S. 1.
Jacobs Religionsvorträge im Israelitischen Tempelverband bleiben hier unberücksichtigt. Über seinen Vortrag »Der Gott der Rache« berichtete das »*Hamburger Familienblatt*« am 15. Januar 1933: »Dass ein solcher Lehrer des Judentums ständig in unserer Stadt weilt, wird von allen denen, die seinem ersten großen Vortrag beigewohnt haben, als Gewinn empfunden werden.«

meinde, an verschiedene Jugendvereinigungen, an das Jüdische Alters- und Pflegeheim und an drei leitende Mitglieder der Gemeinde, die in den Einrichtungen u. a. wirkten: an Dr. Max Plaut (1901–1974), an Dr. Walther Julius Rudolphi (1880–1944) und an Dr. Leo Lippmann (1881–1943). Der aus Schlesien stammende Jurist Plaut hatte seit Dezember 1938 die Geschäfte des Jüdischen Religionsverbandes zu führen. Er war von 1938–1943 Vorsitzender des Jüdischen Religionsverbandes von Groß-Hamburg und von 1939–1943 Leiter der nordwestdeutschen Bezirksstelle der Reichsvereinigung. Ab 1933 war er mehrfach in Haft, wurde 1944 gegen Deutsche in Palästina ausgetauscht und starb 1974 in Hamburg. Der Oberlandesgerichtsrat Rudolphi und der Staatsrat in der Finanzbehörde Lippmann wurden beide 1933 aus dem Dienst entlassen, waren beide im Vorstand des Jüdischen Religionsverbandes tätig und überlebten die Naziherrschaft nicht. Rudolphi wurde 1942 nach Theresienstadt deportiert und in Auschwitz ermordet, Lippmann nahm sich vor der bevorstehenden Deportation mit seiner Frau 1943 das Leben.

Zur Errichtung der *Neuen Dammtorsynagoge* kam es durch wohlhabende Privatleute, die eine »Commission für die Errichtung der Neuen Dammthor-Synagoge« bildeten, die zwischen Orthodoxie und Reform stehen sollte. Als Symbol dieser Mittelstellung stand der Almemor nicht in der Mitte, aber auch nicht ganz im Osten. Der orientalische Stil der Synagoge war ursprünglich als Ausdruck der Emanzipation gedacht, wurde in den 90er Jahren des 19. Jh.s aber kaum noch gebaut, da er in die Isolierung führte und Judenfeindschaft eher verstärkte. Man erreichte die Synagoge, die nach allen Seiten völlig eingebaut lag, durch einen schmalen Gang.

Am 15.8.1895 wurde die Synagoge eingeweiht. Sie umfasste 300 Plätze für Männer und 200 für Frauen. »Der Gottesdienst sollte in würdigster Weise vor sich gehen, und zwar unter grundsätzlicher Ausschaltung jedes Musikinstrumentes, aber unter Anstellung eines guten vierstimmigen Chores. Besonderen Wert legte man auf unbedingte Ruhe während des Gottesdienstes.«[11]

Der erste Rabbiner der Synagoge war Dr. Max Grunwald (1871–1953), der sich auch als Historiker und Volkskundler einen Namen machte. Als er 1903 die Synagoge verließ, war Dr. Abraham Loewenthal (1868–1928) sein Nachfolger. Maleachi schildert Loewenthal als streng orthodox. Dessen Sohn Ludwig heiratete Benno Jacobs Tochter Hannah. Loewenthal erhielt 1917 einen Ruf an die Synagoge in der Heidereuthergasse in Berlin. Auf der 25-Jahrfeier

---

11 Gemeindeblatt der Deutsch-Israelitischen Gemeinde zu Hamburg. 11, Nr. 9, 30. August 1935, S. 3. Zitiert nach Stein, Irmgard, *Jüdische Baudenkmäler in Hamburg*, Hamburg 1984, S. 88.

der Dammtor-Synagoge wurde Loewenthal vom Vorstandsvorsitzenden Martin Fränkel gewürdigt. Er sagte, dass Loewenthal sich innerhalb und außerhalb der Gemeinde Freunde erworben habe, und zwar durch die ausgeglichene Art seines Auftretens und durch sein Verständnis gegenüber anderen religiösen Richtungen.[12] William Aron erwähnt in seinen Erinnerungen an Hamburg Loewenthal ausführlich. Er sagt, dass er, Dr. Paul Holzer und Kantor Feder von der »Dammtor« schul »durch extra-curriculare Veranstaltungen jüdisches Leben in Hamburg verschönten (...). Die beiden Rabbinen hielten viele öffentliche Vorträge (...). Loewenthal war (...) unprätenziös fromm, er war Aristokrat vom Scheitel bis zur Sohle, hochgewachsen, mit einem langen rötlich-blonden Bart, eine Art Judengestalt, wie Rembrandt sie im Amsterdamer Ghetto gesehen haben mag. Er war von großer Milde. Loewenthal war geachtet und angesehen. Auch er war, wie es in der Mechilta des Rabbi Simon ben Jochai heißt (ed. Hoffmann, S. 160): ›Er ist von der Art der zukünftigen Welt.‹ Er hat seinen Namen verewigt durch tiefschürfende, gelehrte Abhandlungen in dem monumentalen, fünfbändigen Werke ›Die Lehren des Judentums nach den Quellen‹, 1889 herausgegeben vom ›Verband der Deutschen Juden‹ in Berlin (...)«.[13]

Aron erwähnt auch, dass Loewenthal ein Schwager von Dr. Selig Bamberger, dem Rabbiner an der »Alten und Neuen Klaus«, war.

1907 hatte der private Kultusverein den Antrag gestellt, als dritter Kultusverband zugelassen zu werden. Er war zwar 1912 als e.V. anerkannt worden, der Widerstand des Synagogenverbandes hatte aber bewirkt, dass er keinen Anspruch auf 10% der Kultussteuer geltend machen konnte. 1927 wurde die Synagoge umgebaut und um 150 Plätze erweitert, obwohl nach der Errichtung der Bornplatzsynagoge viele regelmäßige Beter dorthin wechselten, da in der großen Synagoge am Bornplatz der traditionelle Ritus streng eingehalten wurde. Nach Loewenthals Fortgang kam es zu einem Abkommen zwischen dem Vorstand der Dammtor-Synagoge und dem liberalen Tempel-Verein, wonach die beiden Prediger des Tempels regelmäßig abwechselnd im Tempel und in der Dammtor-Synagoge zu predigen hatten. Aber auch dieser Zusammenschluss mit dem Tempel brachte keinen Zuwachs an Gemeindegliedern; vielmehr verließen die letzten gesetzestreuen die Synagoge und neue liberale Mitglieder kamen nicht hinzu.

---

12 Mosel, Wilhelm, *Wegweiser zu ehemaligen jüdischen Stätten im Stadtteil Rotherbaum* (II). Heft 3. Hrsg. von der DJG (Deutsch Jüdische Gesellschaft), Hamburg 1989, S. 142.
13 William Aaron (d.i. Seew W. Aron), *Hamburg. Ir vo'em be'Yissroel*. Maschinenschriftliches Manuskript o. J., S. 66.

»Nur das Persönliche tut wohl ...«

Die Neue Dammtor-Synagoge war die einzige Synagoge, in der nach 1938 bis zur Auflösung 1943 das religiöse Leben stattfand, und sie war die einzige Synagoge, die nach dem Reichspogrom wieder instand gesetzt wurde. Nach der Instandsetzung wurde sie am 17. Februar 1939 neu eingeweiht. Seit 1938 wirkte Carlebach hier bis zu seiner Deportation. Der Lehrer Jacob Katzenstein, der dänischer Staatsbürger war und 1943 nach Dänemark und anschließend mit der berühmten Rettungsaktion nach Schweden durchkommen konnte, berichtet in einem Brief vom 28. Februar 1944 aus Schweden, dass »nach der Schließung und Enteignung der Synagoge Papagoyenstraße und damit der Mikwe eine solche wieder im Keller der Synagoge Beneckestraße gebaut wurde (von schwarzem Geld) für die einzige in Frage kommende Frau. In einem Bleirohr in der Wand liegt eine Denkschrift, die ich verfasst habe (...). Ich hoffe zuversichtlich, das Original mal wieder ausgraben zu können, obgleich ich keineswegs daran denke, meinen Aufenthalt in H. zu nehmen, auch dagegen bin, dass andere es je tun werden.«[14] Die Denkschrift, von der Katzenstein spricht, ist ein Gebet in englischer Sprache, eine Klage über das Verlorene, aber es preist auch Gott, dass er diesen Bau ermöglicht hat. Der Schluss lautet:

»In the month of Shwat 5703 (1943) all work was completed
God's Pleasantness and blessings were upon us
Come, let us go to the House of Jakob
And may we merit to witness the deliverance of Mount Zion to judge
Mount Esau and may God reign forever.
I have written these words to show those who
will follow us in generations to come that God does not
stop to help to a greater or lesser extent those who
keep and perpetuate His Torah and Mitzwoth.
I am the youngest in my father's house, lonely
and bereft of wife and children; may God add my thoughts
to His and may I complete my days in goodness.
Hamburg, T'U bishvat 5703
Jacob, the son of David Hakohein Katzenstein a'H«.[15]

---

14 Brief von Jakob Katzenstein am 28. Februar 1944 an Familie Klein. Bereits zitiert in Pritzlaff, *Synagogen im Grindelviertel* (o. Anm. 6), S. 28.
15 Die Denkschrift von Jakob Katzenstein befindet sich im Privatbesitz der Familie Katzenstein. Sie wurde mir freundlicherweise von Dr. Ursula Randt zur Verfügung gestellt.

Max Plaut berichtet, dass nachdem die Gottesdienste verboten waren, sie »bis zum 10. Juni 1943, sogar noch etwas länger, nach der Auflösung der Gemeinde noch, bis die Gestapo die Synagoge abschloss und als Lagerraum benutzte« Gottesdienste dort abgehalten haben, »und getaufte Juden haben Posten gestanden, um zu signalisieren, wenn ein Beamter kam.«[16] Noch 1943 wurde die Synagoge wohl von Bomben zerstört. Eine Gedenktafel erinnert an sie und die Rabbiner Grunwald, Loewenthal und Holzer.

Zum Schluss soll der Weg über den Campus der Universität führen, zum *Gebäude der Hochschule für Wirtschaft und Politik (HWP), Von-Melle-Park.* Studentinnen und Studenten der Universität und der HWP entwarfen und gestalteten zusammen mit der argentinischen Wandmalerin Cecilia Herrero ein Wandbild am Gebäude der HWP. 50 Jahre nach dem Krieg sollte es an das ehemalige jüdische Leben am Grindel erinnern. Erhebliche Risse, die durch das Bild gehen – eine optische Zersplitterung des Kunstwerkes – symbolisieren, dass dieses Leben zerstört wurde. Der untere breite Riss, der durch das Bild geht, – ein Bildsegment – enthält folgende Verse aus Nelly Sachs' Gedicht »Chor der Tröster«:

»Wer von uns
darf trösten?
In der Tiefe des Hohlwegs
Zwischen Gestern und Morgen
Steht der Cherub
Mahlt mit seinen Flügeln die Blitze der Trauer
Seine Hände aber halten die Felsen auseinander
Von Gestern und Morgen
Wie die Ränder einer Wunde
Die offenbleiben soll
Die noch nicht heilen darf.

Nicht einschlafen lassen die Blitze der Trauer
Das Feld des Vergessens.
Wer von uns darf trösten?«[17]

---

16 Zitiert nach Pritzlaff, *Synagogen im Grindelviertel*, S. 28.
17 Zitiert nach dem Wandgemälde an der Hochschule für Wissenschaft und Politik (= HWP). Aus: Sachs, Nelly, *In den Wohnungen des Todes*, Berlin 1947. Dort ist der Zeilenfall des Gedichts zum Teil anders.

Christian Wiese

Ein »Schrei ins Leere«?
Die Wissenschaft des Judentums und ihre Auseinandersetzung mit protestantischer Theologie und ihren Judentumsbildern als Kontext des Werkes Benno Jacobs

1964 veröffentlichte Gershom Scholem, Religionsphilosoph, führende Autorität auf dem Gebiet der Kabbala und streitbarer Repräsentant des Judentums, seinen berühmten und umstrittenen Essay mit dem Titel *Wider den Mythos vom deutsch-jüdischen Gespräch*. Scholem bestritt darin, dass es in Deutschland vor 1933 zu einem wirklichen Gespräch zwischen Juden und Nichtjuden gekommen sei. »Zu einem Gespräch«, so der kritische Maßstab, den er für die historische Deutung der jüdisch-deutschen Begegnung vor der Shoah aufstellte, »gehören zwei, die aufeinander hören, die bereit sind, den anderen in dem, was er ist und darstellt, wahrzunehmen und ihm zu erwidern.« Die Juden hätten ein Gespräch mit den Deutschen versucht – »fordernd, flehend und beschwörend, kriecherisch und auftrotzend, in allen Tonarten ergreifender Würde und gottverlassener Würdelosigkeit«. Doch die deutsche Gesellschaft habe sich zu jeder Zeit geweigert, die Juden in ihrem Selbstverständnis ernstzunehmen und ihnen zu gestatten, im Prozess der sozialen Integration ihre jüdische Identität zu bewahren. Das Scheitern des jüdischen Versuchs eines Gesprächs mit den Nichtjuden beschrieb Scholem in einem Bild, das meinen Ausführungen als Leitmotiv dienen soll – er interpretiert es als einen gespenstischen »Schrei« ins Leere.[1] Scholems Thesen entfachten eine bis heute kontroverse Diskussion darüber, ob das Bewusstsein von Jüdinnen und Juden vor 1933, Deutsche zu sein und in einem lebendigen Zusammenhang mit der deutschen Gesellschaft und Kultur zu stehen, wirklich nichts anderes als eine Illusion war – eine sehr schwierige, herausfordernde und so allgemein sicher nicht zu beantwortende Frage. Eine Möglichkeit, dies auf der Ebene der Begegnung von Judentum und Protestantismus zu überprüfen und gegebenenfalls zu differenzieren, besteht darin, danach zu fragen, ob und in welcher Weise sich jüdische Gelehrte vor

---

1 Gershom Scholem, »Wider den Mythos vom deutsch-jüdischen Gespräch«, in: *Judaica 2*, Frankfurt a. M. 1970, S. 7–11, Zitat S. 8.

der Shoah mit protestantischer Theologie auseinandergesetzt haben, in ein Gespräch mit ihr eingetreten sind – und ob dieses Gesprächsangebot wahrgenommen und angenommen wurde. Ich möchte das versuchen, indem ich folgenden Fragen nachgehe:

Wie und unter welchen Bedingungen haben sich jüdische Forscher, Vertreter der zu Beginn des 19. Jahrhunderts entstandenen Tradition einer modernen Wissenschaft vom Judentum, vor der Shoah mit protestantischer Theologie auseinandergesetzt?

Welche Themen sprachen sie an, wo forderten sie ihre protestantischen Kollegen heraus, wo sahen sie sich selbst durch die protestantische Theologie herausgefordert, an welchen Punkten kam es zum Konflikt? In diesem Zusammenhang sollen auch Werk und Erfahrungen Benno Jacobs zur Sprache kommen.

Wie, so wird zuletzt gefragt, lässt sich die Struktur der Kommunikation zwischen den Repräsentanten der beiden Wissenschaftsdisziplinen beschreiben? Gab es auf dieser Ebene der Begegnung so etwas wie einen jüdischen »Schrei« – und wie lässt sich seine Wirkung beurteilen?[2]

Der Wissenschaft vom Judentum, der Vorläuferin der heutigen modernen Judaistik, kommt deshalb so große Bedeutung zu, weil sie im 19. und 20. Jahrhundert gerade in Deutschland zu einem Brennpunkt jüdischen Selbstverständnisses geworden ist.[3] Man hat sie zu Recht als »Kind des 19. Jahrhunderts« bezeichnet, denn sie hatte zwar tiefe Wurzeln in der traditionellen jüdischen Gelehrsamkeit, doch ihre frühen Vertreter wie etwa Leopold Zunz, Immanuel Wolf, Isaak Markus Jost, später dann Abraham Geiger oder Heinrich Graetz, hatten es sich in Auseinandersetzung mit dem Wissenschaftsverständnis ihrer Zeit zur Aufgabe gemacht, die jüdische Religion, Geschichte und Literatur mit den Mitteln der Geschichtswissenschaft zu erforschen, frei von religiösen Vorurteilen, Zwecken und Leidenschaften. Die jüdische Wissenschaft sollte sich, so Leopold Zunz, »zunächst von den

---

2 Zu einer Gesamtdeutung dieser Thematik vgl. meine Dissertation: *Wissenschaft des Judentums und protestantische Theologie im wilhelminischen Deutschland: ein Schrei ins Leere?*, SWALBI 61, Tübingen 1999. Zu Scholems radikaler Kritik der Wissenschaft des Judentums und ihrer seiner Auffassung nach apologetischen Grundhaltung vgl. Gershom Scholem, *Die Wissenschaft vom Judentum (Judaica 6)*, Frankfurt a. M. 1997 und den begleitenden Essay von Peter Schäfer.
3 Zur Geschichte der Wissenschaft des Judentums vgl. u. a. Julius A. Carlebach, *Khokhmat Jisrael – Wissenschaft des Judentums. Anfänge der Judaistik in Europa*, Darmstadt 1992 und die dort zusammengestellte Bibliographie.

Ein »Schrei ins Leere«?

Theologen emanzipieren und zur geschichtlichen Anschauung erheben«[4] – gemeint war nicht nur eine Befreiung von der Bevormundung durch die traditionelle jüdische Theologie, sondern auch der wissenschaftliche Widerspruch gegen die christlich-theologische Sichtweise, die das Bild des Judentums über die Jahrhunderte verzerrt und auf diese Weise antijüdisches Denken geformt und zu einem Bestandteil abendländischer Kultur gemacht hatte. Im Zuge der Emanzipation der jüdischen Gemeinschaft versprach die Vision objektiver Wissenschaftlichkeit eine Aufhebung der Fremdheit der nichtjüdischen Umwelt gegenüber dem Judentum und eine Förderung der Integration der Juden in Europa: »soll je ein Band das ganze Menschengeschlecht umschlingen«, schrieb Immanuel Wolf 1823, »so ist es das Band der Wissenschaft, das Band der reinen Vernünftigkeit, das Band der Wahrheit«.[5] Damit ist bereits angedeutet, dass der Wissenschaft des Judentums seit ihren Anfängen eine wichtige Funktion für die Bewahrung und Neuformulierung jüdischer Identität inmitten einer christlichen, vorwiegend protestantisch dominierten Gesellschaft und Kultur zukam. Max Wiener, der bedeutende Historiograph der jüdischen Geistesgeschichte des 19. und 20. Jahrhunderts, beschrieb 1933 die Motivation der Wissenschaft des Judentums mit folgenden Worten: sie sei dazu ausersehen, »die Schätze der jüdischen Vergangenheit zu heben und von ihrem Rost zu befreien, um in den Augen der Nichtjuden das tiefgesunkene Ansehen des eigenen Stammes zu erhöhen und die eigene Gemeinschaft mit Selbstachtung und Zuversicht zu erfüllen«.[6] Es ging der Wissenschaft des Judentums also um ein Dreifaches – um ein kritisches Gespräch mit der eigenen Tradition, um die Bekämpfung überlieferter negativer Werturteile über die jüdische Religion sowie um den Versuch, der verbreiteten Entfremdung von der jüdischen Tradition entgegenzuwirken und die jüdische Minderheit, die ständigen Angriffen ausgesetzt war, des Wertes ihrer Religion und Kultur zu vergewissern. Die Wissenschaft des Judentums hat in dem Jahrhundert ihrer Wirksamkeit vor der Shoah nicht nur eine Fülle bedeutender wissenschaftlicher Leistungen hervorgebracht und sich aus völlig eigener Kraft, ja gegen harte Widerstände, mit dem Breslauer jüdisch-theologischen Seminar, der Lehranstalt für die Wissenschaft des Judentums in Berlin und dem Berliner orthodoxen Rabbinerseminar ihre eigenen Institutionen geschaffen, aus denen

---

4 Leopold Zunz, in: ders., *Gesammelte Schriften* Bd. 1, 1875, S. 57.
5 Immanuel Wolf, »Über den Begriff einer Wissenschaft des Judentums« in: *Zeitschrift für die Wissenschaft des Judenthums* 1 (1823), S. 23f.
6 Max Wiener, *Jüdische Religion im Zeitalter der Emanzipation*, Berlin 1933, S. 16.

immer neue hervorragende Gelehrte hervorgingen. Ihre entscheidende Leistung bestand in dem, was die israelische Historikerin Shulamit Volkov als »Erfindung einer Tradition« bezeichnet hat – eine philosophisch-ethische Deutung der jüdischen Tradition, die auf den Nachweis zielte, dass Judentum und Moderne vereinbar und die Juden aufgrund der kulturellen und ethischen Bedeutung ihrer Religion der gesellschaftlichen Gleichberechtigung würdig waren.[7] Wie repräsentativ diese Ziele für die meisten jüdischen Forscher bis ins 20. Jahrhundert hinein waren, lässt sich auch bei Benno Jacob feststellen, der es 1907 in seinem Vortrag über *Die Wissenschaft des Judentums – ihr Einfluss auf die Emanzipation der Juden* als zentrales Anliegen seiner Disziplin bezeichnete, das Recht der Wissenschaft im Judentum und das Recht des geschichtlichen Judentums innerhalb der Kultur zu verteidigen.[8] Die Wissenschaft des Judentums könne nicht rein historisch verfahren, sondern müsse angesichts der Vorurteile vieler Nichtjuden und der Zerrbilder, die ihr Denken bestimmten, gegenwartsorientiert sein, »ausdrücklich die Geschichte und Lehre des Judentums zu dem Zwecke erforschen, um Freund und Feind darüber aufzuklären ... und dadurch auf die Verbesserung auch der äußeren Lage der Juden zu wirken«.[9] Es gehe darum, »den Zusammenhang zwischen Unterdrückung und Ignoranz« zu durchbrechen und zugleich den Juden dazu zu helfen, sich selbst als eine Gemeinschaft zu achten, »die eine Geschichte und unverächtliche Verdienste um die Menschheit hat«.[10]

Diese Anliegen brachten die jüdischen Forscher in den Jahrzehnten vor der Shoah in ihre Auseinandersetzung mit dem Protestantismus mit ein. Damit ist zugleich angedeutet, dass sich die jüdische Wahrnehmung der protestantischen Theologie weder als abstrakte akademische Betrachtung, noch im spannungs- und herrschaftsfreien Raum vollzog. Sie muss vielmehr im Kontext der gesellschaftlichen Kontroversen verstanden werden, die für Zeitgenossen damals mit dem schrecklichen Begriff der sog. »Judenfrage« verbunden waren, also mit dem Problem, das die nichtjüdische Mehrheit mit der gesellschaftlichen Integration der jüdischen Minderheit hatte. Einerseits hatten Emanzipation und Integration der Juden als Individuen zu einer

---

7 Shulamit Volkov, »Die Erfindung einer Tradition. Zur Entstehung des modernen Judentums in Deutschland«, in: *Historische Zeitschrift* 1991, Bd. 253, Heft 3, S. 603–628.
8 Benno Jacob, *Die Wissenschaft des Judentums – ihr Einfluß auf die Emanzipation der Juden. Vortrag gehalten auf der Generalversammlung des Rabbiner-Verbandes in Deutschland, Berlin am 2. Januar 1907*, Berlin 1907, S. 69.
9 *Ebd.*, S. 8.
10 *Ebd.*, S. 9f.

engen Verflechtung mit der deutschen Umwelt geführt, andererseits war das Judentum als sozialer, kultureller und religiöser Faktor in der Gesellschaft nie wirklich akzeptiert worden. Vielmehr wurde zunehmend deutlich, dass die rechtliche Gleichstellung seit dem 19. Jahrhundert weitgehend an die Bedingung einer Assimilation gebunden wurde, von der man sich eine Preisgabe jüdischer Identität erwartete. Die jüdische Auseinandersetzung mit der protestantischen Theologie steht deshalb vielfach im Zeichen zeitgeschichtlicher Krisenerfahrungen: dazu zählte die zunehmende politische Heimatlosigkeit der jüdischen Gemeinschaft angesichts des Niedergangs des politischen Liberalismus seit dem Ende des 19. Jahrhunderts, dazu zählte vor allem eine verschärfte Welle nationalistischen und antisemitischen Denkens, das weite Kreise der Bevölkerung zumindest latent bestimmte. Viele jüdische Forscher stellten ihre wissenschaftliche Arbeit und vor allem die Auseinandersetzung mit dem Protestantismus in den Dienst der »Abwehrarbeit gegen den Antisemitismus«.[11] Eine junge Generation von Rabbinern und Gelehrten, deren Ausbildung in die Zeit verschärfter judenfeindlicher Agitation und Ausgrenzung fiel – so wird ja über Benno Jacob eindrucksvoll berichtet, dass er als Mitglied der jüdischen Studentenbewegung Fechtduelle gegen antisemitische Studenten durchführte[12] – nahm die geistige Herausforderung an. Da sie wahrnahmen, dass gerade die antijüdischen Tendenzen der protestantischen Theologie und Religionswissenschaft geeignet waren, gesellschaftliche Vorurteile und Hass zu verstärken und ihnen einen dauerhaften Nährboden zu verschaffen, und da sie hofften, hier wissenschaftliche Aufklärung leisten zu können, wandten sie einen großen Teil ihrer Kraft und Zeit für diese Auseinandersetzung auf. Wie die Reaktion der christlichen Theologen auf das selbstbewusste Auftreten der Wissenschaft des Judentums gemäß der Erfahrung der jüdischen Gelehrten aussah, lässt sich im Spiegel der Aussagen Benno Jacobs aus dem Jahre 1907 sehr schön ablesen.

> »Man war früher«, schrieb Jacob, »so durchdrungen von der unvergleichlichen Superiorität des Christentums, hielt die Inferiorität des Judentums für etwas so Selbstverständliches, dass man sein Fortbestehen nur mit der Verstocktheit der Juden erklären konnte. Denn davon war man überzeugt, dass, wenn ein Jude erst

---

11 Aus der ausgedehnten Literatur zu Konzept und Wirkung der »Abwehrarbeit« vgl. vor allem Ismar Schorsch, *Jewish Reactions to German Anti-Semitism, 1870–1914*, New York/ London 1972; Jehuda Reinharz, *Fatherland or Promised Land. The Dilemma of the German Jew 1893–1914*, Ann Arbor 1975; Arnold Paucker, »Die Abwehr des Antisemitismus in den Jahren 1893–1933«, in: Herbert A. Strauss/Norbert Kampe (Hg.), *Antisemitismus*, Frankfurt a. M. ²1988, S. 143–171.
12 Vgl. Kurt Wilhelm, »Benno Jacob. A Militant Rabbi«, in: *LBIYB* 7 (1962), S. 75–94, bes. 75f.

mit der Bildung und Wissenschaft der Zeit auch die Heilswahrheiten des Christentums kennen lerne, er keinen Augenblick zögern könne, das zurückgebliebene Judentum zu verlassen und sich der Kirche in die Arme zu werfen ... Die Enttäuschung und Nachdenklichkeit wurde größer, als man ein ganzes Geschlecht kennen lernte, dem man das Zeugnis nicht vorenthalten konnte, dass es mit der Bildung und Wissenschaft der Zeit ausgerüstet, auch mit dem Christentum und seinen Lehren wohl vertraut war, und das dennoch weit entfernt, dem Judentum zu entsagen, es nur um so begeisterter verkündete. Es musste den Gegnern doch eine Ahnung aufgehen, dass dieses so lange totgesagte Judentum am Ende doch noch lebe, dass es doch wohl noch eine lebendige Geistesmacht sein könne, ... dass am Ende gar seine weltgeschichtliche Rolle noch nicht ausgespielt sein möge.«

Insofern sah Jacob eine wachsende Achtung vor dem Judentum, hielt aber fest, dass die christliche Theologie sich wohl niemals zu einer gerechten Bewertung überwinden werde.

»Wenn sie auch«, so fährt er fort, »dem Judentum gegenüber nicht mehr auf dem Standpunkt eines Eisenmenger beharren kann, um es als rabbinischen Aberwitz abzufertigen, wenn sie auch dankbar seine Mitarbeit zur Erforschung der eigenen Religion und ihrer Anfänge annimmt und sich selbst erfolgreich an der jüdischen Wissenschaft beteiligt, so ist sie schon zu ihrer eigenen Selbstbehauptung gezwungen, immer neue Schlagworte der Abneigung zu formulieren und gewollt oder ungewollt allen praktischen Bestrebungen, die Emanzipation der Juden aufzuhalten oder rückgängig zu machen, das wissenschaftlich sein sollende Rüstzeug zu schmieden. Mit diesem Gegner gibt es für das Judentum niemals Friede, sondern nur Kampf von Geschlecht zu Geschlecht.«[13]

Eine Darstellung der konkreten wissenschaftlichen Kontroversen, die Jacobs kämpferische Position und seine Skepsis gegenüber einem Dialog mit christlichen Theologen inspirierten – darin durchaus repräsentativ für seine jüdischen Kollegen – kann hier nur als Skizze erfolgen, da es mir mehr um die Frage nach der Struktur der Kommunikation zwischen Wissenschaft des Judentums und der protestantischen Theologie geht. Aber so viel ist anzudeuten: In den achtziger und neunziger Jahren des 19. Jahrhunderts konzentrierte sich die Wahrnehmung der jüdischen Forscher auf die protestantische »Judenmission«. Dass Theologen wie Franz Delitzsch oder Hermann Leberecht Strack angesichts der Bedrohung der jüdischen

---

13 Benno Jacob, *Die Wissenschaft des Judentums*, S. 11f.

Gemeinschaft durch die radikal-antisemitische »Talmudhetze«, mit welcher der sittliche Charakter der jüdischen Religion bestritten und ein dämonisches Bild des Judentums verbreitet wurde, Solidarität übten und sich in diesem Zusammenhang intensiv mit der rabbinischen Literatur befassten, wurde mit großer Anerkennung aufgenommen; gleichzeitig widersprachen jüdische Gelehrte ausdrücklich dem missionarischen Anspruch dieses in vieler Hinsicht ambivalenten »Philosemitismus«. In diesem Zusammenhang wurde dann nicht selten deutlich, dass die Solidarität der protestantischen Theologen ihre Grenze hatte – nämlich dort, wo Juden dezidiert Missionsansprüche zurückwiesen oder sich kritisch mit dem Christentum auseinandersetzten. Dies wurde dann sehr scharf und nicht ohne antijüdischen Beiklang als »Antichristianismus« gebrandmarkt – jüdische Forscher wie Abraham Geiger und andere wurden scharf in ihre Schranken als Vertreter einer geduldeten Minderheit verwiesen.[14]

Nach vereinzelten Kontroversen im 19. Jahrhundert, die zumeist Fragen der Bewertung des rabbinischen Judentums betrafen,[15] gewann die Auseinandersetzung mit der protestantischen Theologie jedoch vor dem Ersten Weltkrieg eine ganz neue Intensität – und zwar im Zuge einer teilweise erbitterten Debatte um das »Wesen des Judentums«, die sich zunächst als Reaktion auf antijudaistische Klänge in den berühmten Vorlesungen des Berliner Kirchenhistorikers Adolf von Harnack über das »Wesen des Christentums« im Jahre 1900 ergab.[16] Neben Benno Jacob forderten zahlreiche hervorragende jüdische Gelehrte – wie Leo Baeck, Ismar Elbogen, Joseph Eschelbacher, Moritz Güdemann, Martin Schreiner, Felix Perles, um nur einige zu nennen – ihre protestantischen Kollegen nunmehr offensiv auf, die jüdische Forschung zur Kenntnis zu nehmen und eine angemessene religionsgeschichtliche Würdigung der jüdischen Quellen, namentlich der rabbi-

---

14 Vgl. Christian Wiese, »Was heißt ›Liebe zu Israel‹? Die aktuelle Diskussion um die ›Judenmission‹ im Licht der Auseinandersetzung jüdischer Gelehrter mit dem Wissenschaftler und Missionar Franz Delitzsch, in: *TUN UND ERKENNEN. Theologisches Fragen und Vermitteln im Kontext des jüdisch-christlichen Gesprächs*. Zum 65. Geburtstag von Adam Weyer hrsg. im Namen des Forschungsschwerpunkts Geschichte und Religion des Judentums an der Universität-Gesamthochschule Duisburg v. Hans Joachim Barkenings, Margret Peek-Horn und Sabine Wolff, Duisburg 1994, S. 211–242.
15 Vgl. u. a. Susannah Heschel, *Der jüdische Jesus und das Christentum. Abraham Geigers Herausforderung an die christliche Theologie*, Berlin 2001 und Roland Deines, *Die Pharisäer. Ihr Verständnis als Spiegel der christlichen Forschung seit Wellhausen und Graetz*, Tübingen 1997.
16 Vgl. etwa Uriel Tal, »Theologische Debatte um das ›Wesen‹ des Judentums«, in: Werner E. Mosse/Arnold Paucker (Hg.), *Juden im Wilhelminischen Deutschland 1890–1914*, Tübingen 1976, S. 599–632 sowie die Kapitel 5 und 6 meiner Dissertation (o. Anm. 2).

nischen Literatur vorzunehmen. Benno Jacob hat sich in diesem Zusammenhang sehr differenziert, gelegentlich aber auch sehr polemisch zu Wort gemeldet, wenn er etwa 1908 in der *Monatsschrift für die Geschichte und Wissenschaft des Judentums* schrieb, die christlichen Darstellungen der neutestamentlichen Zeitgeschichte seien zumeist »Konstruktion(en) vollendeter Willkür, Kritiklosigkeit und konfessioneller Befangenheit«.[17] Die Wissenschaft des Judentums forderte die protestantische Theologie also in ihrer ureigensten Domäne heraus, in der Auslegung des Neuen Testaments, der Interpretation der Gestalt Jesu und der Darstellung der neutestamentlichen Zeitgeschichte – und zwar mit dem Anspruch, jüdische Gelehrte müssten, weil sie allein die rabbinischen Quellen beherrschten, als ernstzunehmende Partner bei der Erforschung des Frühjudentums gelten. Das jüdisch-protestantische Gespräch auf diesem Gebiet scheiterte jedoch zunächst daran, dass die protestantischen Exegeten den jüdischen Einspruch gegen ihr Bild des pharisäischen und rabbinischen Judentums meist als Zumutung zurückwiesen, anstatt sich wirklich mit dem Selbstverständnis jüdischer Torafrömmigkeit auseinanderzusetzen, und dass sie eine jüdische Jesusdeutung gar als anmaßenden Übergriff empfanden. Annäherungen ergaben sich ganz allmählich erst dort, wo einzelne protestantische Forscher sich intensiver mit den rabbinischen Quellen befassten und an einer Rezeption der jüdischen Forschung nicht mehr vorbeikamen.[18]

Ein weiterer Themenschwerpunkt, der vor der Shoah immer stärker an Gewicht gewann, lag in der Auseinandersetzung mit der protestantischen alttestamentlichen Wissenschaft. Zeitgeschichtlicher Hintergrund war die sich stetig verschärfende Agitation der völkisch-antisemitischen Bewegung, die das Judentum auch damit zu treffen versuchte, dass sie den ethischen und kulturellen Wert der hebräischen Bibel bestritt und das alttestamentlich-jüdische Gottesverständnis als Ausdruck des angeblich »zersetzenden«, minderwertigen »jüdischen Geistes« verleumdete. Die christliche Theologie musste sich der Diskussion, die dadurch angestoßen wurde, insofern stellen, als damit auch ihre eigenen biblischen Grundlagen betroffen waren; für die Wissenschaft des Judentums allerdings bedeuteten die Angriffe, welche die religiöse und kulturelle Bedeutung der jüdischen Tradition auf beispiellose

---

17 Benno Jacob, »Im Namen ...«, in: *MGWJ* 52 (1908), S. 162–184, Zitat 177f.
18 Zu den wissenschaftsgeschichtlichen Vorgängen, die eine solche Rezeption förderten, vgl. u. a. Leonore Siegele-Wenschkewitz, Das Verhältnis von protestantischer Theologie und Wissenschaft des Judentums während der Weimarer Republik, in: Walter Grab/Julius H. Schoeps (Hg.), *Juden in der Weimarer Republik*, Stuttgart/Bonn 1986, S. 153–178.

Weise radikal in Frage stellten, eine zentrale Herausforderung nicht nur jüdischer Identität, sondern auch der gesellschaftlichen Stellung der auf diese Weise verketzerten jüdischen Gemeinschaft in Deutschland.[19] Die Voraussetzungen für einen jüdisch-protestantischen Dialog über die hebräische Bibel waren damals denkbar zwiespältig. In den Äußerungen von Forschern wie Ismar Elbogen, Leo Baeck, vor allem aber auch Benno Jacob, wird eine tiefe Spannung spürbar: Auf der einen Seite steht eine ehrliche Anerkennung, bisweilen geradezu Bewunderung der wissenschaftlichen Leistungen der protestantischen Bibelforschung, und man könnte zeigen, dass die protestantische Würdigung der alttestamentlichen Prophetie als Höhepunkt jüdischer Religionsgeschichte im Sinne eines universalen »ethischen Monotheismus« sogar zu einem wichtigen Fundament modernen jüdisch-liberalen Selbstverständnisses wurde.[20] Auf der anderen Seite war die wachsende Herausforderung durch die von protestantischen Theologen entworfene Sicht der Geschichte und Religion Israels unübersehbar. Nicht nur, dass sie die jüdische Tradition der Schriftauslegung vollkommen ausblendeten, vielfach verstärkten sie auch antisemitische Denkmuster, indem sie – mit Hilfe literarkritischer und religionsgeschichtlicher Hypothesen – ganze Teile der hebräischen Bibel, nämlich die gesamte nachprophetische Literatur, aber auch die frühen Überlieferungsschichten, als theologisch und ethisch minderwertige Vorgeschichte des Christentums deuteten. Während jüdisch-orthodoxe Gelehrte wie etwa David Hoffmann in der Bindung an ihre Tradition die Bibelkritik prinzipiell ablehnten,[21] öffnete sich vor allem Benno

---

19 Zur politischen Dimension des theologischen Streits über die Bewertung der hebräischen Bibel vgl. u. a. Marikje Smid, *Deutscher Protestantismus und Judentum 1932/1933* (Heidelberger Untersuchungen zu Widerstand, Judenverfolgung und Kirchenkampf im Dritten Reich Bd. 2), München 1990, bes. S. 225–242 und Christian Wiese, »Jahwe – ein Gott nur für Juden? Der Disput um das Gottesverständnis zwischen Wissenschaft des Judentums und protestantischer alttestamentlicher Wissenschaft im Kaiserreich«, in: Leonore Siegele-Wenschkewitz (Hg.), *Christlicher Antijudaismus und Antisemitismus. Theologische und kirchliche Programme Deutscher Christen*, Frankfurt a. M. 1994, S. 27–94.

20 Das im 19. Jahrhundert von der liberalen protestantischen Forschung entwickelte Prophetieverständnis hat etwa Leo Baeck zur Grundlage seiner Deutung des »Wesens des Judentums« gemacht, vgl. Leo Baeck, *Das Wesen des Judentums*, Berlin 1905, S. 18ff und 39ff; zum Einfluss der Bibelkritik auf Baeck vgl. Hans Liebeschütz, *Von Georg Simmel zu Franz Rosenzweig. Studien zum jüdischen Denken im deutschen Kulturbereich*, Tübingen 1970, S. 67f. Von der Wertschätzung der Prophetie in der protestantischen Theologie versprach sich etwa auch Hermann Cohen, »Religion und Sittlichkeit«, in: *Jüdische Schriften*, Bd. 3, Berlin 1924, S. 98–168 weitgehende Wirkungen auf das Judentumsbild der deutschen Gesellschaft: »Die Bibelkritik der protestantischen Theologie ist das beste Gegengift gegen den Judenhass. Der Prophetismus ist als Universalismus nunmehr erkannt. Und die soziale Predigt ist als ein sittliches Urelement der Religion fest gegründet.«

21 Zur orthodoxen Auseinandersetzung mit der sog. Bibelkritik vgl. etwa David H. Ellen-

Jacob, wohl der einzige jüdische Bibelwissenschaftler, der den protestantischen Forschern auf diesem Gebiet ernsthaft etwas entgegensetzte, der Diskussion seiner Zeit – einerseits in dem schmerzlichen Bewusstsein einer gewissen Rückständigkeit der jüdischen Bibelforschung,[22] andererseits mit dem entschlossenen Anspruch, die Ergebnisse der damals dominierenden Wellhausen-Schule nicht einfach hinzunehmen, sondern ihnen auf kritischem Wege zu begegnen. Die Hypothesen der protestantischen Bibelkritik, die von einer ursprünglich kraftvollen universalen prophetischen Tradition ausgingen, die schließlich im Christentum zum Ziel gekommen sei, während spätere epigonenhafte Schichten, etwa die berühmte »Priesterschrift« im Pentateuch, in der Tora, das »gesetzliche«, »partikularistische« Judentum inspiriert habe, zielten aus Jacobs Sicht unmittelbar auf das jüdische Toraverständnis und damit auf das Herz jüdischen Glaubens und Lebens. Seine frühen, aber auch die späteren Schriften sind durch die Auseinandersetzung mit diesem willkürlichen Geschichtsbild und seinen exegetischen Grundlagen geprägt, und er widmete seine ganze Gelehrsamkeit dem Versuch, eine *jüdische* Bibelforschung, eine Exegese aus jüdischem Geist, zu fördern, die auf der grundsätzlichen Einheitlichkeit und Göttlichkeit der Tora beruhte.[23] Jacob machte in diesem Zusammenhang auf die identitätsstiftende

---

son/Richard Jacobs, »Scholarship and Faith. David Hoffmann and his Relationship to Wissenschaft des Judentums«, in: *Modern Judaism* 8 (1988), S. 27–40. Ganz anders dagegen ein liberaler Forscher wie Max Wiener, der wesentliche Argumente der protestantischen Bibelforschung aufgriff, wenn er sich auch ständig genötigt sah, ihre Implikationen für die historische Bewertung des vorprophetischen Israel und des nachexilischen Judentums zurückzuweisen; vgl. etwa Max Wiener, *Die Anschauungen der Propheten von der Sittlichkeit* (Schriften der Lehranstalt für die Wissenschaft des Judentums I, Heft 3/4), Berlin 1909 und ders., *Die Religion der Propheten* (Volksschriften über die jüdische Religion 1. Jg., Heft 1), Frankfurt a. M. 1912; zu Wiener vgl. Robert S. Schine, *Jewish Thought Adrift. Max Wiener (1882–1950)* (Brown Judaic Studies 259), Atlanta, Georgia 1992.

22 Von Beginn an durchzieht ein Leitmotiv Jacobs Werk, die »Klage über den Verlust der Bibel«, über die Tatsache, dass der Bibel in der Wissenschaft des Judentums und im jüdischen Leben nicht der ihr gebührende Rang eingeräumt werde, dass die protestantische Exegese die Führung übernommen habe. Ohne die Bibel sei jedoch das Judentum »dem Tode verfallen«: »Das schlechthin Einzige, was Israel an unvergänglichen, weltbeglückenden Gütern hervorgebracht hat, die Grundlage seines dreitausendjährigen Geisteslebens, sein höchstes Gut, sein teuerstes Heiligtum, ist ihm entrissen. Unsere Bibel ist nicht mehr unsere Bibel. ... Wir müssen der Bibel wieder die Stellung geben, die ihr im Judentum gebührt als Führerin und Richterin, als Text unseres Lebens, damit wir zu Herolden ihrer ewigen Wahrheiten für die nach Heil dürstenden Jahrhunderte werden. Die Bibel muss in den Mittelpunkt der jüdischen Wissenschaft und des jüdischen Unterrichts treten, um von da in das jüdische Haus einzutreten« (so Benno Jacob, »Unsere Bibel in Wissenschaft und Unterricht. Vortrag gehalten in der wissenschaftlichen Vereinigung jüdischer Schulmänner zu Berlin«, in: *Allgemeine Zeitung des Judentums* 62 (1898), Nr. 43, S. 511ff; Nr. 44, S. 525ff; Nr. 45, S. 534ff, Zitat S. 511).

23 Vgl. vor allem Benno Jacob, *Die Thora Moses* (Volksschriften über die jüdische Religion Heft

Funktion der Forschung aufmerksam und postulierte in polemischer Zuspitzung, nur das Judentum könne – und zwar aufgrund einer geistigen Affinität, die dem Christentum versagt sei – die hebräische Bibel angemessen verstehen:

> »Uns aber ist die Bibel ein Buch des Lebens, unseres Lebens, und darum brauchen wir eine eigene, eine jüdische Wissenschaft von der Bibel, damit sie uns neue Quellen des Lebens eröffne. Wir brauchen eine Bibelwissenschaft, welche nicht bloß das Richtige feststelle, sondern ›die Seele erquicke‹, nicht bloß wahr sei, sondern ›den Thoren weise mache‹, nicht bloß korrekt sei, sondern ›das Herz erfreue‹, nicht bloß unverfälscht sei, sondern ›die Augen erleuchte‹. Nur solche Forschung ist dem wahren Wesen der Bibel adäquat, und so ohne alle Seitenblicke verstehen kann die Bibel ... nur der Jude. Nur der Jude ist Geist von ihrem Geist, nur er ist ihr unwandelbar treu geblieben und hat nie den Zusammenhang mit ihr zerrissen.«[24]

Mit dieser Behauptung einer besonderen Affinität des jüdischen Geistes zur Bibel beabsichtigte Jacob sicher keine ethnisch-religiöse Engführung der Exegese, sie ist eher im Sinne einer Aufforderung an die Wissenschaft des Judentums zu verstehen, entschiedener und kenntnisreicher als bis dahin eine eigenständige Bibelforschung zu betreiben, um christlichen Stereotypen fundiert begegnen zu können. Jacobs Bemühungen, seine protestantischen Kollegen zu einer Revision ihres Geschichtsbildes zu bewegen und in einen kritischen Dialog hineinzuziehen, lassen sich nur als einsames Unterfangen kennzeichnen, da diese seinen Ansatz kaum wahrnahmen, geschweige denn ernsthaft zu Rate zogen. Dass die reiche Frucht seiner Arbeit, seine monumentalen Kommentare, unter den Bedingungen des Nationalsozialismus und

---

3 und 4), Frankfurt a. M. 1912/13. Alle wichtigen Aspekte seines Toraverständnisses und seines exegetischen Ansatzes kommen hier zur Sprache: das Festhalten an der Tora als der göttlichen Offenbarung für Israel, die These von der literarischen Einheitlichkeit der Tora trotz relativer Würdigung der Ergebnisse der Pentateuchkritik und die Kritik an deren antijüdischen Implikationen. Hinter der Vehemenz, mit der Jacob dort seine Kritik vortrug, stand der Eindruck, dass die literarkritischen und religionsgeschichtlichen Thesen der Wellhausen-Schule von antijüdischen Vorurteilen inspiriert seien und dazu dienten, letztere wissenschaftlich zu zementieren. Die Spätdatierung der »Priesterschrift« etwa sei Ergebnis der Prämisse von der priesterlich-gesetzlichen Umwandlung der prophetischen Religion Israels in das gesetzliche Judentum, das schließlich im Rabbinismus versteinerte. Der Verfasser von P werde auf diese Weise »der Prügelknabe für latenten Antisemitismus«: »Er ist der unduldsame Priester und Gesetzesfanatiker, der trockene Jurist und engherzige Dogmatiker, der gelehrte Pedant, der unleidliche Kleinigkeitskrämer und Zahlenmensch.... Kurz, er ist der echte Jude, sein Werk ein Erzeugnis der Judenschule und ihrer wert« (S. 47f).
24 Jacob, *Unsere Bibel in Wissenschaft und Unterricht*, S. 513.

im Londoner Exil entstanden, unbemerkt und weitgehend unkommentiert von christlichen Theologen, dass der Genesiskommentar 1939 durch die Gestapo vernichtet wurde, steht symbolisch für diese auch existentielle Einsamkeit. Jacob hat es im übrigen schon früh so empfunden, dass seine protestantischen Kollegen in ihrem ausgeprägten Überlegenheitsbewusstsein nicht bereit waren, jüdischen Beiträgen zur hebräischen Bibel Bedeutung zuzumessen, weil es ihnen vor allem an dem Bewusstsein mangelte, dass die Bibel lebendige Tradition eines lebendigen Judentums, nicht bloß Vorgeschichte des Christentums war. Bereits 1903 konstatierte er bitter, dass die Wissenschaft des Judentums im Streit um die antisemitische Hetze gegen die hebräische Bibel ganz auf sich alleine gestellt sei, da die christlichen Theologen jegliche Solidarität vermissen ließen. Wo sie das Alte Testament verteidigten, zeigten sie »ein klägliches Bestreben, sich von dem Verdachte zu reinigen, als wenn sie damit zugunsten des Judentums redeten.... Uns kann das nicht Wunder nehmen. Ein Christ, und sei er noch so bemüht, unbefangen zu urteilen, kann und darf das Alte Testament nicht nach seinem absoluten Werte würdigen, und für Juden und Judentum einzutreten, dazu gehört ein in unserer tiefgesunkenen Zeit selten gefundener Mut.«[25] Wie wahr diese hellsichtigen Worte waren, musste die jüdische Gemeinschaft in den folgenden Jahrzehnten bis zur Shoah schmerzlich erfahren: als die Stimmen, die nach einer »Entjudung« der deutschen Gesellschaft, nicht selten auch nach einer Befreiung des Christentums vom »jüdischen Geist« der hebräischen Bibel riefen, lauter wurden, zeigte sich, dass die hermeneutische Diskussion auf protestantischer Seite selten zur Solidarität, zumeist aber zu einer Strategie der Preisgabe des Judentums führte – ganz wie Jacob es beschrieben hatte. Auch wenn das »Alte Testament« als Teil der christlichen Tradition verteidigt wurde, nahmen die meisten Theologen eine scharfe Trennung zwischen wertvollen und »jüdisch-minderwertigen« Schichten vor. Die Lösung war denkbar simpel – die lebendige prophetische Tradition des frühen Israel war gar nicht »jüdisch« – »jüdisch« war erst die nachexilische Tradition, während das Prophetische seine authentische Fortsetzung und Erfüllung in der Verkündigung Jesu von Nazareth fand.[26] Noch drastischer vollzog etwa der deutsch-christliche Theologe Emmanuel Hirsch die Desolidarisierung, wenn

---

25 Benno Jacob, »Prof. Delitzsch's zweiter Vortrag über »Babel und Bibel«, in: *Allgemeine Zeitung des Judentums* 67 (1903), Nr. 17, S. 197.
26 Vgl. dazu etwa Rolf Rendtorff, »Die jüdische Bibel und ihre antijüdische Auslegung«, in: ders./Ekkehard Stegemann (Hrsg), *Auschwitz – Krise der christlichen Theologie*, München 1980, S. 99–116.

er in seiner 1936 veröffentlichten Schrift *Das Alte Testament und die Predigt des Evangeliums* zwar dafür eintrat, das »Alte Testament« zu bewahren, dies aber mit dem Ziel, es möge »als ewiges Bild der im Evangelium verneinten Gesetzesreligion dem christlichen Selbstverständnis vor Gott als Stachel ... dienen« – also als bloßes Gegenbild, als feindliche Antithese.[27] Auf diese Weise vermochte man einen unüberbrückbaren Gegensatz zwischen Judentum und Christentum zu konstruieren – eine verhängnisvolle Methode, die mit zum Versagen von Theologie und Kirche angesichts des modernen Antisemitismus und zur Preisgabe der jüdischen Gemeinschaft an die nationalsozialistische Entrechtungs- und Vernichtungspolitik beitrug.

Überschaut man die wissenschaftlichen Auseinandersetzungen dieser Zeit, so ging es der jüdischen Forschung vor allem um eine Verteidigung der jüdischen Religion und Ethik gegenüber den tradierten Zerrbildern, die ihnen die protestantischen Theologen mit wissenschaftlichem Anspruch – und insofern auf weitaus wirkungsvollere Weise – fortzuschreiben schienen. Unübersehbar wurde in den religionsgeschichtlichen Kontroversen im Grunde der Konflikt um die Legitimität der Fortexistenz des Judentums in der Moderne und um die Stellung der jüdischen Minderheit in der deutschen Gesellschaft ausgefochten. Denn offen oder implizit brachten protestantische Theologen, indem sie den wissenschaftlichen Nachweis dafür zu führen suchten, dass das nachbiblische Judentum seit Jesus – theologisch und ethisch – obsolet sei, zum Ausdruck, dass der jüdischen Religion in einer modernen, aufgeklärten Gesellschaft keinerlei Bedeutung mehr zukam. Vielmehr herrschte die Überzeugung, Juden, die sich durch die Eingliederung in die deutsche (protestantische) Kultur eingliederten, müssten zwangsläufig Abschied von ihren religiösen Vorurteilen nehmen und Protestanten werden. Nur anzudeuten ist in diesem Zusammenhang, dass sich der Konflikt an diesem Punkt auf dem Hintergrund einer auffallenden Nähe zwischen liberalem Judentum und liberalem Protestantismus abspielte. Statt einer fruchtbaren Begegnung und Besinnung auf gemeinsame theologische und ethische Konzepte kam es aber zu einem scharfen Konflikt und zu wechselseitiger Enttäuschung, insofern beiden Seiten vor allem an der Abgrenzung lag, nicht an der Entdeckung der Nähe zueinander. Als trennend erwies sich vor allem der ungebrochene protestantische Überlegenheitsanspruch, der das

---

27 Emanuel Hirsch, *Das Alte Testament und die Predigt des Evangeliums*, Tübingen 1936, S. 83. Vgl. dazu Willy Schottroff, »Theologie und Politik bei Emanuel Hirsch«, in: ders., *Das Reich Gottes und der Menschen. Studien über das Verhältnis der christlichen Theologie zum Judentum*, München 1991, S. 137–193.

Judentum zur überwundenen Vorstufe des Christentums reduzierte. Die Hoffnung der jüdischen Forscher, eine liberale protestantische Theologie könne eine Gleichstellung der jüdischen Religion befürworten und antijüdische Stereotype abbauen helfen, wich einer tiefen Desillusionierung. Sie mussten erkennen, dass den meisten liberalen Theologen eine Form der Integration der Juden in die protestantische Kultur vorschwebte, die der Aufgabe jüdischer Identität gleichkam. Sie sahen sich daher gezwungen, diesem antipluralistischen Konzept von Assimilation das jüdische Verständnis entgegenzuhalten, das auf volle Integration in die deutsche Gesellschaft und Kultur *unter Bewahrung* jüdischer Eigenart zielte. Die liberale Strömung der Wissenschaft des Judentums sah sich daher – auch um der Vergewisserung der Identität der jüdischen Minderheit willen – gezwungen, die Existenzberechtigung eines modernen Judentums offensiv und in Abgrenzung gegen den exklusiven theologischen und kulturellen Geltungsanspruch des liberalen Protestantismus zu begründen.[28]

Kommen wir zur Frage nach der Gesprächsstruktur im Zusammenhang der Konfliktgeschichte von Wissenschaft des Judentums und protestantischer Theologie vor der Shoah. Die verfügbaren Quellen – Rezensionen, Bücher, private Briefwechsel – zeigen, mit welcher Kraft, mit welcher Hoffnung die jüdischen Forscher ihren Widerspruch gegen die christlichen Fremdbilder zur Sprache brachten, mit welcher Eindringlichkeit sie Respekt vor ihrem Selbstverständnis und ihrer Treue zum Judentum forderten, wie sehr sie die Missachtung ihrer jüdischen Identität und ihrer wissenschaftlichen Arbeit traf. Gershom Scholem schrieb nach der Shoah, als er den jüdischen Dialogversuch als »Schrei ins Leere« charakterisierte:

> »Niemand, auch wer die Hoffnungslosigkeit dieses Schreis ins Leere von jeher begriffen hat, wird dessen leidenschaftliche Intensität und die Töne der Hoffnung und der Trauer, die in ihm mitgeschwungen haben, geringschätzen.... Von einem Gespräch vermag ich bei alledem nichts wahrzunehmen. Niemals hat etwas diesem Schrei erwidert, und es war diese einfache und ach, so weitreichende Wahrnehmung, die so viele von uns in unsere Jugend betroffen und uns bestimmt hat, von der Illusion eines Deutschjudentums abzulassen. Wo Deutsche sich auf

---

28 Vgl. dazu Kap. 7 meiner Dissertation. Anders akzentuieren Kurt Nowak, *Kulturprotestantismus und Judentum in der Weimarer Republik* (Kleine Schriften zur Aufklärung, hg. v. der Lessing-Akademie Wolfenbüttel 4), Göttingen 1993 und Trutz Rendtorff, »Das Verhältnis von liberaler Theologie und Judentum um die Jahrhundertwende«, in: ders., *Theologie in der Moderne. Über Religion im Prozeß der Aufklärung* (Troeltsch-Studien Bd. 5), Gütersloh 1991, S. 59–90 mit Blick auf die Haltung des liberalen Protestantismus.

eine Auseinandersetzung mit den Juden in humanem Geiste eingelassen haben, beruhte solche Auseinandersetzung stets ... auf der ausgesprochenen und unausgesprochenen Voraussetzung der Selbstaufgabe der Juden, auf der fortschreitenden Atomisierung der Juden als einer in Auflösung befindlichen Gemeinschaft, von der bestenfalls die einzelnen, sei es als Träger reinen Menschentums, sei es selbst als Träger eines inzwischen geschichtlich gewordenen Erbes rezipiert werden konnten. Jene berühmte Losung aus den Emanzipationskämpfen: ›Den Juden als Individuen alles, den Juden als Volk (das heißt: als Juden) nichts‹ ist es, die verhindert hat, dass je ein deutsch-jüdisches Gespräch in Gang gekommen ist. Die einzige Gesprächspartnerschaft, welche die Juden als solche ernstgenommen hat, war die der Antisemiten, die zwar den Juden etwas erwiderten, aber nichts Förderliches. Dem unendlichen Rausch der jüdischen Begeisterung hat nie ein Ton entsprochen, der in irgendeiner Beziehung zu einer produktiven Antwort an die Juden als Juden gestanden hätte, das heißt der sie auf das angesprochen hätte, was sie als Juden zu geben, und nicht auf das, was sie als Juden aufzugeben hätten.«[29]

Es fällt schwer, sich der Überzeugungskraft dieser Worte zu entziehen, die ihre kritische Schärfe aus der Erschütterung über die Vernichtung des europäischen Judentums bezieht. Betrachtet man jedoch die konkrete Auseinandersetzung der Wissenschaft des Judentums mit der protestantischen Theologie im Spiegel des Bildes vom »Schrei ins Leere«, dann gibt es trotz allem recht unterschiedliche Schattierungen und Akzente zu entdecken: sie reichen von einer bewussten, oft *höhnischen Zurückweisung* und einer eindeutigen *Verweigerung jeder Wahrnehmung und Erwiderung* bis hin zu vorsichtigen Ansätzen einer *Antwort*, die sich zwar nicht als »Dialog«, aber doch so deuten lassen, dass die jüdische Apologetik protestantische Forscher in *Lernprozesse* hineinziehen konnte, die sie nicht unverändert ließen.

Die Frage nach den unterschiedlichen Erfahrungen, die jüdische Forscher im Zusammenhang ihrer Auseinandersetzung mit der protestantischen Theologie machten, lässt sich am besten beantworten, indem man ihren »Schrei« – um im Bild zu bleiben – konkret füllt. Sie hielten ihren protestantischen Kollegen ihre eigene Vision von einem Dialog zwischen Judentum und Christentum in einer pluralistisch verstandenen deutschen Kultur entgegen – gegen Vereinnahmung, missionarische Absichten und exklusive Wahrheitsansprüche; sie bekämpften die Arroganz, mit der christliche Forscher übersahen oder verschwiegen, dass es ein lebendiges zeitgenössisches Judentum gab, das einen Anspruch darauf hatte, in seiner religiös-kulturellen

---

29 Gershom Scholem, Wider den Mythos (o. Anm. 1), S. 7ff.

Identität wahrgenommen zu werden, und sie forderten eine Anerkennung des Existenzrechtes des Judentums; sie erhoben leidenschaftlich Einspruch gegen die juden- und judentumsfeindlichen Neigungen einer Theologie, die auf die Verzerrung der jüdischen Tradition angewiesen zu sein schien, darauf, das Judentum als eine geistige Gegenmacht ihrer eigenen Bestrebungen zu stilisieren, um den eigenen Geltungsanspruch zu behaupten; statt dessen versuchten sie, die protestantischen Theologen zu einem wissenschaftlichen Ethos herauszufordern, das die vorurteilslose Kenntnis des Judentums, seiner Quellen, seiner Geschichte und seiner vielfältigen Lebensformen voraussetzte – und sie boten sich dafür als kompetente Gesprächspartner an; sie protestierten gegen eine theologische Rede vom Judentum, die bewusst auf Diskriminierung zielte oder aber ihre Wirkung im politischen Kontext nicht bedachte, und sie wünschten sich eine Solidarität gegenüber dem Antisemitismus, die im Bewusstsein der gemeinsamen Wurzeln verankert war; sie setzten das Recht beider Religionen voraus, an ihrer Identität festzuhalten und sie, ohne die Gegensätze zu verschweigen, in einer offenen Gesprächsituation zur Sprache zu bringen; nicht zuletzt legten sie mit ihrem Versuch, Jesus und das entstehende Christentum im Zusammenhang der jüdischen Glaubensgeschichte zu verstehen, das Fundament für einen konstruktiven Dialog.

Die Wirkung dieses »Schreis« war unter den gegebenen zeitgeschichtlichen Umständen durch mehrere Faktoren begrenzt: dazu gehörten zunächst die *politisch-sozialen* Herrschaftverhältnisse, unter denen die theologischen Kontroversen stattfanden. Die auffällige Missachtung der Forschungsergebnisse der Wissenschaft des Judentums, notwendige Konsequenz der konsequenten Diskriminierung aller jüdischen Institutionen und der Arroganz einer privilegierten protestantischen Universitätstheologie, die das wissenschaftliche Erklärungsmonopol für sich in Anspruch nahm, macht eines unmissverständlich deutlich: es ging um die Auseinandersetzung einer Wissenschaft, die im Dienste einer ständig angefeindeten Gemeinschaft stand, mit einer Disziplin, die auf die Macht einer gesellschaftlich-kulturell dominierenden Gemeinschaft zurückgreifen konnte. Die stets mitschwingende Frage nach der gesellschaftlichen Stellung des Judentums, wie sie in der latent bis aggressiv judenfeindlichen deutschen Gesellschaft geführt wurde, machte eine offene Beziehung in gegenseitiger kritischer Achtung fast unmöglich. Eine jüdische Kritik an der christlichen Tradition hatte für Christen keine politischen Folgen – man konnte sie als Zumutung zurückweisen oder ignorieren. Für Juden war dagegen die politische Dimension des Theologischen unmittelbar erfahrbar: das protestantische Judentumsbild konnte selbst dann noch zur Bedrohung jüdischer Existenz und Gleichberechtigung werden, wenn es mit einer Ablehnung antisemitischer Bestrebungen einherging. Die jüdischen Forscher haben immer wieder darauf hingewiesen, dass auch scheinbar politisch neutrale theologische Urteile antisemitisch instrumentalisierbar waren und in fataler Weise mentalitätsbildend wirkten, dass antijudaistisches Denken – sie bezeichneten es auch als »wissenschaftliche Judenverfolgung«[30] – ihrer Erfahrung nach nicht weniger bedrohlich war als rassenantisemitisches: es war, das erkannten sie vielfach deutlicher als die protestantischen Theologen, unmöglich, gleichzeitig eine »Lehre der Verachtung« zu tradieren, theologische Bilder von der Fremdheit und Minderwertigkeit des Judentums, und antisemitischer Verleumdung, die sich davon doch ständig inspirieren ließ, wirkungsvoll und solidarisch entgegenzutreten. Dass jüdische Forscher ihre protestantischen Kollegen immer wieder eindringlich auf ihre Verantwortung gegenüber dem Antisemitismus hingewiesen haben und ihnen frühzeitig klarzumachen versuchten, dass der Antisemitismus zuletzt auch die Grundlagen des Christentums treffen musste, fand kein Gehör – erst als die nationalsozialistische Politik auch in die Belange der christlichen Kirche eingriff und sie ideologisch vereinnahmte, gewann diese eine Ahnung von der selbstzerstörerischen Dimension des Antijudaismus, davon, was es hieß, die eigenen Wurzeln zu verfehlen und in dem Glauben antasten zu lassen, dass der Baum auch ohne sie überleben und wachsen könne.

---

30 Vgl. etwa David Feuchtwang, »Bibelwissenschaftliche Irrungen«, in: *Freie Jüdische Lehrerstimme* 6 (1917), Nr. 5/6, S. 61f: »Man hat sich seit Jahrhunderten bemüht und bemüht sich noch heute, Juden und Judentum zu verunglimpfen. Die *wissenschaftliche Judenverfolgung* ist in ein System gebracht worden. Auf Kanzeln und Kathedern haben nichtjüdische Theologen, Philologen, Archäologen, Philosophen Judenhetzen in kleinem oder großem Maßstabe betrieben und betreiben sie bis zum heutigen Tage. Die protestantische Exegetenschule hat mit geringen Ausnahmen sanft oder hart die Feder gegen das Judentum und seine alte und neue Literatur geführt. Selbst die größten führenden Geister, vor deren Gelehrsamkeit man uneingeschränkten Respekt empfindet und deren Werke uns zahlreiche Wissensschätze gespendet haben, sind davon nicht ganz freizusprechen. Nicht als ob uns ihre Bibelkritik aus der Ruhe brächte, die uns freilich tief ins Fleisch geschnitten hat; insofern sie objektive, treue, verlässliche Wissenschaft ist, beugen wir uns vor ihren Ergebnissen und nehmen sie als Früchte der reinen Erkenntnis dankbar in unser Denken und Wissen auf. Ja, wir haben von ihnen viel gelernt und bedienen uns, wo es angeht, ihrer Methoden. Aber gegen Beschimpfung, Beleidigung, Herabsetzung und Verleumdung müssen wir uns wehren. Ganz besonders aber dann, wenn wirklich große, anerkannte Gelehrte, die in die Toga objektiver Forschung gehüllt sind, diesen Ehrenkränkungen und Gefährdungen an unserem seelischen oder sogar physischen Leben durch ihre allzuoft tendenziöse Darstellung und Darlegung der jüdischen Antike dem rohen handgreiflichen Judenhasse bewusst oder unbewusst zu Diensten sind.«

Wie asymmetrisch die Beziehungen zwischen Wissenschaft des Judentums und protestantischer Theologie waren, zeigt sich außerdem darin, dass die Flut jüdischer Schriften eine erstaunlich geringe Reaktion hervorrief. Die unmittelbar herausgeforderten protestantischen Forscher hielten nur in den seltensten Fällen eine Erwiderung oder gar ein Überdenken ihres Judentumsbildes für nötig. Sofern sie sich überhaupt zur Replik genötigt sahen, taten sie dies nicht selten mit ausgesprochen scharfen Stellungnahmen, in denen sich theologische Werturteile mit antijüdischen Vorwürfen mischten – eine Spur von den Strukturen mittelalterlicher Disputationen blieb stets erhalten. Beides, das verächtliche Schweigen wie auch die polemische, nicht selten drohende Gegenreaktion, verstanden die jüdischen Gelehrten als eine Form aggressiver Gesprächsverweigerung.

Dennoch gab es – und das soll nicht zu gering bewertet, sondern als Ansatz zu einer dialogischen Beziehung verstanden werden – nicht nur die Erfahrung des Totschweigens oder der Polemik. Es gehört mit zu den positivsten Erfahrungen der Wissenschaft des Judentums vor dem Ersten Weltkrieg und namentlich in der Weimarer Zeit, dass ihre Beiträge zumindest vereinzelt – im Zuge eines verstärkten Interesses an der religionsgeschichtlichen Erforschung der rabbinischen Literatur – auf bisher unbekannte Weise gewürdigt wurden, und dass einzelne Theologen sich durch die jüdische Kritik zu ernsthaften Lernprozessen und einer Revision ihrer Urteile bewegen ließen. Zwar lief dies nicht selten auf »judenmissionarisch« motivierte Konzepte einer christlichen Judaistik hinaus, die allenfalls wissenschaftliche Hilfsdienste jüdischer Gelehrter in Anspruch nehmen, ihnen aber keine volle und gleichberechtigte Partizipation gewähren wollte. Trotzdem konnten jüdische Wissenschaftler darin eine Neuorientierung und eine Resonanz ihrer Kritik erkennen, die sie nicht nur mit Genugtuung, sondern mit Freude und Hoffnung auf eine weitere Verbesserung der Beziehungen aufnahmen.

Am deutlichsten werden die positiven Ansätze im Zusammenhang mit verschiedenen Initiativen zur Einrichtung von Lehrstühlen für die Wissenschaft des Judentums oder sogar zur Errichtung einer ganzen jüdisch-theologischen Fakultät an der neu gegründeten Universität Frankfurt, für die sich u. a. der Marburger Theologe Martin Rade voller Überzeugung einsetzte.[31] Immer wieder waren die Hoffnungen, die Wissenschaft des Judentums könne an den Universitäten Fuß fassen und dort tatsächlich auch von *jüdischen* Forschern vertreten werden, am Widerstand gegen eine öffentliche

---

31 Martin Rade, »Eine jüdische, theologische Fakultät in Frankfurt«, in: *Süddeutsche Monatshefte*, 10 (1913), Heft 9, S. 332–336.

Anerkennung der Gleichberechtigung nicht nur der *Juden*, sondern auch des *Judentums* gescheitert. Benno Jacob brachte die Dimension dieses Konfliktes 1907 pointiert zur Sprache, indem er schrieb: »Das Ghetto des Judentums wird nicht eher gänzlich fallen, als bis das Ghetto seiner Wissenschaft fällt.«[32] Diesen Hintergrund gilt es mitzuhören, wenn sich Martin Rade 1912 für die Errichtung einer jüdisch-theologischen Fakultät in Frankfurt aussprach; er begründete dies nicht nur mit der Notwendigkeit des religionsgeschichtlichen Studiums der authentischen jüdischen Quellen, sondern auch mit politischen Überlegungen zur Stellung der jüdischen Gemeinschaft in Deutschland. Es sei anzuerkennen, dass die jüdische Religion einen wichtigen Faktor der Kultur darstelle und man deshalb die Wissenschaft des Judentums aus ihrer »Ghettoexistenz« befreien müsse – ein Widerhall der Forderung Benno Jacobs aus dem Jahre 1907. Die Winkelstellung der jüdischen Forschung in ihrer Beschränkung auf die Rabbinerseminare und die von ihr beklagte Missachtung durch die christliche Theologie werde fortdauern, »solange sie nicht an den Universitäten frei und öffentlich gelehrt wird, jedermann zugänglich«.[33] Daher forderte Rade eine vollgültige, mit Lehrstühlen für Bibelexegese, rabbinische Literatur, Geschichte des Judentums, Religionsphilosophie und praktische Theologie ausgestattete jüdisch-theologische Fakultät. Welche Widerstände Rade dabei allerdings von seinen protestantischen Kollegen zu erwarten hatte, zeigte ein Brief des namhaften Alttestamentlers Hermann Gunkel, der ausgesprochen bezeichnend ist:

> »Kennen Sie wirklich die gegenwärtige jüdische Wissenschaft und wissen Sie, ob diese so weit ist, dass sie in einer preußischen Universität eine würdige Stelle einnehmen kann? Sonst ist das Verfahren doch stets und mit Recht dies gewesen, dass neu entstehende Disziplinen erst ihre Daseinsberechtigung beweisen mussten, und dass erst, wenn die Wissenschaften vorhanden waren, Stellen für sie gegründet wurden, nicht umgekehrt! Sie aber schlagen vor, gar eine ganze neue Fakultät zu errichten, ohne dass die betreffende Wissenschaft wirklich so weit wäre! Was ich persönlich von jüdischer ›Wissenschaft‹ kennen gelernt habe, hat mir nie einen besonderen Respekt eingeflößt. Unsere jüdischen Gelehrten haben zumeist noch nicht einmal die Renaissance erlebt! Vielmehr steht die Sache noch immer so, dass die einzige Konfession, in der wirklich wissenschaftlicher Geist möglich ist, noch immer die evangelische ist ... «[34]

---

32 Benno Jacob, *Die Wissenschaft des Judentums*, S. 16.
33 Martin Rade, ebd., S. 334f.
34 Brief von Hermann Gunkel an Martin Rade vom 26.3.1912, in: Nachlass M. Rade, Universitätsbibliothek Marburg, Ms. 839.

Aus Gunkels Worten spricht ein damals verbreitetes elitäres Bewusstsein, das einzig der protestantischen Theologie wissenschaftlichen Charakter zubilligen wollte und die jüdische Forschung herabwürdigte. Im gleichen Geiste hatte wenig zuvor der Neutestamentler Emil Schürer in seiner *Geschichte des jüdischen Volkes im Zeitalter Jesu Christi* die Werke jüdischer Forscher mit einem kleinen Sternchen versehen, der aussagen sollte, diese Beiträge müssten – als vorurteilsvolle und apologetische Schriften – mit Vorsicht genossen werden; ein jüdischer Rezensent, der Königsberger Rabbiner Felix Perles, interpretierte dies mit Recht als eine akademische Form des »gelben Sterns«.[35]

Die wenigen ernsthaften Initiativen seitens protestantischer Theologen vor der Shoah, die Wissenschaft des Judentums an den Universitäten zu etablieren und die Arbeiten jüdischer Forscher ernstzunehmen, wurden von diesen als wichtiger Durchbruch in den gegenseitigen Beziehungen und als Hoffnungszeichen gewertet, schien doch damit endlich eine der zentralen Anliegen der Wissenschaft des Judentums seit ihrem Entstehen in Erfüllung zu gehen. Es lässt sich nachweisen, dass sich diese Initiativen als unmittelbare Reaktion auf die jüdische Aufforderung zum Gespräch und zur gemeinsamen Forschung verstehen lassen und ihre Motivation in Respekt und Lernbereitschaft, in seltenen Fällen sogar in persönlicher Freundschaft zu jüdischen Gelehrten fanden. An dieser positiven Entwicklung, die leider an wissenschaftspolitischen Widerständen und zuletzt an den wirtschaftlichen Umständen der Kriegs- und Inflationszeit scheiterte, lässt sich ablesen, wo der Weg zu einer dialogischen Kommunikation hätte verlaufen müssen, als noch Zeit dazu war: nur eine ernsthafte Rezeption und ein achtungsvoller Umgang mit der jüdischen Forschung hätten langfristig einen offenen Dialog ermöglicht, in dem beide Seiten das Selbstverständnis des jeweils anderen hätten wahrnehmen und konstruktiv über Verbindendes und Trennendes nachdenken können. Leider wurde dieser Weg kaum beschritten und bald wieder verschüttet. Die vor dem Ersten Weltkrieg aufkommende und in der Weimarer Zeit scheinbar bestätigte Hoffnung, es könnte eine neue Periode der Beziehung zwischen Wissenschaft des Judentums und protestantischer Theologie angebrochen sein, verflog schnell. Ein wirklicher Durchbruch mit Blick auf die akademische Integration der jüdischen Forschung gelang nicht, und der Versuch, die protestantische Theologie zu einer wirksamen Neuorientierung zu bewegen, scheiterte zumeist an tiefsitzenden antijüdischen Vorbehalten. Die wenigen Aufbrüche zu einem gleichberechtigten Ge-

---

35 Felix Perles, *Boussets Religion des Judentums im neutestamentlichen Zeitalter kritisch untersucht*, Berlin 1903, S. 7.

spräch, die in der Weimarer Zeit zu verzeichnen sind, fielen dem nationalsozialistischen Vernichtungswillen zum Opfer, dem die protestantische Theologie und Kirche keine wirklich tragfähige theologische Tradition des Dialogs und der Solidarität mit dem Judentum entgegenzusetzen hatte. In dieser existentiellen Situation ging der jüdische »Schrei« nun tatsächlich auf verhängnisvolle Weise »ins Leere«.

Erst aufgrund der schmerzhaften Erkenntnis, wie tief die christliche Theologie ihre Verantwortung gegenüber Antisemitismus und Judenvernichtung verfehlt hat, wie sehr in diesem nicht nur politischen, sondern auch theologischen Versagen die verhängnisvolle Wirkungsgeschichte christlichen Redens über das Judentum überhaupt zum Tragen kommt, wurden nach der Shoah neue Wege sichtbar. Die Anstöße für einen christlich-jüdischen Dialog, die vor der Shoah seitens der Wissenschaft des Judentums ausgingen, haben nichts von ihrer Aktualität eingebüßt. Erst allmählich ist sichtbar geworden, welche Chance etwa Leo Baecks Versuch, das Evangelium als »Urkunde jüdischer Glaubensgeschichte« zu verstehen, für eine christliche Versöhnung mit dem Judesein Jesu und für die Befreiung vom Zwang des Antijudaismus birgt. Und erst allmählich schärft die Erkenntnis der verhängnisvollen Wirkung christlicher Abwertung und Enteignung der hebräischen Bibel den Blick dafür, welchen Reichtum eine theologische Anerkennung der Würde der jüdischen Religion und ihrer Bibelauslegung auch für christliches Selbstverständnis eröffnen könnte. Das Wesen des Dialogs liegt, wie Gershom Scholem schrieb, in der Bereitschaft, »den anderen in dem, was er ist und darstellt, wahrzunehmen und ihm zu erwidern«,[36] und die Grundform eines solchen Dialogs ist, wie es Franz Rosenzweig ausdrückte, nicht der theologische »Zweikampf«, sondern die »Entdeckungsreise«.[37] Insofern wecken das gegenwärtige gemeinsame jüdische und christliche Nachdenken über Benno Jacobs Werk und das Erscheinen seines Exoduskommentars in deutscher Sprache eine nicht geringe Hoffnung – die Hoffnung, die einst versäumte, verschüttete, vernichtete Chance zum Dialog zwischen christlicher Theologie und jüdischer Forschung möge diesmal tatsächlich ergriffen werden, und die Hoffnung, Juden und Christen könnten einander auf ihrer jeweiligen Entdeckungsreise in Achtung vor dem Gemeinsamen und dem Trennenden wirklich frei und offen begegnen.

---

36 Gershom Scholem, »Wider den Mythos vom deutsch-jüdischen Gespräch«, in: *Judaica* 2, S. 7f.
37 Franz Rosenzweig, Brief an Hans Ehrenberg vom 9.5.1918, in: *Gesammelte Schriften I, Briefe und Tagebücher*, Bd. 1: 1900–1918, Den Haag 1979, S. 556.

*Almuth Jürgensen**

The fascination of Benno Jacob and his critique of Christian Scholarship

Introduction

When I drive to the university in Hamburg I regularly pass a house in the Grindel-area where Benno Jacob lived in the 1930's[1]. The university is located in the old Jewish quarter, however, today, none of the Jewish institutions and synagogues are used by the community and only a few memorials and commemorative plaques remind us of Jewish life in this neighborhood. The outline of the Bornkamp Synagogue, destroyed in 1938, is shown as a mosaic on the site, where it was built in 1906; it is now an open site. The Jewish temple in Oberstraße, consecrated in 1931, where Benno Jacob worshiped is now a recording studio of the local broadcasting company.

Benno Jacob had family ties in Hamburg as his daughter Hannah lived there. Before retiring to Hamburg in the 1930's, he had visited the city on various occasions. At the beginning of the 1920's the »outstanding scholar and army rabbi, Dr. Jacob, Dortmund« gave an address to the *Reichsbund jüdischer Frontsoldaten* on the occasion of the consecration of a part of the Ohlsdorf cemetery in Hamburg. It was an impressive speech, and Jacob's »powerful voice rang out over the entire cemetery«.[2] In the 1930's, before he was forced to emigrate, Jacob continued his work in Hamburg as a Bible commentator, and, among other things also participated in the academic branch (*Akademische Arbeitsgemeinschaft*) of the »*Franz-Rosenzweig-Gedächtnisstiftung*«.[3]

---

* This study is concurrent with a thesis on Benno Jacob's exegesis supervised by Professor Janowski, a specialist in the Old Testament, who directed my attention to Jacob.
1 Hallerstrasse 30 (Hansastrasse 62), cf. *Hamburger Addressbuch*, Hamburg, 1934, p. 557; 1937, p. 450; 1938, p. 451.
2 *Zeitschrift des Väterländischen Bundes jüdischer Frontsoldaten*, Ortsgruppe Hamburg e.V., Vol. 1, No. 9, pp. 1f; cf. Ina Lorenz, *Die Juden in Hamburg zur Zeit der Weimarer* Republik, Vol. II, Hamburg, 1987, pp. 1146ff.
3 Cf. Ina Lorenz, *Die Juden in Hamburg zur Zeit der Weimarer Republik*, Hamburg, 1987, Vol. II, p. 837; 1147, n. 26.

There is no »Benno Jacob Memorial Foundation« in Germany. As a matter of fact, Jacob was more or less forgotten in post-war Germany. Only a few Christian scholars read and mentioned his work, as Gerhard von Rad and Claus Westermann. But on the whole, his criticism of Christian scholarship was hardly ever seriously considered or discussed in Christian circles. Due to the expulsion and also, later, the holocaust of the Jewish population, there were no Jewish exegetes of the Bible who could have continued his tradition in Germany.

It took almost two generations before university theological studies again turned to the writings of their Jewish colleagues. During the last three decades, Jewish tradition and contemporary Jewish biblical scholarship have again become a topic of interest to Christian scholars. The consequences of the ignorant and often anti-Judaic attitudes of many Protestant scholars for theology have been increasingly discussed. Many new questions have been raised and among them how Jewish scholars perceive and respond to the Protestant interpretation of the Old Testament and Judaism.[4]

Benno Jacob has become quite fashionable within this general context, not least because his work proves surprisingly modern in many respects. Within the last few years, Jacob's exegesis, especially his commentaries of Genesis and Exodus, has become increasingly significant in the search for new perspectives on Old Testament theology in German-speaking countries. In present day Germany Jacob's work is certainly not only an insider's interest. His exegesis fascinates through his canonical approach, the abundance of material and detailed observation, especially his philological analyses. Jacob's publications introduce us to a reading of the Torah as a highly interrelated web of cross-references and connections between different stories. The complexity of his Torah interpretation seems to defy any attempt at a finalising exegesis. Moreover, his style is very readable.

Jacob's criticism of Christian scholarship

In Jacob's time, Old Testament research was dominated by Christian scholars since the development of the historical-critical method. Jacob spent much effort on a critique of the methods and results of this biblical criticism, particularly the work of Protestant German scholars.[5]

---

4 Cf. Christian Wiese, »Jahwe – ein Gott nur für Juden?« in: Leonore Siegele-Wenschkewitz (Ed.), *Christlicher Antijudaismus und Antisemitismus*, Frankfurt, 1994, p. 78, n. 4.
5 Jacob was mainly opposed to what he called »criticism of the sources« cf. Benno Jacob, A

Jacob's exegesis combined the old Jewish tradition of exegesis with the modern approaches and perspectives of the »Science of Judaism« of which he was a representative. He was one of the first Jewish scholars to employ the historical-critical method to the Torah, which other scholars had considered too sacred a text to be subjected to such a profane reading.

Already in 1907 Jacob commented on his area of research within the »Science of Judaism« in no uncertain terms: »There is no Jewish biblical scholarship that could compare to Christian biblical scholarship. However, not to pursue such scholarship, for instance for dogmatic reasons, would bring Judaism to the brink of bankruptcy. It is, then, an edifice without foundations that is built on air.«[6]

The modern approach to the Pentateuch – the source criticism of Julius Wellhausen and the archaeological discoveries in the Middle East – provided challenges to Jacob. However, at the same time he had clear priorities: understanding the content of the Pentateuch must come before analysis. This is »the true task and the ultimate achievement of all Torah-research.«[7] Exegesis takes precedence: »It is impossible to operate with or on a text, unless it has first been understood.«[8]

Jacob insisted on a meticulous exegesis, in order to ascertain »the meaning of the scripture itself« and to establish »its true thoughts and intentions.«[9] This had to be done through a close analysis of the language and cross-referencing within the text, for instance by means of stylistic rules and working with concordances.[10] Furthermore as a »true exegete« one needs to imagine people, living and talking, needs to look into their eyes and hear the sound of their voices.«[11] Jacob aimed for an understanding of the text in all its depths and shades of meaning, not for »*lebensfremde Stubengelehrsamkeit*« –

Study in Biblical Exegesis, JQR, Vol. XII, 1900, p. 450. Jacob's main publications against source criticism are: »*Im Namen Gottes*« (1903), »*Der Pentateuch*« (1905), »*Die Thora Moses*« (1912/13), »*Quellenscheidung und Exegese*« (1916), »*Moses am Dornbusch*« (1922), »*Gott und Pharao*« (1924), »*Auge um Auge*« (1929), »*Die biblische Sintfluterzählung*« (1930), »*Das Erste Buch der Tora Genesis*« (1934).

6 Benno Jacob, Die Wissenschaft der Judentums, ihr Einfluss auf die Emanzipation der Juden. Vortrag gehalten auf der Generalversammlung des Rabbiner-Verbandes in Deutschland, Berlin am 2. Januar 1907, Berlin, 1907, p. 15. Unfortunately, many of Jacob's publications are not available in English. Most of the translations for this paper are mine and any errors are entirely my responsibility.
7 Benno Jacob, Die Thora Moses, Frankfurt a. M., 1912/13, pp. 8, 38, 95.
8 Benno Jacob, Auge um Auge, Berlin 1929, p. III.
9 Benno Jacob, Das Erste Buch der Tora Genesis, Berlin, 1934, p. 9.
10 Ibid., pp. 971, 984, 1022.
11 Benno Jacob, Quellenscheidung und Exegese im Pentateuch, Leipzig, 1916, p. 39.

Jacob's comment on Gunkel.¹² The critical method had to be subordinated to the meaning of the text.

Jacob responded to Christian biblical scholarship in a two-fold and ambivalent way. On the one hand, he deliberately challenged it with impassioned statements, like: »With this opponent [Christian theology] Judaism will never make its peace; there will be continuous battle, from generation to generation.«¹³ Jacob certainly did not intend to leave the field to Christian scholarship.

On the other hand, Jacob agreed with Christian scholarship that interpreting the Pentateuch through new methods and archeological discoveries was the most crucial aspect of Judaism, »*die eigentliche Lebensfrage*«. He, however, insisted on continually re-thinking problems and reexamining results in the light of new findings, in order to refute, accept or modify such results.¹⁴ His writings display a tension with Christian and general modern scholarship.

Agreement with Protestant Scholarship

Jacob agreed with the historical-critical approach in many ways. The merit of source criticism lay in drawing attention to problems and difficulties in exegesis; it dealt with cases of alleged surface contradictions on the textual level which, however, according to Jacob could be resolved through deeper analysis and cross references.¹⁵ He saw the observations of source criticism as valid, but their conclusions faulty or too schematic in their attribution to the four generally accepted sources.¹⁶ So Jacob saw the Torah as a complex of various passages with chronological and/or genealogical content which the source criticism names »Priestly Codex« or »P.« In contrast to Wellhausen, however, Jacob understood these passages to stem from the pre-exile period.¹⁷ According to Jacob the narration of history in the Torah »covers a period of more than two-thousand years.« He took it for granted that source material was used in

---

12 Benno Jacob, *Das Erste Buch der Tora Genesis*, Berlin, 1934, pp. 693, 1042.
13 Benno Jacob, *Die Wissenschaft des Judentums, ihr Einfluss auf die Emanzipation der Juden. Vortrag gehalten auf der Generalversammlung des Rabbiner-Verbandes in Deutschland, Berlin am 2. Januar 1907*, Berlin, 1907, p. 12.
14 Benno Jacob, *Die Thora Moses*, Frankfurt a. M., 1912/13, p. 8; cp. Erwiderung auf Herrn S. Jampel, *MGWJ*, Vol. 55, 1911, pp. 118f.
15 Benno Jacob, *Die Thora Moses*, Frankfurt a. M., 1912/13, p. 87; the »incompatability« of the two ideas in Gen 37,28 and 40,15, *Quellenscheidung und Exegese im Pentateuch*, Leipzig, 1916, p. 27.
16 Benno Jacob, *Die Thora Moses*, Frankfurt a. M., 1912/13, p. 92.
17 Benno Jacob, *Der Pentateuch*, Leipzig, 1905, p. 126; *Die Thora Moses*, Frankfurt a. M., 1912/13, pp. 82ff; cp. a different argument in *Das Erste Buch der Tora Genesis*, Berlin, 1934, p. 161, 953.

the Torah. The Pentateuch itself refers to older written sources (Num 21,14)[18]. It is also very obvious that the fifth book of Moses refers to previous books.[19]

Like source criticism Jacob assumed that the Pentateuch comprises parts of different origins and times, which may be fruitfully investigated, but a mere attribution to the four sources is not sufficient. Jacob argued for an analysis of content, ideas, and context of motifs. In addition a comparison with non-Israelite and other historical sources had to be undertaken.[20] Here, Jacob displayed similarities with the approach of the »Religionsgeschichtliche Schule.« Indeed, Jacob even used the terminology of Albert Eichhorn and Hermann Gunkel: In his commentary on Genesis he described Genesis 19 as legend (*Sage*).[21]

Jacob was very interested in questions of authorship and/or editorship of the Bible. In contrast to source criticism which only speaks of the »Redactor« or »R« Jacob admired the creative achievement of the writer of the Torah and did not just see him merely as an editor. He spoke of the *Verfasser*, a creative author, »story-teller,« »narrator« and even »theologian« and »truly God-like man.« According to Jacob's analysis, the *Verfasser* of the Torah incorporated a system of numbers which to him indicated that the text was handed down in its original form.[22]

Like the representatives of the historical-critical school Jacob did not agree with Mosaic authorship or a literal revelation by God. However, Jacob insisted on speaking of the Torah of Moses. He saw Moses as a junction that united pre-Mosaic and post-Mosaic content, *Knotenpunkt und Mitte*.[23]

---

18 Benno Jacob, *Die Thora Moses*, Frankfurt a. M., 1912/13, pp. 54; 91; »älterer Stücke«: Gen 49; Ex 15; Ex 17,16; Nu 10,35f; 21,17f; 27–29; Dtn 32,33 and Ex 21–23.
19 Benno Jacob, *Die Thora Moses*, Frankfurt a. M., p. 531.
20 »... Zu dem Stoff des Rechtsbuches Ex 21–23 [haben] wir jetzt im Kodex Hammurabi ein um viele Jahrhunderte älteres Seitenstück und Vergleichsobjekt,« ibid., pp. 91ff.
21 Cf. Hans-Joachim Kraus, *Geschichte der historisch-kritischen Erforschung des Alten Testaments*, Neukirchen, 1982, pp. 329ff; Benno Jacob, *Das Erste Buch der Tora Genesis*, Berlin, 1934, pp. 466; Jacob criticized Gunkel's exaggerated effort, »nach literarischen Formen und Motiven zu urteilen und mit dieser Forschung die herkömmliche, literarkritische Quellenscheidung zwar nicht zu ersetzen, aber zu ergänzen,« ibid., p. 1024.
22 Cp. »Verfasser« of the Torah: Benno Jacob, *Das Erste Buch der Torah Genesis*, Berlin, 1934, pp. 1048f; *Quellenscheidung und Exegese im Pentateuch*, Leipzig, 1916, p. 63, 106; *Der Pentateuch*, Leipzig, 1905, pp. 126, 150, 345, 404; *Die Thora Moses*, Frankfurt a. M., 1912/13, pp. 91ff; Jacob spoke of different authors for the Books of the Torah: »[Das Deuteronomium zeigt] einen ins Auge springenden Unterschied im Ton gegen die früheren Bücher (...) So verschiedene Gebilde wie z. B. die Geschichte der Erzväter und die Statistik in Numeri [können] schwerlich von derselben Hand geformt sein.«
23 Benno Jacob, *Die Thora Moses*, Frankfurt a. M., 1912/13, pp. 87ff.

In his Genesis commentary, Jacob suggested that its author could be a Biblical personality. He shared this view with the contemporary Biblical scholar Ernst Sellin (1876–1946), who considered the priest Ebiathar as a possible author of the »Jahwist« or source J in his *Introduction to the Old Testament* (1933). Jacob agreed with him.[24]

Despite his agreement with the positions and terminology of Christian scholars, Jacob was critical, often in a highly polemic way, of some of their conclusions. His drastic treatment of source criticism, made him appear more strongly opposed to the historical-critical method than he might have been.

Jacob's criticism of Protestant Old Testament theology

Source Criticism was opposed by Jewish as well as Christian Bible scholars,[25] however, Jacob was dissatisfied with the method and argumentation of most opponents of Source Criticism. He thought that their arguments were based on dogmatic positions and their refutations were too general. Biblical scholars were justified in ignoring them. He himself intended to base his opposition to source criticism on a detailed analysis which had been neglected.[26]

Jacob was knowledgeable and meticulous and his criticism of the conclusions of Old Testament research was extremely detailed. He investigated alleged contradictions in the Torah and solved many of them in a plausible and often surprising way. His opposition to source criticism was based on the sum of all the cases he refuted individually. While he wished to examine the foundations of Old Testament scholarship, Jacob also argued for a continual critical reassessment of the methods used in this research.[27]

---

24 Ernst Sellin, *Einleitung in das Alte Testament*, Leipzig, 1933–36, pp. 32ff, 73, 176; Benno Jacob, *Das erste Buch der Tora Genesis*, Berlin, 1934, p. 1048; ad Ebjathar, cp. Elias Auerbach, *Wüste und gelobtes Land I*, Berlin, 1932, pp. 22–34; Bernhard Duhm, *Israels Propheten*, Tübingen, 1916, pp. 54f; Meir Sternberg, *The Poetics of Biblical Narrative*, Bloomington, 1985, pp. 62f, 519, n. 3.25

25 Cf. Benno Jacob, *Das Erste Buch der Tora Genesis*, Berlin, 1934, p. 949; *Die Thora Moses*, Frankfurt a. M., 1912/13, pp. 99f.

26 Benno Jacob, *Quellenscheidung und Exegese im Pentateuch*, Leipzig, 1916, p. 5; Benno Jacob, *Die Thora Moses*, Frankfurt a. M., 1912/12, p. 75. The Christian scholar Bruno Baentsch: »Die Apologeten zerfallen in zwei Classen... Die einen... versuchen einen neuen schriftgemäßen Aufbau der alttestamentlichen Wissenschaft, die anderen haben sich lediglich den Kampf gegen die Kritik als Aufgabe gestellt, und erschöpfen sich in kraftvollen Protesten und glaubensmuthigen Zeugnissen.« Besprechung von William Henry Green, Die höhere Kritik des Pentateuchs u. a., in: *ThLZ*, Vol. 24, No. 21, 1899, p. 577.

27 Benno Jacob, *Quellenscheidung und Exegese im Pentateuch*, Leipzig, 1916, p. 5. »Das aber möchte ich zum Schluss aussprechen, dass wir die Irrtümer der christlichen Forschung nicht durch

Jacob's commentary of Genesis contained an appendix of 100 pages in which he developed his arguments against Source Criticism. He also refuted the arguments of source criticism in the running commentary. Wellhausen was his favorite opponent not only because he was its chief proponet, but also as Jacob was very much impressed by his »brilliant presentation.«[28] Once in his commentary Jacob challenged Wellhausen in a humorous manner as he argued against the disharmony that led Wellhausen to separate the sources of Genesis 11,27–32 by means of substituting Wellhausen and his places of residence, namely Greifswald, Marburg, and Göttingen, for biblical names and places.[29]

Sometimes Jacob became especially irritated by Wellhausen's absolute certainty of a single word or phrases as »It has to be assumed that this work (Wellhausen on Gen 37–50) is composed of J and E; all our former results point in this direction and would be undermined, if we could not prove this.« Jacob's hundred pages, *Quellenscheidung und Exegese im Pentateuch* (1916), did precisely this and undermined Wellhausen's previous arguments.[30]

Criticism of implicit and explicit »dogma«

Under the heading of »dogma« Jacob included prejudiced judgements and assumptions of »fallible human beings« which were never questioned or doubted (*historische, religionsgeschichtliche, literarkritische Dogmen*).[31] The traditional Christian judgement of Judaism as an inferior religion was such

---

eine rein dialektische und advokatorische Polemik überwinden werden, sondern nur durch eine in der Beherrschung des Stoffes und der Methode mit ihr wetteifernde wissenschaftliche Mitarbeit, die sich auch die mühseligste Detailarbeit nicht sauer werden lässt.« Ders., Im Namen..., *MGWJ*, Vol. 52, 1908, p. 183.

28 Benno Jacob, *Das Erste Buch der Tora Genesis*, Berlin, 1934, p. 975; *Die Thora Moses*, Frankfurt a. M., 1912/13, p. 77.

29 »Aber es ist nicht einzusehen, warum sich die Sache nicht wirklich so verhalten haben könne, wie es nach dem jetzigen Text der Fall ist. Von Wellhausen selbst dürfte wohl eine Chronik melden: es erging an ihn ein Ruf in Greifswald: ›kehre Zürück nach Göttingen deiner *moledet*, und er ging von Marburg nach Göttingen‹. Und beides wäre wahr.« Benno Jacob, *Das Erste Buch der Tora Genesis*, Berlin, 1934, p. 969f.

30 Benno Jacob, *Quellenscheidung und Exegese im Pentateuch*, Leipzig, 1916, p. 6; Julius Wellhausen, *Die Composition des Hexateuchs und der historischen Bücher des Alten Testaments*, Berlin, 1963–4, p. 52.

31 »Gewisse Wissenschaft Dogmen protestantischer Bibelforscher,« cf. Benno Jacob, Umschau Bibelwissenschaft, Besprechung von Johannes Nikel, Die Pentateuchfrage, Münster 1921, *Der Jude*, Vol, VIII, 1924, p. 364; *Die Thora Moses*, Frankfurt a. M., 1912/13, pp. 37, 54f, 76, 93; *Die biblische Sintfluterzählung*, Berlin, 1930, p. 1; *Quellenscheidung und Exegese im Pentateuch*, Leipzig, 1916, pp. 5f.

an expression of prejudice in Jacob's opinion. He found himself challenged not only as a biblical scholar but also as a Jew by the anti-Semitism of his contemporary Protestant colleagues. Jacob fought anti-Semitism throughout his life in words and deeds though he saw the problem increase and prejudice intensify. In his own words (1907): »The second third of the nineteenth century was a period of growing friendliness towards Jews. Popular sentiment and the opinion of the educated were in accordance with the law. The last decades are a period of increasing hostility that paralyses and disheartens.«[32] We know how accurate his analysis proved to be.

Jacob distinguished between racist anti-Semitism, Christian and academic anti-Judaism.[33] Jacob did not feel it necessary to concern himself with the infantile activities of the racists, but he could not avoid dealing with their academic counterparts.[34] Jewish academies in the 1920's pointed out a new phenomenon, namely »the academic persecution of Jews which is particulary customary in circles of Protestant theologians.«[35] Jacob saw this in discussions of the »Priestly Codex« which in his view proved »an increasing Christian-Protestant antipathy against the law, the priest, Jews and Judaism.«[36]

---

32 Benno Jacob, *Die Wissenschaft des Judentums, ihr Einfluss auf die Emanzipation der Juden. Vortrag, gehalten auf der Generalversammlung des Rabbiner-Verbandes in Deutschland, Berlin am 2. Januar 1907*, Berlin, 1907, p. 16.
33 For ref. to anti-Semitism cf. Marikje Smid, *Deutscher Protestantismus und Judentum 1932/1933*, München 1990, pp. 10ff; 203ff; Christian Wiese, Jahwe – ein Gott nur für Juden? in: Leonore Siegele-Wenschkewitz (ed.) *Christlicher Antijudaismus und Antisemitisimus*, Frankfurt a. M., 1994, pp. S. 75f.
34 »Mit jenen untergeordneten Elaboraten unwissender Skribenten haben wir uns natürlich nicht zu befassen, wohl aber mit ihren wissenschaftlichen Gewährsmännern.« Benno Jacob, Gott und Pharao, *MGWJ*, Vol. 68, 1924, p. 282.
35 Cf. Felix Goldmann, *Vom Wesen des Antisemitismus*, Berlin, 1924, pp. 59ff; cp. Christian Wiese, Jahwe – ein Gott nur für Juden? in: Leonore Siegele-Wenschkewitz (Ed.), *Christlicher Antijudaismus und Antisemitismus*, Frankfurt a. M., 1994, pp. 75f; »Jacob proves on many occasions that translations and commentaries of Christian scholars contain anti-semitic jargon«: e.g. Bernhard Stade, Heinrich Holzinger, Bruno Baentsch, Eduard Meyer, Hermann Gunkel; cf. Benno Jacob, Gott und Pharao, *MGWJ*, Vol. 68, 1924, pp. 282f; *Das Erste Buch der Tora Genesis*, Berlin, 1934, pp. 566, 354f.
36 »Die Werturteile über die Darstellungsweise [der Priesterschrift] verraten allzudeutlich die durch gewisse moderne Strömungen noch verschärfte christlich-protestantische Antipathie gegen das Gesetz, den Priester, Juden und Judaismus.« Benno Jacob, *Das Erste Buch der Tora Genesis*, Berlin, 1934, p. 951; cf. debate on the significance of the Old Testament as a basis for Protestantism; cf. Marikje Smid, *Deutscher Protestantismus und Judentum 1932/1933*, München, 1990, p. 237; cf. »Antisemitismusstreit« (1913/14) Theodor Fritschs/expert report Rudolph Kittel, cf. Christian Wiese, Jahwe – ein Gott nur für Juden? in: Leonore Siegele-Wenschkewitz (Ed.), *Christlicher Antijudaismus und Antisemitismus*, Frankfurt a. M., 1994, S. 35ff.

According to Jacob, the »Priestly Codex« was the main target of Protestant criticism; in judging P the latent anti-Semitism of Christian scholars found its most obvious expression.[37] Jacob supported his claim of implicit and explicit anti-Semitism by Wellhausen and his colleagues through their attitude toward Israelite history. Wellhausen not only distinguished between ancient Israel and post-exilic Jewry but crassly separated the two, and devalued the post-exilic period. To him ancient Israel provided a period of cultural immediacy and vitality, whereas the post-exilic period was characterized by the artificiality of the law. Wellhausen's treatment of the post-exilic period was ironic and often disparaging[38]. His preference for ancient Israel over the post-exilic period was related to his lack of interest in post-biblical Jewry. In a letter to Theodor Mommsen, written in 1881, Wellhausen stated: »... with regard to the Jews after 70 A.D., of who I also should have written something, I really do not know anything at all.«[39] Wellhausen's preference for ancient Israel which corresponded to his preference of the J-sources over P-sources constituted a historical dogma in the eyes of Jacob.

Jacob also criticized Christian theology for viewing the Hebrew Bible as a preliminary stage in the development of Christianity and thus relativizing Israelite history and tradition. This attitude found expression in his reaction to the »Bible-Babel« debate and in his criticism of Friedrich Delitzsch. Delitzsch investigated Israel in the larger context of the other ancient oriental

---

[37] »Während J der Liebling der christlichen Kritiker ist, E mit Achtung behandelt wird und auch D noch Gnade findet, erfreut sich P ihrer ganzen Abneigung und es scheint fast, als wenn alle Abneigung gegen konsequente Religion und alles Geistliche an ihm ausgelassen werden darf, und besonders dass er der Prügelknabe für latenten Antisemitismus sein soll. Er ist der unduldsame Priester und Gesetzesfanatiker, der trockene Jurist und engherzige Dogmatiker, der gelehrte Pedant, der unleidliche Kleinigkeitskrämer und Zahlenmensch. Seine Geschichtsauffassung ist mechanisch, äußerlich und schematisch konstruierend, sein Stil von ertötender Eintönigkeit und Formelhaftigkeit, so dass man sofort jede Zeile, die von ihm stammt, herauserkennt. Die Religion ist für ihn ein System von Satzungen heidnischer Art und Abkunft, auf deren peinliche äußerliche Beobachtung alles ankommt. Kurz, er ist der echte Jude, sein Werk ein Erzeugnis der Judenschule und ihrer wert. Nur widerstrebend muss man anerkennen, dass er als Theologe doch höher steht als seine Vorgänger, sein Gottesbegriff ist unstreitig reiner, geistiger, konsequenter, aber dafür auch abstrakter und unlebendiger, seine Systematik entbehrt nicht des großartigen Zuges, seine Symbolik der Feinheit und Tiefe.« Benno Jacob, *Die Thora Moses*, Frankfurt a.M., 1912/13, p. 47f.

[38] Julius Wellhausen, *Prolegomena zur Geschichte Israels*, Berlin, 1899, 5. Aufl., pp. 417, 426f, 302f; cp. Rolf Rentdorff, Die jüdische Bibel und ihre antijüdische Auslegung, in: B. Stegemann, *Auschwitz, Krise der christlichen Theologie*, München 1980, 5. 107f.

[39] E. Bammer, »Judentum, Christentum und Heidentum, Julius Wellhausens Briefe an Theodor Mommsen 1881–1902,« ZKG, Vol. 80, 1969, p. 239 (vom 15. Jan. 1881); Marikje Smid, *Deutscher Protestantismus und Judentum*, 1932/1933, München, 1990, p. 232.

religions and archaeological discoveries. Jacob here saw *religions-geschichtliche Degradierung*, similar to the disparaging treatment of certain aspects of Jewish history and suspected anti-Semitic motives. Jacob wanted to defend the uniqueness of Israel and its religion against this relativizing trend and accused Delitzsch of wearing »Babylonian blinkers.« Mere similarities of motifs or myths in different cultures did not justify ascribing temporal priority or stages of development. For Jacob the notion of *development* implied a value judgement; at times he even spoke of the dogma of development. Jacob argued for caution and prudence in comparing different religions.[40]

Critique of lack of scientific method

Jacob judged his own work as well as the work of others according to high academic standards, especially with respect to *Wissenschaftlichkeit*, that is transparency of method and construction of argument. At times, he even spoke of the »dignity of scholarship.«[41]

According to Jacob, many Christian scholars did not live up to academic standards as they ignored valid counter-arguments. In Jacob's view, however, »silencing the problem is no long-term solution.«[42]

---

40 Friedrich Delitzsch, *Babel und Bibel*, 1902; Benno Jacob, *Die Tora Moses*, Frankfurt a.M, 1912/13, pp. 76f; »Prof Delitzsch's zweiter Vortrag über Babel und Bibel,« *AZJ*, Vol. 67, 1903, pp. 197ff. Some christian Old Testament scholars argued against Delitzsch, however at the same time they tried not to appear too friendly towards Jews. Those scholars were heavily criticized by Jacob: »Ja, manche Gegner Delitzsch, gezwungen, das Alte Testament als Objekt ihrer Wissenschaft und Grundlage des eigenen Glaubens zu verteidigen, zeigen dabei ein klägliches und ängstliches Betreben, sich von dem Verdacht zu reinigen, als wenn sie damit zu Gunsten des Judentums redeten. In diesem Sinne hat sich z. B. Prof. Gunkel, der neueste Prophet der Kritik, ausgesprochen. Uns kann das nicht Wunder nehmen. Ein Christ und sei er noch so bemüht, unbefangen zu urteilen, kann und darf das Alte Testament nicht nach seinem absoluten Werte würdigen, und für Juden und Judentum einzutreten, dazu gehört ein in unserer tiefgesunkenen Zeit selten gesunder Mut«.

41 Benno Jacob, *Das Erste Buch der Tora Genesis*, Berlin, 1934, p. 10; *Die Wissenschaft des Judenthums, Vortrag gehalten auf der Generalkoferenz des Rabbiner-Verbandes in Deutschland, Berlin am 2. Januar 1907*, Berlin, 1907, p. 14.

42 Benno Jacob, *Die biblische Sintfluterzählung – ihre literarische Einheit*, Berlin 1930, p. 1; Jacob's publications were hardly noticed by Christian scholars except for a few reviews such as Ḥeinrich Holzinger, »Besprechung von B. Jacob, Quellenscheidung und Exegese im Pentateuch,« Leipzig, 1916, *ThLZ*, No. 13, 1916, p. 291f: »Wenn die Quellenscheidung im Pentateuch ... je einmal ›in die Krankheitsgeschichte der biblischen Wissenschaft‹ gewiesen wird, so ist immerhin zu besorgen, dass in J.[acob] der heilende Arzt noch nicht erschienen, obgleich er zweifellos den größeren Scharfsinn besitzt, der sich durch den Pentateuch ohne Quellenscheidung durchzufinden vermag.« In his introduction to his *Abzählungen der Gesetzen der Bücher Leviticus und Numeri* (Frankfurt a. M., 1909) Jacob states with some disappointment: »Die Kritik hat das Werk (Der Pentateuch, 1905) leider mit fast vollständigem Stillschweigen übergangen«.

Occasionally, he justified his own polemical and unacademic attitude by refering to the ignorance of Protestant Old Testament scholars: his exaggeration was a response to their deafness and lack of understanding.[43] Academic discourse in Jacob's time was less refined and more polemic than ours; Jacob's opponents were equally polemical and voluble.[44]

Jacob felt that ignoring certain branches of research displayed deficient methodology and negligence. He recommended that those who discussed law should also consult »the Jewish research and tradition that ... flourished on the same soil and in the same spirit ... To consult old as well as new Jewish commentaries could would prevent many errors.«[45]

Jacob's appeal for methodological exactness and transparency was mainly directed towards source criticism: »The distinction of sources is a mere hypothesis and construction without any external proof. Therefore, the internal reasoning needs to be even better.«[46] In Jacob's opinion, source criticism used a lot of vague and imprecise terminology, like »almost,« »perhaps,« and »possibly.«[47]

One exception was Eduard König, *Hermeneutik des Alten Testaments*, (Bonn, 1916, pp. 81ff; and his commentary, *Die Genesis*, Gütersloh, 1919, pp. 641ff; for the Jacob – König debate see »Umschau Bibelwissenschaft,« *Der Jude*, Vol. VII, 1923, pp. 670ff; Vol. VIII 1924, pp. 126ff; *Theologische Studien und Kritiken*, Vol. 79, 1906, pp. 133ff, 481ff, 484ff. On König see Christian Wiese, Jahwe – ein Gott nur für Juden? in Leonore Siegele-Wenschkewitz (ed.), *Christlicher Antijudaismus und Antisemitismus*, Frankfurt, 1994, pp. 66ff. In 1928, Jacob publicly argued his position in papers given in Bonn (»Fünften Deutschen Orientalistentag«) and Oxford (»Siebzehnter internationaler Orientalistenkongress«). Otto Eißfeldt, »Der Fünfte Deutsche Orientalistentag in Bonn (21.–25. August 1928) und der Siebzehnte iternationale Orientalistenkongress in Oxford (27. August bis 1. September 1928),« *ThBe*, Vol. 7, 1928, p. 303–309.

43 »Die Lebhaftigkeit, mit der ich sie bekämpfe, entspricht ihrer Schwerhörigkeit gegenüber allen bisher gemachten Einwänden, seien sie auch noch so triftig.« Benno Jacob, *Das Erste Buch der Tora Genesis*, Berlin, 1934, p. 10.

44 Bruno Baentsch, another Old Testament scholar, comments on publication opposed to source critisicm: »Dass diese Bettelsuppen noch immer von so vielen mit Genuss und Behagen verzehrt werden, ist bezeichnend für die in gewissen Kreisen verbreitete Urtheilosigkeit, Denkfaulheit und Unklarheit über die Prinzipien protestantischer Wissenschaft.« »Besprechung von William Henry Green, Die höhere Kritik des Pentateuchs« (1897), *ThLZ*, Vol. 21, 1899, p. 584.

45 »Unter jenen besonders Raschi, Raschbam, Ibn Esra, Ramban, Abravanel, Seforno«, Benno Jacob, *Die Thora Moses*, Frankfurt a. M., 1912/13, p. 55.

46 »Wir besitzen weder eine der angeblichen Quellenschriften gesondert, sei es ganz oder in einem erhaltenen Fragment, noch haben wir eine geschichtliche Kunde, dass sie jemals existiert haben.« Benno Jacob, *Das Erste Buch der Tora Genesis*, Berlin, 1934, p. 949.

47 Benno Jacob, *Die Thora Moses*, Frankfurt a. M., 1912/13, p. 59f; Gott und Pharao, *MGWJ*, Vol. 68, 1924, p. 124f. »Eine Quellenscheidung sollte eigentlich niemals schwierig und jedenfalls nie unsicher sein. Sind die Quellen wirklich charakteristisch verschieden, so muss eine Analyse sie so sicher scheiden können, wie nach Aussehen, Geruch, Geschmack oder

Jacob also criticized the lack of agreement among scholars and the fact that there was no generally accepted division of sources.[48] He repeatedly gave the criteria of source criticism serious attention in order to expose its weakness.

Critique of the criteria of source criticism

The main criteria of Source Criticism are: a) The use of different names for God; b) Stylistic variations in different sources; c) Specific characteristics of sources; d) Contradictions and repetitions.[49]

a) The use of different names for God: The various designations for the deity as characteristic for different sources was a basic concept of source criticism. Jacob criticized the inconsistencies in its allocation of texts to sources. In contrast to source criticism, Jacob argued that the different names corresponded to the specific intent of the author.[50] For Jacob, tracing the meaning and function of the difference in names was more important than placing them in different categories.

b) Stylistic variations in different sources: After separating the different sources by means of different names for God, scholars produced »special dictionaries« for J, E, P and D. Jacob claimed that scholars would have to admit that none of these words »can serve as a criterion for differentiation in a strict sense.«[51] Jacob argued that source criticism relied on a vicious circle: the different sources were classified by means of differing use of language; the differing use of language was classified with reference to the

---

chemischer Reaktion zwei verschiedenen Handschriften, Farben, Flüssigkeiten oder Stoffe. Es sollte nur Geduld dazugehören, die Faden zu entwirren, wenn sie besonders stark verfilzt sind.« B. Jacob, *Das Erste Buch der Tora Genesis*, Berlin, 1934, p. 1032.

48 Benno Jacob, *Die Thora Moses*, Frankfurt a. M., 1912/13, p. 5; »Die Quellenscheidung Gunkels ist allerdings nicht die rezipierte. Vielmehr hat fast jeder Forscher (Böhmer, Hupfeld, Schrader, Wellhausen, Dillmann – in den verschiedenen Ausgaben verschieden – Kittel, Kautzsch, Cornill, Ball, Holzinger, Driver, Smend) andere Verteilung, und mit derselben Sicherheit, mit der der eine einen Vers an J zuteilt, wird er von dem anderen für E reklamiert. Dies beweist zumindest soviel, dass es an einem sicheren Kriterium fehlt.« Vgl. Heinrich Holzinger, *Einleitung* in *den Hexateuch*, Freiburg/Leipzig, 1893, Beilage.

49 Benno Jacob, *Das Erste Buch der Tora Genesis*, Berlin, 1934, pp. 954ff; cp. Umberto Cassuto, *The Documentary Hypothesis and the Composition of the Pentateuch*, Jerusalem, 1961, pp. 14ff.

50 Cf. Benno Jacob, Mose am Dornbusch, *MGWJ*, Vol. 66, 1922, pp. 11ff.

51 Cf. Heinrich Holzinger, *Einleitung in den Hexateuch*, Freiburg/Leipzig, 1899, p. 93ff »Die Sprache von J«; cf. pp. 181ff, 282ff, 338ff; Benno Jacob, *Die Tora Moses*, Frankfurt a. M., 1912/13, pp. 958f.

different sources. Thus, source criticism created new barriers which could even prevent the understanding of biblical language usage.[52]

Jacob also criticized the so-called »Redactor«-function which in his eyes was often only used to disguise stylistic inconsistencies within a given passage (*Glossen*) by ascribing them to a »Redactor.«[53]

c) Specific characteristics of sources: Jacob also did not think highly of the aesthetic judgements of Source Criticism which described style of a given passage as long-winded, sober or learned. Such remarks were far too general in Jacob's view and, moreover, were based on judgements of taste that are subject to change.[54] Jacob argued that this led to a circular system: in order to maintain the alleged character of the different sources, everything that did not comply with its assumed character had to be eliminated.[55]

d) Contradiction, and repetitions: Source Criticism tried to eliminate and explain away contradictions within the Torah by placing them in different sources. This destroyed the unity of the text. Jacob, on the other hand, insisted on the importance of reading these alleged contradictions as nuances of meaning that complement each other.[56]

Beside the different designations for God, repetitions or »doublets« play an important role in source criticism. Gunkel, for example, claimed that by means of analyzing repetitions we could distinguish between two (or more) independent variants with deliberately composed features and distinct characteristics.[57] Here again, we may notice the impulse towards separation and fragmentation of the text which Jacob opposed.

---

52 Benno Jacob, *Die biblische Sintfluterzähung*, Berlin, 1930, p. 6.
53 »Deckt sich aber (was unzählige Male der Fall ist) der Sprachgebrauch nicht mit den Quellen, was man anderen Momenten zuliebe zugeben muss, so sind es entweder ›Ausnahmen‹, oder es ist ja immer noch der Redaktor da, der mit seinem weiten Mantel alle Blößen bedecken muss«; Jacob derides the »Redaktor« as seen by source criticism as »Retter in aller kritischen Not«, ein »widerspruchsvolles Wesen«, »der Kritik eigener wunderlicher Sohn.« Benno Jacob, *Quellenscheidung und Exegese im Pentateuch*, Leipzig, 1916, pp. 14, 75; *Die Thora Moses*, Frankfurt a. M., 1912/13, p. 87; *Das Erste Buch der Tora Genesis*, Berlin, 1934, pp. 956, 1041.
54 »[Die Quellenseheidung] meint P an seinem Stil zu erkennen, der sich von allen anderen Quellen durch Formelhaftigkeit, Einformigkeit, Systematik, juristische Genauigkeit, steife Gemessenheit und Feierlichkeit abhebt. Als Vertreter des ›Gesetzes‹ ist er bei gewissen christlichen (deutschen) Kritikern sehr unbeliebt. Er ist Vorläufer, Schöpfer und Repräsentant des starren, gesetzlichen pharisäischen Judentums, ein nüchterner Pedant und Rechner, phantasie- und poesielos, abstrakt, unlebendig, unanschaulich usw.« Benno Jacob, *Das Erste Buch der Tora Genesis*, Berlin, 1934, p. 950.
55 Benno Jacob, *Die Thora Moses*, Frankfurt a. M., 1912/13, p. 72.
56 Ibid., p. 64.
57 Hermann Gunkel, *Genesis*, Göttingen, 1902, pp. 353ff.

Otto Eißfeldt (*Hexateuch-Synopse*, 1922) based his source criticism mainly on repetitions. The differences in names for God, stylistic differences and the other criteria mentioned above in his opinion were not sufficient to prove that passages originated from different sources.[58] Jacob was delighted when Eißfeldt had to admit that certain arguments of source criticism had proven rather doubtful. Jacob especially regarded the synoptic printing of the four sources as a »critical corruption« which emphasize the results of source criticism at the expense of the text in its traditional form.[59] In Jacob's opinion, Eißfeldt had turned the unity of the Torah into a neatly quartered but disharmonious composition.[60]

In contrast to Gunkel, Eißfeldt and the school of Wellhausen, Jacob regarded contradictions and repetitions as expressions of deliberate and intentional dichotomies (*dichotomische Darstellungsweise*). Dichotomy refered to the division of a main branch into two parallel branches. He did not speak of contradictions but of ambiguities of meaning. Jacob considered repetitions as deliberate stylistic variations.[61]

Although Jacob agreed with many observations of Source Criticism, his conclusions and assessments were fundamentally different. Source criticism regarded the multiple voices of the Torah as a problem, Jacob saw them as a deliberate stylistic device which corresponded to the vitality displayed by all languages; these were strengths not weaknesses in the text. The search for a single meaning was reductionist; the unity of the Torah lay precisely in its multi-layered, polyphonic meaning. Rather than fragmenting the text through allocating passages to different sources, he emphasizes the unity of spirit and the historical analysis was always subordinated to the unity of the text. He coined a term for his canonical approach, namely the *harmonistische Erklärung* of the Torah. Although Jacob conceded that the Torah was composed of different parts, he sought to see and integrate the multiple meanings within an »organic whole.«[62]

---

58 Otto Eißfeldt, *Hexateuch-Synopse*, Darmstadt, 1962, p. 5f.
59 Benno Jacob, *Das Erste Buch der Tora Genesis*, Berlin, 1934, p. 955.
60 »(...) aus der einheitlich vorliegenden Thorah eine übersichtlich gevierteilte Disharmonie geschaffen«, Benno Jacob, Umschau Bibelwissenschaft, Besprechung von »Otto Eißfeldt, Hexateuch-Synopse«, *Der Jude*, Vol. VII, 1923, p. 487. This synopsis of sources was often criticized, cf. Paul Volz, ThLZ, Vol. 55, 1923, p. 390 »Schlußpunkt der bisherigen Methode«; Umberto Cassuto, *The Documentary Hypothesis and the Composition of the Pentateuch*, Jerusalem, 1961, p. 109.
61 Benno Jacob, Umschau Bibelwissenschaft »Otto Eißfeldt, Hexateuch-Synopse«, *Der Jude*, Vol. VII, 1923, p. 487; *Quellenscheidung und Exegese im Pentateuch*, Leipzig, 1916, pp. 46–64.
62 »Nicht die eine Feder, sondern der eine Geist, in dem viele Federn geschrieben haben, macht

The fundamental tension that characterized Jacob's work lay in his interest in historical-critical research, on the one hand and the desire to protect the unity of the Torah against one-sided attacks by Christian scholarship, on the other. Benno Jacob intended to open a written dialogue with Christian scholarship, however, during his life-time, it was, at best, a one-sided and solitary dialogue.

---

die Einheit.« Benno Jacob, *Die Thora Moses*, Frankfurt, 1912/13, pp. 91ff; »Die Exegese hat das erste Wort, und die hartnäckigste Harmonistik ist immer noch für das Verständnis unendlich fruchtbarer als die oft genug himmelschreiende Willkür und Verständnislosigkeit der von Astruc eingeleiteten und in der alttestamentlichen Wissenschaft noch das Wort führenden Quellenscheidung.« *Die biblische Sintfluterzählung*, Berlin, 1930, p. 13.

Maren Ruth Niehoff

Benno Jacob's concept of a »Wissenschaft des Judentums«*

As a modern interpreter of Torah, Benno Jacob (1862–1945) emulated the ideals of *Wissenschaft des Judentums*. His position is highly interesting because Jacob, in fact, did not identify with the pioneering efforts of Geiger, Zunz, and others in the field of Bible criticism. He sought, rather, to revive the ideology of *Wissenschaft*, which had paradoxically prevented further development of Jewish Bible criticism in the nineteenth century.[1]

Jacob's emulation of *Wissenschaft* enabled him to engage in the relatively new field of Jewish Bible research, producing rationalistic commentaries in a purposeful academic style while avoiding a fully critical approach and especially (Christian) source criticism. It is his intermediary position between tradition and modern criticism that distinguished Jacob's work.[2] His importance must therefore be appreciated as standing between a religiously engaged reading of the Bible and fully critical yet distinctly Jewish Bible research, such as continues in university departments, for example, in Israel.

Jacob characteristically admired the *Wissenschaft* not so much for its pioneering efforts in the field of Bible criticism but, rather, for its emphasis on rationalism, spirit, and morality. He also attributed great importance to the close relation of *Wissenschaft* and the emancipation of the Jews.[3] In this sense, the *Wissenschaft* was not only a science of Judaism, but also a Jewish science-namely, research done by Jews for Jewish purposes – which stressed what is specifically Jewish. Jacob criticized his contemporaries for neglecting *Wissenschaft* and, thus, he argued, failing to promote the full emancipation

---

* I wish to thank the Leo Baeck Institute in New York for granting me a W. Baumgardt Memorial Fellowship, which enabled me to pursue part of my research on Benno Jacob at the Institute in New York. I greatly profited from the institute's pleasant atmosphere and particularly from Dr. Mecklenburg's and Dr. Spielmann's kind help.
1 On the lack of fully developed biblical criticism in nineteenth-century *Wissenschaft*, see S. Japhet, »Status Quaestionis« (Academic Press, 1972).
2 »Directions and Tendencies in the Research of Medieval Exegesis in Northern France« (Hebrew), *Bulletin of the World Association of Jewish Studies* 25 (1985), 3–18.
3 Regarding Jacob's political actions on behalf of the full emancipation of the Jews, see K. Wilhelm and Benno Jacob, »A Militant Rabbi,« *Leo Baeck Institute Yearbook* 7 (1962), 75–84.

of German Jews. His own commentaries on Genesis and Exodus were meant as a partial remedy for that malaise.

Tragically, the audience for which Jacob's *Wissenschaft* had been primarily intended was being annihilated as he prepared his Exodus commentary (1935–1945). Because it lost its natural audience before publication, Jacob's work has not yet received its proper academic appreciation.[4] Although Nahama Leibowitz relied on Jacob's work and so introduced it to Israeli readers, the English- and German-speaking world has until recently ignored Benno Jacob.[5] Martin Buber and Franz Rosenzweig's use of Jacob's commentaries for their own work on Scripture was not sufficiently acknowledged and in any case could not make up for the general lack of awareness.[6]

This paper outlines Jacob's concept of *Wissenschaft* and examines the contribution of his biblical commentary in the light of his theoretical convictions. In the second part of the paper, I shall focus on Jacob's commentary on Exodus. This choice has been informed by a number of considerations. The latter book is less known than the *Genesis Commentary* (published in 1934) and therefore deserves attention; Jacob's manuscript with his original notes exists on microfilm and so provides special insight into the process of his hermeneutics.[7] Finally, there is Jacob's own appreciation of the book of Exodus. He regarded it as the eternal ethical and religious foundation of Judaism.[8] Exodus in this sense seems to have been more important to Jacob than Genesis, a preference that renders his interpretation especially significant. Unlike his two friends Buber and Rosenzweig, who founded the more popular »Lehrhaus« in Frankfurt, Jacob conceived of Jewish learning in rather elitist terms.[9] Acknowledging the ignorance and lack of interest on

---

4   Although N. Leibowitz relied on Jacob's work and so introduced it to Israeli readers, the English- and German-speaking world has until recently ignored Benno Jacob. For an initial appreciation of Jacob's work, see E. I. Jacob, »The Life and Work of B. Jacob,« *Paul Lazarus Gedenkbuch* (Jerusalem, 1961), 93–100.
5   B. Jacob's commentary on Exodus was recently published in English: *The Second Book of the Bible: Exodus. Interpreted by Benno Jacob*, Translated and with an Introduction by W. Jacob in association with Y. Elman (Hoboken, 1992).
6   For probable examples of Buber and Rosenzweig's use of Jacob's work for their Bible translation, see M. R. Niehoff, »The Buber-Rosenzweig Translation of the Bible within the Jewish-German Tradition,« *Journal of Jewish Studies* 44 (1993), 258–79, especially p. 262.
7   My analysis is based on the manuscript preserved on microfilm in the National and University Library in Jerusalem.
8   B. Jacob, »Vorbemerkung,« *Das Zweite Buch der Tora. Exodus*.
9   He nevertheless wrote more general articles for a wider, nonspecialized audience (*Der Morgen*, 1925 and ff). Yet these essays were also highly academic and not existentialist. See

the part of most contemporary Jews, he insisted that popularization implied self-corruption.[10] Instead of an existential search for personal identity, Jacob had in mind an academic discipline that would do justice to Judaism in its historical and spiritual dimension.

Jacob described his notion of *Wissenschaft des Judentums* in a lecture delivered at a rabbinic convention in 1907.[11] In this programmatic exposition, he defined *Wissenschaft* as »the comprehensive understanding and systematic examination of the total development of Judaism and the fate of its believers, the foundation of its innermost content, along with a discussion of the spiritual life of the present.«[12] This definition, somewhat reminiscent of Zunz's seminal discussion of Jewish research in »*Etwas über die rabbinische Literatur*« (1818),[13] reflected historical, phenomenological and sociopolitical concerns. The former two require special clarification.

The historical method, Jacob argued, is the most important characteristic of modern scholarship, distinguishing it from its medieval antecedents (*Wissenschaft*, 8–9). He accurately observed that Jewish historicism emerged simultaneously with the development of German national awareness and its romantic appreciation of the past. Sensitive to the similarity of these two phenomena, Jacob also stressed the difference between them: *Wissenschaft* was neither able nor willing to limit itself to a romantic and somewhat sentimental orientation toward the past. It was instead connected to ethics and politics as it uncovered injustices done to the Jews and demanded legitimate rights in the present. Therefore, Jacob argued, *Wissenschaft* could not remain historical but had to be »apologetic,« »rational and topical« (*Wissenschaft*, 8–9). Jewish historiography was thus seen less as a value in its own right and more as a tool in the struggle for emancipation. The study of Jewish history could provide the modern Jew with authentic self-respect and enable him to recognize his natural rights and the congeniality of his own culture to modern society (*Wissenschaft*, 10–11).

---

also Jacob's appeal to a general audience of Jewish academics, whom he encouraged to identify Jewishly (in the sense of Jewish religion), B. Jacob, *Ein Wort an unsere Akademiker*.

10 B. Jacob, *Die Wissenschaft des Judentums ihr Einfluss auf die Emanzipation der Juden, Vortrag gehalten auf der Generalversammlung des Rabbinerverbandes in Deutschland* (Berlin 1907), 16: »Nur zu ihrer eigenen Korruption (der Wissenschaft) führt ferner das Bestreben, populäer zu sein.«

11 Ibid.

12 Ibid., 8: »Die Totalauffassung und methodische Erforschung des gesamten Werdeganges des Judentums und der Geschicke seiner Bekenner, die Begründung seines innersten Gehaltes und eme Auseinandersetzung mit dem Geistesleben der Gegenwart.«

13 See my discussion of Zunz in M. R. Niehoff, »Leopold Zunz's Concept of *Aggadah* as an Expression of Jewish Spirituality,« *Leo Baeck Institute Yearbook 52* (1997), London, New York.

In a similar vein, Jacob appreciated Jewish historiography for demonstrating that many conclusions of Christian scholarship were merely biased opinions. He stressed that the assumption of the superiority of Christianity over Judaism created and strengthened discrimination. He hoped that the *Wissenschaft* would open Christian eyes, but he was ultimately pessimistic about the possibility of Christian objectivity toward Judaism. This pessimism derived from his judgment that Christian theology requires anti-Judaism to justify its own existence (*Wissenschaft*, 12). Jacob was nevertheless convinced that Jews must continue to demonstrate the vibrant truth of their tradition.

Jacob's explanations of the function of historiography in modern Jewish research were remarkable. They focused mainly on the political and apologetical significance of an investigation into the past. Jacob significantly refrained from appreciating another, perhaps the major, contribution of historiography to *Wissenschaft*: the contextualization of each period, in other words, understanding it as a phenomenon conditioned by time and circumstances.[14] It is a matter of dispute whether and to what extent nineteenth-century Jewish scholarship actually achieved its aim of purely historical perspective. The aspiration in this direction undoubtedly existed. Rather than continuing this spirit of *Wissenschaft*, Jacob significantly chose to adopt its apologetic ethos.

The second component of Jacob's definition of *Wissenschaft* was part of phenomenology, as it seeks to understand Judaism's »innermost contents.« This demand was reminiscent of Zunz's famous essay on rabbinic literature in which he called for an understanding of »how the culture's essence takes shape in every moment as the result of the given and the added, namely the internal and the external.«[15] Zunz's romantic view, which was to some degree inspired by his teacher Savigny,[16] assumed a specific essence of Judaism, largely maintained beneath external changes. Zunz later characterized this essence of Judaism in terms of the spirit of the prophets and rabbinic *Aggadah*; it revived the prophetic spirit and expressed a free, popular, and intrinsically Jewish morality.[17]

---

14 See I. Schorsch, *From Text to Context. The Turn to History in Modern Judaism*, (Brandeis University Press, 1994), especially 177–204.
15 L. Zunz, *Etwas ueber die rabbinische Literatur* (Berlin, 1818), 6–7; Zunz's essay was translated and annotated in P. R. Mendes-Flohr and J. Reinharz, *The Jew in the Modern World. A Documentary History* (Oxford, 1980), 196–204.
16 Zunz's romantic definition of the science of Judaism is highly uncharacteristic of his early encyclopaedic essay, which lacked a historically phenomenological dimension. Only later, after his sermons of 1820–1821, did Zunz conceptualize Judaism in romantic terms; for further details, see M. Niehoff, *Zunz*, (note 13).
17 L. Zunz, *Die synagogalen Vorträge der Juden* (Berlin, 1832).

Jacob thus accepted the nineteenth-century, ahistorical notion of the unchanging essence of Judaism. He conceived of that essence in terms similar to those of Zunz, with greater stress on the rationalistic dimension. Possibly inspired by Graetz, whose work he considered exemplary, Jacob insisted on the abstract monotheistic ethics of Judaism and its allegedly absolute avoidance of magic, myth, and mysticism.[18] Jacob, moreover, identified Judaism with an ascetic spirit averse to aesthetics.[19]

Although Geiger was the main pioneer of biblical criticism in the nineteenth century and began to isolate different historical strata of Scripture, Jacob preferred Zunz as his model for *Wissenschaft*. Zunz's exemplary combination of academic research and the promotion of Jewish emancipation distinguished him. It is highly significant that Zunz's critical studies of Chronicles were not mentioned in this context. Jacob instead praised him for striking the right balance between research and politics; he singled out his works on the sermons and the names of the Jews. Zunz was acknowledged for his focus on subjects of topical interest and his demonstration that progressive practices reflected authentic Judaism rooted in ancient Jewish traditions.[20] Greater authority could therefore be claimed for views that supported the integration of the Jews in German culture. Jacob's appraisal of Zunz's achievements again reflected his own priorities. Parallel to his outline of Jewish historiography, he gave particular attention to the ideological applications of *Wissenschaft*.

Jacob urged his contemporaries to continue the work of *Wissenschaft des Judentum* as he had defined it. Although he called for both the study of

---

18 Zunz, despite many prejudices to the contrary, held the Kabbalah in high regard. He understood Jewish mysticism as a form of *Midrash*, which had originally focused on Gen. 1 and Exod. 1. In this way, Zunz included Kabbalah as literature of Judaism that reflected the spirit of the Jewish people.
19 He thus stresses that Moses, being a true Hebrew, had no sense for the magnificent architecture in Egypt and instead concerned himself exclusively with the liberation of his people (see below). See also B. Jacob, »Einführungen in das erste Buch der Tora« *Der Morgen* 1 (1925), 201, etc., where he stressed that »religion is self-discipline, self-denial, the ability to fast.«
20 See Jacob's praise of the Jews, B. Jacob, *Wissenschaft*, Op. cit. (note 10), 12: »Da erschien das Grundwerk von Zunz und zeigte in überwöligender Weise, wie die gottesdienstliche erbauliche und belehrende Rede sich gleich einem mächtigen Strome durch alle Jahrhunderte der jüdischen Geschichte hinzieht, und ein wie widchtiges und segensreiches Mittel der religiös-moralischen Volkserziehung sie je und je gewesen ist, so dass jede Einrede gegen ihre Zulässigkeit auf allen Seiten verstummen musste.« For the connection between *Wissenschaft* and Emancipation and reform, see especially M. A. Meyer, »Jewish Religious Reform and *Wissenschaft des Judentums* – the Positions of Zunz, Geiger and Frankel,« *Leo Baeck Institute Yearbook* (1971) 16, 19–41: I. Schorsch, »Scholarship in the Service of Reform,« *Leo Baeck Institute Yearbook* (1990), reprinted in *Text to Content* (note 14), 303–33.

Hellenistic Judaism and the historical examination of the Talmud, he clearly considered a literal translation and a distinctively Jewish commentary on the Bible the most urgent *desideratum*. He devoted himself to this task in order to provide an appropriate answer to Christian challenges.

Jacob's commentary on Genesis and Exodus was based on two important assumptions: (a) Scripture presents a uniform text, which cannot be meaningfully divided into different sources;[21] (b) the original Hebrew of Scripture is highly significant and must therefore be reflected in the translation. Both these assumptions distinguished Jacob's work from that of contemporary Christian scholars and placed him within the moderately traditional camp of Jewish scholarship.

Jacob's opposition to source criticism was aimed at reversing Christian methods, which he regarded as the greatest obstacle to a true understanding of Scripture. He argued that the reader had to achieve a critical examination of previous »dissections« of the text to liberate himself from certain religious dogmas. Someone who had grown up in the Jewish tradition would obviously be particularly qualified to restore the unity of the biblical text. Indeed, the academic assumption of scriptural unity coincided with traditional beliefs in the simultaneous revelation of the entire Bible, thus precluding the possibility of historical stratification.

Jacob's technique of literal translation continued a distinct tradition of the *Wissenschaft*. Zunz had established the importance of mimetic renderings of the Bible, which preserved its specifically Jewish character. Indeed, Jacob's style of translation resembled Zunz's, to some extent, in its sensitivity to the syntax of the Hebrew sentence and the attempt to render the meaning of the Hebrew roots, without however romanticizing the spoken pattern of the »*Urwort*« as did Buber and Rosenzweig's Bible translation.[22] One example of Jacob's rendering of the Hebrew text might suffice. He translated the famous verse at the beginning of Genesis: »*Die Erde aber war Wüste und Leere und Finsternis über der weiten Tiefe, und der Wind Gottes flatternd über den weiten Wassern*« (Gen. 1:2). Jacob here imitated the biblical syntax by not supplying a verb as normal German usage would require-with a rendition of the concise Hebrew expression *hoshekh al pnei t'hom* in this respect. He paralleled

---

[21] See B. Jacob, *Quellenscheidung und Exegese im Pentateuch* (Leipzig, 1916); idem, *Die Biblische Sintfluterzählung. Ihre Literarische Einheit* (Berlin, 1930); »Preface,« *Das Erste Buch der Tora. Genesis* (Berlin, 1934); »Mose am Dornbusch,« *Monatschrift für die Geschichte und Wissenschaft des Judentums* 66 (1922), 11–33, 116–138.

[22] For further details see M.R. Niehoff, »Buber-Rosemzweig Translation,« (note 6).

both Zunz and Buber-Rosenzweig, while differing from Luther (»es war finster«). At the same time, Jacob avoided Zunz's highly literal rendering of »al p'nei« as »on the surface,« preferring instead the simple expression »above.«

Jacob, moreover, deemphasized the controversial terms of Gen 1,2, which had aroused much interconfessional discussion. He thus attenuated the dramatic, or even mythological, dimension of the term »t'hom« by rendering it as »wide depth.« Buber and Rosenzweig, rather keen on linguistic experimentation, translated the expression initially as »Abgrund« and subsequently as »Urwirbels Antlitz.« Jacob's undramatic translation was further supported by his commentary, in which he objected to rendering the term as »brausende Flut« and thus comparing it to similar motifs in Near Eastern creation myths.[23]

In the same vein, Jacob translated *ru-ah elohim mrahefet* as »God's wind fluttering.« He thus replaced, like Buber and Rosenzweig, Luther's term »spirit,« which he considered too reflective of Trinitarian notions. On the other hand, Jacob avoided such dramatic terms as *Braus Gottes* (Buber-Rosenzweig). His translation of *m'rahefet* as »fluttering« was based on the association of Gen 1,2 with Dtn 32,11 and relied on traditional interpreters like Rashi and Onkelos (*Genesis*, 29). Jacob explicitly avoided the notion of »brooding« Buber and Rosenzweig used because it evoked mythological connotations of an original world-egg (commentary Gen 1,2).

Both Jacob's assumption of the Bible's unity and his distinctly literal translation of the Hebrew text were central to his overall conception of Scripture. Both of them served the purpose of his commentary by alluding to the Jewish tradition while avoiding Christian and mythological notions. In contrast to Buber and Rosenzweig, Jacob as a matter of principle distinguished between translation and commentary. He clearly presented them as two distinct categories, whereas Buber and Rosenzweig wove their own interpretations freely into the translation itself. Jacob did not always remain faithful to his academic principles, however, and occasionally conflated the genres of translation and exegesis as I will show later.

In the following part of the paper, I shall analyze some outstanding segments of Jacob's commentary on Exodus and focus on his interpretation of several controversial issues connected with Moses.

Jacob opened his commentary with some general considerations that stressed the importance of this biblical book. He dealt with the nature and

---

23 B. Jacob, *Genesis* (note 21), 26–27. Similarly, B. Jacob, »*Einführung,*« Ibid., 50ff.

the roots of Pharaoh's aversion to the Israelites and identified it as religiously founded. Since Pharaoh saw himself as a deity, he could hardly agree to the notion of a monotheistic Deity proclaimed by the Israelites. Disregarding biblical indications of the political tensions between the Israelites and the Egyptians, Jacob stressed Pharaoh's attitude as the »product of complete madness.« He further criticized that no modern interpreter of the book of Exodus had pointed to Pharaoh's behavior as a blatant violation of the hospitality granted to the Israelites. These critical insights, especially the reference to hospitality rights, might well express Jacob's own concerns, for he worked on the Exodus commentary while fleeing from Nazi Germany led by a ruler who considered himself superhuman.

In contrast, Jacob had no special interest in Moses' youth. He specifically avoided a comparative approach that would take into account the typology of famous heroes exposed in their infancy.[24]

He disliked Philo's and Josephus' embellishments of Moses' youth, which stressed the development of the hero's character and the beginning of his career as a future leader.[25] Jacob disqualified such interpretations as »arbitrary« and basically alien to Scripture because they were mere imitations of Hellenistic culture. He preferred rabbinic *midrashim*, which described the luminous light radiating from Moses at his birth.[26] These traditions identified as beautiful *haggadah* were not incorporated into his commentary and were later deleted from the manuscript.

On the other hand, Jacob was highly interested in certain issues of Moses' subsequent career. An issue of this kind was raised in Ex 2,12,[27] which he translated as »he looked this way and that way and when he saw that there was no true man there, he stroke dead the Egyptian.«[28] Jacob exercised

---

24 B. Jacob, »Exodus,« *Pentateuch*, 29. Jacob more readily accepted comparisons between Jewish and non-Jewish traditions of later date, since this precluded any influence on the Bible. He pointed, for example, to the similarity between the respective traditions of the youth of Moses, Muhammad, and Jesus (ibid. 28–29). Cf. M. Buber, »Moses,« *Werke* (München, 1964), Vol. 2, 41–43; here Buber raised questions concerning the Egyptian background of Moses and the typological significance of his fate. Buber, however, distanced himself from Freud's interpretation of Moses as an Egyptian adopted by the Jews.
25 Exodus Manuscript, p. 34; B. Jacob, *Das Buch Exodus*, Stuttgart, 1997, p. 27; *The Second Book of the Bible, Exodus*, (tr. Walter Jacob), Hoboken, 1992, p. 31.
26 Exodus Manuscript, pp. 28–29.
27 Buber, on the other hand, showed no particular interest in this biblical scene.
28 B. Jacob, »Exodus,« *Pentateuch*, 40 (note 21): »Er wandte sich hierhin und dorthin und da er sah, dass kein wahrer Mann da war, erschlug er den Aegypter und verbarg ihn im Sande.« *The Second Book of the Bible: Exodus*. Interpreted by Benno Jacob. Translated with an Introduction by W. Jacob in association with Y. Elman (Hoboken).

considerable freedom when he followed the Midrash and translated midrashically a »true man.« Jacob's conflation, by using the Midrash, seemed inspired by a wish to counter deeply rooted Christian prejudices based on this verse. Jacob knew they were so entrenched in German culture that even Goethe and Schopenhauer »did not consider it beneath their honor to repeat them.«[29] Indeed, Jacob stressed that the »malicious« misunderstanding of this verse was part of the anti-Semitic arsenal directed against the Old Testament.[30]

Jacob insisted that Moses' killing of the Egyptian was not a case of murder planned in advance. He was, in fact, »terrified by the outcome« of his intervention.[31] Nor did Moses' action stem from a desire to interfere with the organization of manual labor in Egypt. Jacob emphatically stressed that Moses' act was a spontaneous reaction against the Egyptian's blind aggression and national hatred of the Hebrews. According to Jacob, Moses was not afraid of discovery and therefore did not look to see whether eyewitnesses were present. Moses was committed to justice. Since no righteous and courageous (true) man was present, he himself had to bring about justice by killing the brutal Egyptian.

What is highly interesting is that Jacob justified his understanding of the biblical scene, and by implication his nonliteral »translation« by referring to traditional interpreters and their techniques of exegesis. Jacob applied the rabbinic principle of *g'zera sheva*, associating the expression *Vaya-ar ki eyn* in Ex 2,12 with Isaiah 59,15, where God is said to have seen »that there was no justice,« *Vaya-ar adonai vayera b'einav ki eyn mishpat.*

By equating the two verses, in which a similar expression appeared (»He saw that there was no ...«), Jacob applied the contents of Isaiah 59,15 to Ex 2,12, thus suggesting that Moses also saw there was no justice. Jacob here relied on the traditional exegesis of the verse and mentioned the biblical and Talmudic commentator Rashi, who suggested that Moses recognized that the descendants of this Egyptian would not produce any convert. He referred to *Exodus Rabbah*, which intimated that Moses saw that »there was no hope for righteous men from him and his offspring.« Jacob even suggested that his understanding of the verse must have been so obvious and widely accepted

---

29 Exodus Manuscript, p. 41; B. Jacob, *Das Buch Exodus*, Stuttgart, 1997, p. 32; *The Second Book of the Bible, Exodus*, (tr. Walter Jacob), Hoboken, 1992, p. 36.
30 Ibid.
31 Exodus Manuscript, p. 43; B. Jacob, *Das Buch Exodus*, Stuttgart, 1997, p. 34; *The Second Book of the Bible, Exodus*, (tr. Walter Jacob), Hoboken, 1992, p. 38.

that Hillel's famous aphorism, »Where there is no man, be a man« (*Avot* 2,5) might well have been based on Ex 2,12.[32] This shows us how elegantly Jacob wove apologetics and tradition into a distinctly Jewish commentary.

The scene of Moses convincing the Israelites of the Divine plan for their exodus is another interesting example of Jacob's exegesis. Ex 4,2 described Moses' initial reaction to his appointment as the leader of the Israelites by replying, »They will not believe me and will not listen to my voice, because they will say: ›God did not appear to you‹.« This and similar verses led to less than empathetic interpretations by Christian scholars, who used them as a »proof« that the Jewish people were not really qualified to be a chosen people and therefore had been replaced by the church. From the beginning of modern *Wissenschaft*, Jewish scholars responded by unmasking these pseudoscientific claims.[33] Jacob similarly deplored that Moses had »unjustified doubts« about the Israelites' willingness to believe him in following God's plan. He fervently exclaimed: »Oh, how does Moses misunderstand his people!«[34] The Israelites' later complaints to Moses in the desert, Ex 14,11, he interpreted in a similar way. Jacob argued that the complainers constituted only a small minority.[35]

Jacob had particularly firm opinions about the rod Moses used to convince his people of God's presence. He insisted against Gressmann, Wellhausen, and others that it was definitely not a magic staff, and he accused biblical scholarship of »blurring the difference with paganism by harmonizing true faith and idolatry only in accordance with external similarities.« According to Jacob, »No religion is freer of magic than Judaism ... In a higher monotheistic religion a magic rod is a contradiction in terms.«[36] In this context Jacob not only stressed the rationalistic nature of Judaism's true monotheism, but also affirmed that the biblical Israelites were motivated by true faith rather than magic ceremonies.

The story of the Golden Calf (Ex 32) presented a special challenge to Jacob's exegesis. Ever since Herder, at the end of the eighteenth century, this

---

32 Ibid.
33 See, e.g., M. R. Niehoff, »The Emergence of a Modern Concept of Aggadah: Jacob Weil's Treatment of Aggadah between Wissenschaft and the Intellectual Trends of the Turn of the 19th Century,« *Leo Baeck Institute Yearbook*, idea Zunz, (note 13).
34 Exodus Manuscript, pp. 101–102; B. Jacob, *Das Buch Exodus*, Stuttgart, 1997, p. 78; *The Second Book of the Bible, Exodus*, (tr. Walter Jacob), Hoboken, 1992, p. 85.
35 Exodus Manuscript, p. 575 B. Jacob, *Das Buch Exodus*, Stuttgart, 1997, p. 411; *The Second Book of the Bible, Exodus*, (tr. Walter Jacob), Hoboken, 1992, p. 397.
36 Exodus Manuscript, p. 115; B. Jacob, *Das Buch Exodus*, Stuttgart, 1997, p. 88; *The Second Book of the Bible, Exodus*, (tr. Walter Jacob), Hoboken, 1992, p. 95.

story had become a standard argument in Christian rhetoric against the continuity of the Jews in history. Aaron was seen as the archetypal representative of a petrified Judaism, which clung only to the material aspects of religion and to the literal-halakhic meaning of Scripture.[37] While acknowledging that the Golden Calf »was the gravest aberration of Israel in the desert.«[38] Jacob stressed the positive theological message of this biblical story. It showed Moses in the »full greatness of his personality« and the story also highlighted the »indissoluble bonds with his erring people,« which alone rendered his life and mission meaningful. More important, the story of the Golden Calf taught »the depth of (God's) nature« who is truly merciful to Israel and renews the covenant in spite of the people's grave sin.[39] Jacob thus interpreted a tale that could be taken to deal with Israel's archetypal sin as a story of God's mercy. In his basic hermeneutic inclination Jacob paralleled other Jewish exegetes. Significantly, S. R. Hirsch understood the scene similarly as an incident that made the Israelites aware of their need for atonement before receiving the Torah.[40]

Jacob understood Aaron in a particularly positive light. He denied that Aaron ever »had the intention of creating an idol, which should be worshiped.«[41] His argument against the literal understanding of the verse was based on general considerations. Jacob argued that Aaron must have refrained from idol worship, because such a deviation from monotheism would have undermined his status as a priest. Jacob thus exclaimed, »Such a deadly sin would have been inconceivable for the head of the Levites!« He would have been the first victim ... He was rather a peace-loving man ... who wished to demonstrate the folly of their deeds.«[42] Aaron's building of the altar was interpreted as an attempt to imitate Moses, and Jacob suggested

---

37 See especially J. G. Herder, »*Vom Geist der hebraeischen Poesie*,« in Th. Matthias (ed.), *Herders Werke* (Leipzig und Wien), Vol. 3, 242.
38 Exodus Manuscript, p.1394; B. Jacob, *Das Buch Exodus*, Stuttgart, 1997, p. 923; *The Second Book of the Bible, Exodus*, (tr. Walter Jacob), Hoboken, 1992, p. 935.
39 »*Andererseits zeigt die Geschichte den Gottesmann Mose in der vollen Groesse seiner Persoenlichkeit, in dem Schmerz und beiligen Zorne ueber den tiefen Fall, aber auch der unloeslichen Verbundenheit mit seinem verirrten Volk, fuer das er in beissem Gebete im Vergebung und Wiederaufnahme bei Gott ringt, ohne die sein Leben wie sein Fuehrertum keinen Wert und Sinn haben. Gott aber, indem er das Wort der Gnade ausspricht, offenbahrt die Tiefe seines Wesens, und erneuert den gebrochenen Bund und die Tafeln.*«
40 S. R. Hirsch, *The Pentateuch* (English translation) (New York, 1963), 602.
41 Exodus Manuscript, p. 1395; B. Jacob, *Das Buch Exodus*, Stuttgart, 1997, p. 924; *The Second Book of the Bible, Exodus*, (tr. Walter Jacob), Hoboken, 1992, p. 936.
42 Exodus Manuscript, p. 1398; B. Jacob, *Das Buch Exodus*, Stuttgart, 1997, p. 925; *The Second Book of the Bible, Exodus*, (tr. Walter Jacob), Hoboken, 1992, p. 937.

that he hoped in this way to rescue the faith of the Israelites.[43] He similarly argued with Hirsch that the Hebrew expression »bowing down before it« (*l'fo-novr*)[44] referred to Aaron himself. Jacob thus insisted that Aaron did not bow down before the Calf, but rather before himself[45] (Exodus, 1405). Although Buber also stressed the positive meaning of the story of the Golden Calf, he nevertheless acknowledged that Aaron was engaged in some sort of idolatry and helped set up a »raw statue of the calf.«[46] Here Jacob was less academic than his friend, who was otherwise known for his free interpretations.

Ex 32,10 posed another challenge to Jacob's exegesis. This verse described God threatening to annihilate the people and rejecting Moses' attempt at reconciliation with the expression, »Leave me!«[47] Jacob reversed the literal meaning of this verse by stressing that »in reality it meant, do *not* leave me! Please! Bring everything which could change my mind!«[48] (Exodus, 1409–10). The hermeneutics of this commentary closely resembled the rabbinic method of »*al tikre;*« that is, do not read x but y. Indeed, Jacob's interpretation resembled that of Rashi, who stressed that Aaron's instructions concerning the calf were actually meant to pass the time until Moses' returned from Mt. Sinai. Rashi, too, insisted that idolatrous intentions could be attributed to Aaron. God's rejection of Moses' attempt at reconciliation was likewise seen as a Divine offer of a new opportunity at repentance and indicated that all depended on Moses. In light of these striking parallels, it is likely that Jacob was inspired by Rashi. These two were in any case remarkably congenial.

Jacob concluded the story of the Golden Calf with some more general remarks about Aaron. He criticized him, as did Hirsch, for a mistaken style of leadership and political weakness. Rather than agreeing to compromises, he should have fought for what Jacob took to be his monotheistic conviction. Jacob nevertheless welcomed the realistic report of the Bible, which did not

---

43 »*Sucht er den wahren Glauben noch zu retten ... Damit will er Mose nachahmen.*« Exodus Manuscript, p. 1405; B. Jacob, *Das Buch Exodus*, Stuttgart, 1997, p. 928; *The Second Book of the Bible, Exodus*, (tr. Walter Jacob), Hoboken, 1992, p. 941.
44 The Hebrew suffix referred to an object that is not feminine and that could be rendered in English as either »him« or »it.«
45 Exodus Manuscript, p. 1405; B. Jacob, *Das Buch Exodus*, Stuttgart, 1997, p. 928; *The Second Book of the Bible, Exodus*, (tr. Walter Jacob), Hoboken, 1992, p. 941.
46 M. Buber, *Moses*, op. cit. (note 24), 174.
47 »*Hanihah li*« (Exod. 32:10).
48 Exodus Manuscript, pp. 1409–10; B. Jacob, *Das Buch Exodus*, Stuttgart, 1997, p. 931; *The Second Book of the Bible, Exodus*, (tr. Walter Jacob), Hoboken, 1992, p. 943.

omit the protagonists' weaknesses. Unlike other national literature, the Bible was not biased toward the prestige of the ruling class.

In summary, the notion of *Wissenschaft* was important to Jacob's work and self-image. He identified with its ideals and produced the first purposefully academic and distinctly Jewish commentaries on the Pentateuch. While Jacob emulated the ideological ethos of nineteenth-century *Wissenschaft*, he embraced its rationalism, emphasis on ethical monotheism, and appreciation of the literal, nonmystical meaning of texts. Rather than focusing on the great scholars of the Middle Ages, as nineteenth-century scholars had done, Jacob applied these priorities to the study of Scripture itself. The result was a rational, apologetic commentary that is based on the literal meaning and is deeply rooted in traditional Jewish exegesis. The significance of this pioneering effort lies in the fact that it represents an important bridge between religiously engaged readings of Scripture and fully critical Bible studies from a specifically Jewish perspective.

Shimon Gesundheit

Bibelkritische Elemente in der Exegese Benno Jacobs

Die Auseinandersetzung mit der klassischen literarkritischen Bibelwissenschaft ist ein Hauptanliegen Benno Jacobs. Doch trotz seiner heftigen Opposition gegen die »quellenkritische Zersplitterung« – wie er die literarkritische Methode nennt[1] – ist seine Exegese nicht frei von ausgesprochen bibelkritischen Elementen.

1. Die Abfassungszeit des Pentateuchs

Als Erstes muss betont werden, dass es Jacob in seinem Kampf gegen die Quellenscheidung im Pentateuch nicht darum geht, den Glauben an die Verfasserschaft Moses zu retten:

»Auch wenn wir den Verfechtern der Einheit und Echtheit alle schwachen Argumente preisgeben, so bleibt doch folgendes als unwiderleglich bestehen: ...
  Der Pentateuch selbst betrachtet die mosaische Zeit als weit hinter ihm liegend. Mindestens folgende Momente können auf keine Weise aus dem Wege geräumt werden und sind von jeher berechtigte Anstöße gewesen:
  a) Gen 14,14, Dtn 34,1 kommt der Stadtname *Dan* vor. Aber nach Jos 19,47 und Ri 18,29 hat die Stadt diesen Namen erst in der Zeit der Richter erhalten;
  b) der Satz Gen 36,31: »Dies sind die Könige, welche im Lande Edom herrschten, bevor ein König über die Kinder Israel herrschte« kann unmöglich vor der israelitischen Königszeit, also frühestens vor Saul geschrieben sein«.[2]

Jacobs Ablehnung der Bibelkritik ist also nicht im Glauben an die Verfasserschaft Moses begründet. Die Verfasserschaft Moses lehnt er auch aus rein

---

1 Vgl. z. B. Benno Jacob, *Der Pentateuch. Exegetisch-kritische Forschungen*, Leipzig 1905, S. 126; ders., *Quellenscheidung und Exegese im Pentateuch*, Leipzig 1916, S. 3 (»kritische[n] Zerstückelung des Pentateuch«).
2 Benno Jacob, Die Thora Moses, in: *Volksschriften über die jüdische Religion*, hg. von J. Ziegler, 1. Jgg. Heft III–IV, Frankfurt a. M. 1912/13, S. 87f.

exegetischen Gründen ab, indem er zeigt, dass der Pentateuch »nach seinem Selbstzeugnis gar nicht vollständig von Mose verfasst sein« will[3]. Nicht das religiöse, sondern das »exegetische Gewissen« treibt ihn an. Er selbst benutzt diesen Ausdruck[4] und betont immer wieder, dass seine Ablehnung der Bibelkritik das Resultat einer »möglichst genaue[n] Exegese« ist.[5] Je mehr er sich der Exegese widmet, desto entschiedener werden seine Aussagen.

Was den Anachronismus in Gen 14,14 betrifft, überwindet er rund zwanzig Jahre später seine eigene Kritik und glaubt, das Problem durch eine harmonistische Exegese bewältigen zu können. So schreibt er dann in seinem großen Kommentar zur Genesis:

> »Dan, wohin die Verfolgung geht, heißt auch die Stadt an der nordöstlichen Grenze Kanaans am Fuße des Hermon, die diesen Namen in der Richterzeit erhielt (Jos 19,47; Ri 18,29) und ursprünglich Laisch geheißen hatte. Es ist keineswegs notwendig, dass hier dieses Dan gemeint und von einem späteren Verfasser der Name vorgreifend gebraucht sei. Da der Verfasser sonst die älteren Namen ausdrücklich mit angibt, so hätte er es hier gleichfalls getan.«[6]

Im letzten Satz wird die harmonistische Lösung exegetisch-stilistisch begründet. Ebenso wird der zweite Beweis (»bevor ein König über die Kinder Israel herrsche«) später in seinem Kommentar durch eine harmonistische Exegese entschärft. Er schreibt dann:

> »לפני mit folgender Zeitbestimmung (...) braucht nicht zu bedeuten, dass das zweite Ereignis unmittelbar auf das erste folgte (...): das erste kann (...) *lange vorher liegen* (...)«.[7]

Der Ausgangspunkt Jacobs ist der einer hermeneutischen Werkinterpretation:[8]

> »Die Genesis will eine Einleitung zur Geschichte Israels unter Mose sein.«[9]

Schon dieser erste Satz ist kennzeichnend für das hermeneutische Vorverständnis der Exegese Jacobs. Wichtig ist, was die Genesis selbst sein »will«,

---

3 Ebd.
4 Ebd., S. 91.
5 Siehe z. B. Benno Jacob, *Das erste Buch der Tora Genesis – übersetzt und erklärt*, Berlin 1934, S. 9.
6 Jacob, *Genesis*, S. 375.
7 Ebd., S. 689.
8 Vgl. z. B. Emil Staiger, *Die Kunst der Interpretation*, Zürich 1955, S. 9f. Andere z. T. reaktionäre Tendenzen in der Schule der Werkinterpretation dürfen in unserem Zusammenhang vernachlässigt werden.
9 Jacob, *Genesis*, S. 689.

nicht ob sie es in den Augen der Wissenschaft auch wirklich ist. Aus diesem ersten Satz ergibt sich für Jacob zwingend der zweite:

> »Deshalb führt sie niemals unter seine Zeit hinab. Sie mag z. B. das Königtum als Verheißung (17,6.16; 35,11) begreifen (...), aber dass sie historisch berichtend eine Reihe nachmosaischer edomitischer Könige mit Namen nenne, ist für ihren Standpunkt ebenso unmöglich wie eine Aufzählung israelitischer Könige (...)«.[10]

Im folgenden versucht Jacob dann die Notwendigkeit dieser Bemerkung (»bevor ein König über die Kinder Israel herrschte«) aus hermeneutischer Sicht zu erklären. Weil die Genesis – wie gesagt – eine Einleitung zur Geschichte Israels unter Mose sein will, versucht Jacob, unsere Stelle mit einem anderen Text aus der Geschichte Israels unter Mose in Verbindung zu bringen. In Num 20,24 ist nun von einem König Edoms die Rede, mit dem Mose vergeblich wegen des Durchzuges durch sein Land verhandelt.

> »Der israelitische Leser dieser Stelle musste fragen: also hat Edom, der Bruder Jakobs, schon damals einen König gehabt, dergleichen doch Jakob verheißen worden ist? Und er bekommt hier zur Antwort, dass es bereits der achte war.«[11]

Was sich in Jacobs Exegese immer mehr radikalisiert, ist also keinesfalls sein religiös-dogmatischer Standpunkt bezüglich der Abfassungszeit der fünf Bücher Moses. Denn auch nach seinen chronologischen Spekulationen, wie er sie am Ende seines Kommentars zur Genesis darlegt, liegt die mosaische Zeit weit hinter der Abfassungszeit zurück.[12] Was zur Revision seiner früheren Kritik führt, ist vielmehr seine intensiv betriebene exegetische Methode, die fast um jeden Preis Kohärenz im Text zu finden versucht. Immer mehr beherrscht ihn die hermeneutische Prämisse, den Text in seiner Ganzheit zu verstehen – zu verstehen, nicht historisch zu erklären. Seine Exegese soll den ursprünglichen Sinn des Textes ans Licht bringen. Der »ursprüngliche Sinn« – schreibt er im Vorwort zur Genesis[13] – ist der »von der Tora selbst gewollte Sinn der Schrift«. Es geht also darum, sich mit diesem »ursprünglichen Sinn« zu identifizieren, ihn gleichermaßen von innen zu verstehen und nicht von außen kritisch zu hinterfragen.[14]

---

10 Ebd.
11 Ebd. Über den achten und letzten hier aufgezählten König wird nichts von seinem Tod erzählt, also lebt er »jetzt, zur Zeit Moses« noch (ebd., S. 691; so argumentiert vor Jacob z. B. schon F. Delitzsch, *Commentar über die Genesis*, Leipzig ³1860, S. 510).
12 Jacob, *Genesis*, S. 1048f.
13 Ebd., S. 9.
14 Vgl. schon in seinem Vortrag aus dem Jahre 1898: *Unsere Bibel in Wissenschaft und Unterricht*,

2. Textkritik

Auch bezüglich der Textkritik ist eine ähnliche Spannung bzw. eine zunehmende Radikalisierung in Jacobs Exegese zu spüren. Im Jahre 1898 zeigt er sich für Textkorrekturen noch sehr offen:

»Es hat der Kirche gar nichts geholfen, dass sie anfänglich die Drehung der Erde um die Sonne nicht anerkennen wollte. Sie dreht sich doch. Hat der biblische Text Fehler – und er hat ihrer zweifellos nicht wenige, denn die Bibel ist ein Buch, also hat sie die Schicksale eines Buches gehabt –, wohlan, so wollen wir sie uns verbessern lassen. Nur eine blinde, ganz unjüdische, vielmehr altprotestantische Orthodoxie kann uns das Dogma aufbürden, dass auch Schreibfehler in der Bibel heilig und inspiriert seien. Ist ja die Massora nichts anderes als das Resultat einer Textkritik. Eine vorsichtige, gut beglaubigte Textkritik wäre die größte Wohltat für die Bibel und, da sie die Wahrheit von entstellenden Flecken reinigt, geradezu ein gottgefälliges Werk.«[15]

36 Jahre später klingen seine Worte im Kommentar zur Genesis in der abschließenden Zusammenfassung der Urgeschichte sehr anders:

»*Die Richtigkeit unseres hebräischen Textes.* Die Abweichungen der alten Übersetzungen haben vor ihm ebenso zu verstummen, wie die Versuche Neuerer, ihn zu korrigieren. Wir haben jetzt eine Gewähr, dass der Text genau so erhalten ist, wie ihn der Verfasser niedergeschrieben hat. Diese Treue der Texterhaltung ist beispiellos und grenzt an das Wunderbare, wenn man bedenkt, dass selbst die ältesten Handschriften der Tora die wir besitzen ein bis zwei Jahrtausende jünger sind als die erste Niederschrift. Das ist nur aus der Liebe und Gewissenhaftigkeit zu verstehen, womit das Judentum dieses sein Kleinod durch alle Stürme der Geschichte wie seinen Augapfel behütet hat.«[16]

In seltenen Fällen ringt sich Jacob dennoch zu einer Textkritik durch.[17] Als Beispiel sei hier aus seinen Kommentar zu Gen 49,20 zitiert:

Vortrag gehalten in der wissenschaftlichen Vereinigung jüdischer Schulmänner zu Berlin, Berlin 1898, S. 11: »Aber in zwei fundamentalen Punkten hat unsere Wissenschaft anderer Art zu sein. Nicht Kritik hat ihr Ziel zu sein, sondern Exegese; wir wollen die Bibel verstehen, nicht richten. (...) Wir wollen vor allem wissen, was sie sagt und lehrt.« – Diese Quelle verdanke ich Frau Almuth Jürgensen, welche mir freundlicherweise eine Kopie dieses Vortrags zur Verfügung gestellt hat.
15 Ebd., S. 10.
16 Jacob, *Genesis*, S. 309.
17 So schreibt er z. B. über Num 13,7: »Es ist also v. 7 nach בן ein Name und das Wort למטה ausgefallen, einer der äußerst seltenen Fälle einer Textverderbnis im Pentateuch« (Jacob, *Pentateuch*, S. 111. Diesen Hinweis verdanke ich ebenfalls Frau Almuth Jürgensen.). Jacob verweist aber nicht auf kritische Kommentare, welche vor ihm genau dieselbe Korrektur vorgeschlagen haben. Vgl. auch Jacob, *Genesis*, S. 593 zu Gen 29,34 und 30,11.

:גָּד גְּדוּד יְגוּדֶנּוּ וְהוּא יָגֻד עָקֵב

»Vers 19: *Gad, Gedräng drängt ihn und er drängt letztlich.* (...)«

מֵאָשֵׁר שְׁמֵנָה לַחְמוֹ וְהוּא יִתֵּן מַעֲדַנֵּי־מֶלֶךְ:

»Vers 20: (...) *Asser – Fettes ist seine Speise* (...) *und er* (...) *liefert* (...) *Königssalben.*«

»Auch hier wird der Name erst vorangesetzt, um mit einem Suffix später aufgenommen zu werden. Der erste Buchstabe von מאשר erregt Bedenken, da sonst jeder Ausspruch mit dem bloßen Namen beginnt. Man beseitigt seit Ev. Scheid den Anstoß, indem man das Mem zum vorangehenden Ausspruch zieht, עקבם: אשר. In der Tat sind alle andern Erklärungen gezwungen (...)«.[18]

Jacob nennt zwar den Kommentar Scheids aus dem 18. Jahrhundert[19], doch er verschweigt die Übersetzungen der Septuaginta, Peschitta und Vulgata, welche die Korrektur stützen könnten. Dies erklärt sich aus seinem oft ausgesprochenen Standpunkt, dass die alten Übersetzungen nicht zuverlässige Textzeugen sind. Besonders scharf drückt er sich dazu im Jahre 1898 aus: »Von den Übersetzungen kommt nur die Septuaginta in Betracht, eines der elendesten Übersetzungswerke, die es in irgend einer Literatur gibt, und in einem kritisch unheilbaren Zustande.«[20]

3. Literarkritik

Bezüglich der Literarkritik, die Jacob so vehement bekämpft, sind in seinen früheren Schriften z. T. auch überraschend liberale Stellungnahmen zu finden:

»Zwei Resultate stehen wirklich unumstößlich fest und die Wahrheit gebietet, sie anzuerkennen: Der Pentateuch ist ein zusammengesetztes Werk und ist, so wie er uns vorliegt, nicht von Mose verfasst.«[21]

Und im folgenden:

»So lebhaft das exegetische Gewissen die heutige Quellenanalyse bekämpfen und sich auf die Seite einer harmonistischen Erklärung stellen muss, so wenig man in jener das letzte Wort erblicken kann, – der allgemeine Eindruck, dass im Pentateuch verschiedene Betrachtungsweisen und Stilarten hervortreten, ist so überwältigend, dass sich ihm niemand entziehen kann, der sich nicht mit Gewalt

---

18 Jacob, *Genesis*, S. 918f.
19 Everard Scheid, *Liber Genesos*, Utrecht (?) 1781.
20 Jacob, *Unsere Bibel in Wissenschaft und Unterricht* (o. Anm. 15), S. 7.
21 Jacob, *Die Thora Moses*, S. 87.

dagegen verschließt. (...) So verschiedene Gebilde wie z. B. die Geschichte der Erzväter und die Statistiken in Numeri [können] schwerlich von derselben Hand geformt sein.«[22]

Jacob akzeptiert die prinzipielle Voraussetzung eines zusammengesetzten Textes. Der Unterschied zwischen ihm und den Kritikern ist in seinen eigenen Worten, dass der Redaktor »nicht der Schwachkopf« war, »als den man ihn so oft hinstellt«.[23] Nach Jacobs Begriffen ist dieser »Redaktor« als »Verfasser« zu bezeichnen. Denn die »Verarbeitung des mannigfachen Stoffes ist das Resultat eines intensiven Prozesses und aufs gründlichste durchdacht«.[24] Verschiedene Traditionen, schriftliches und mündliches Material sind zu »einer organischen Einheit verschmolzen« worden:[25]

> »Mit einer bewunderungswürdigen Kraft, gewaltige Stoffmassen zu ordnen und aufzubauen, ist von Anfang bis zu Ende ein großes Thema planmäßig durchgeführt: Israel und sein Gott von den Uranfängen bis zu den Grenzen des gelobten Landes (...) Eine stärkere Einheitlichkeit kann es nicht geben. Etwas anderes kann es niemals bedeuten, wenn wir jemanden den »Verfasser« eines Geschichtswerkes oder Gesetzbuches nennen.«[26]

4. Glossen

In Gen 31,48ff sieht Jacob den »Verfasser« sogar in redaktionellen Glossen:

»v. 48 *Laban sprach: dieser Steinhaufen ist heute Zeuge zwischen mir und dir (darum nennt man seinen Namen Gal^ed*

v. 49 *und die Mişpa [›Wacht‹], weil man spricht: es wache Gott zwischen mir und dir, wenn wir verborgen sind einer vor dem andern):*

v. 50 *solltest du meine Töchter demütigen oder solltest du Frauen neben meinen Töchtern nehmen – es ist niemand bei uns*[27] *– siehe Gott ist Zeuge zwischen mir und dir.*

v. 51 *Weiter sprach Laban zu Jakob: sieh diesen Steinhaufen und dieses Mal, das ich zwischen mir und dir feststelle, –*

---

22 Ebd., S. 91f.
23 Jacob, *Pentateuch*, S. 126.
24 Jacob, *Die Thora Moses*, S. 93.
25 Ebd.
26 Ebd.
27 Diese »Glosse« wird von Jacob, im Gegensatz zu den anderen Beispielen, nicht vom Redestrom ausgeklammert, sondern durch Gedankenstriche in den Text integriert; siehe Jacob, Genesis, S. 627.

v. 52 Zeuge sei dieser Haufe und Zeuge dieses Mal, wenn ich nicht diesen Steinhaufen zu dir hin überschreite, und wenn du nicht zu mir hin diesen Steinhaufen und dieses Mal zu mir hin überschreitest im Bösen.

v. 53 Der Gott Abrahams und der Gott Nahors richten zwischen uns (die Gottheiten ihres Vaters). Jakob aber schwur beim Schrecken seines Vaters Isaak.

v. 54 Und Jakob schlachtete auf dem Berge und lud seine Brüder, dass man ein Mahl einnehme, und sie nahmen das Mahl und blieben die Nacht auf dem Berge.

> Es ist die einstimmige Ansicht der Kritiker, dass dieser Abschnitt in sich unzusammenhängend und voll von Doppelangaben, also sicher das Ergebnis einer Zusammenarbeit mehrerer Berichte sei (Di.). Die Scheidung sei (Holz.) allerdings sehr schwirig, da die Elemente bei der Zusammensetzung und wohl auch nachher noch alteriert worden seien. Angefangen hatte mit der Quellenscheidung schon Astruc: 48–50 Jahwist, der Rest vom Elohisten, es folgten Eichhorn, Ilgen, Tuch, Schr., Hupf., Wh. scheidet verschiedene Glossen aus und verteilt den Rest auf J und E. Sm. lässt die Erzählung aus drei Quellen zusammengesetzt sein, andere noch anders.

> In der Tat enthält der Abschnitt zweifellose ›Glossen‹: Vers 48 ›darum nannte man seinen Namen Galʿed‹, v. 53 ›die Gottheiten ihres Vaters‹, aber es sind nicht Eintragungen von fremder Hand, sondern die Rede unterbrechende Anmerkungen der Tora selbst. Man vergisst zu oft, dass das Altertum gewisse graphische Hilfsmittel wie die Randbemerkung, die Fußnote, die Klammer noch nicht kannte; aller Text lief gleichmässig auf derselben Linie fort.«[28]

5. Gattungsforschung

Obwohl es nach Jacob unmöglich ist, mittels der Quellenkritik »in dem einen großen Strom die Quellen und Zuflüsse zu scheiden«,[29] befürwortet Jacob die Erforschung der ursprünglichen Traditionen:

> »Dem Bestreben der Forschung, die Bestandteile zu sondern, kann und soll nicht Einhalt geboten werden, aber die landläufige Verteilung auf vier Quellen ist zu mechanisch, als dass sie richtig sein könnte. Dankbarer dürfte die Erforschung der ursprünglichen Stoffe, Themata und Motive und ihrer kunstmäßigen Gestaltung werden, zumal je reicher das außerisraelitische Vergleichsmaterial wird.«[30]

---

28 Ebd., S. 624. Im folgenden verweist Jacob auf weitere »Glossen« in der Genesis.
29 Ebd., S. 10.
30 Jacob, *Die Thora Moses*, S. 92. Vgl. auch ders., *Pentateuch*, S. 126f.

Dieses kritische Programm wird von Jacob vereinzelt sogar im Genesis-Kommentar verwirklicht:

> »*Sinn und Charakter von c. 19*. Diese Erzählung trägt am entschiedensten sagenhafte Züge. (...) Die Erzählung spielt in der südlichsten Landschaft Palästinas, und nur dort kann die Sage entstanden sein, aber ihre Gestaltung verrät ein nordpalästinensisches Gepräge. Schon die Blendung und das charakteristische Fremdwort סַנְוֵרִים führen sofort in den Kreis der Prophetenlegenden um Elia und Elisa. Unverkennbar ist ferner die Ähnlichkeit der Situation von c. 18 mit IIK 4,8ff. Elisa als Gast bei der Sunamitin, der er für das nächste Jahr einen Sohn verheißt. Sogar derselbe Ausdruck (כעת חיה הזה למועד v. 16) wiederholt sich hier und nur hier. (...) Jedenfalls stehen in unserer Erzählung auch die sagenhaften Züge alle in organischem Zusammenhang mit dem Ganzen (...).«[31]

Ausschlaggebend für Jacobs Anwendung der Gattungsforschung ist der letzte Satz dieses Zitats, wonach die sagenhaften Züge keinesfalls Fremdkörper im Kapitel 19 seien, sondern in der jetzigen Textgestalt organisch mit der Erzählung verschmolzen sind.

6. Historische Kritik

1905 erscheint Jacobs Werk »Der Pentateuch. Exegetisch-kritische Forschungen«, in welchem er zeigen möchte, wie die ersten vier Bücher des Pentateuchs in durchgreifender Weise von einem Zahlensystem beherrscht sind. Die Konsequenz dieser Forschungen ist, wie Jacob am Ende des zweiten Kapitels feststellt,[32] dass der geschichtliche Wert der Überlieferungen »in fast erschreckender Weise« sinkt. In all den Jahreszahlen und Stammbäumen, die Jacob für sein Zahlensystem auswertet, steckt also nicht Geschichte sondern Arithmetik.[33] »Selbst wo man noch tatsächliche Verhältnisse und historische Erinnerungen vermuten zu müssen glaubte«, findet Jacob »nur künstlich erzielte Symmetrie«.[34] Während er darin einen Beweis für die Einheitlichkeit[35] und Treue des massoretischen Texts sieht,[36] gibt er zu,

---

31 Jacob, *Genesis*, S. 466. Vgl. auch ebd., S. 236ff. über die »Sage« der Sintflut.
32 Jacob, *Pentateuch*, S. 123f.
33 Vgl. Jacob, *Genesis*, S. 169, 310.
34 Jacob, *Pentateuch*, S. 123.
35 Ebd., S. 124.
36 In ähnlichem Zusammenhang schreibt Jacob, ebd., S. 56: »Jede einzige Zahl ist genau so erhalten, wie sie aus der Feder des Verfassers kam!«

dass seine »Untersuchungen mehrfach die Resultate der historischen Kritik« bestätigen.[37] Am Ende des dritten Kapitels, welches sich mit dem Heiligtum und dem Lager Israels in der Wüste beschäftigt, spricht er dies in besonders klarer Weise aus:

> »Das hier beschriebene Heiligtum hat es aller Wahrscheinlichkeit nach nie gegeben. Nicht zwar deswegen bestreiten wir es, weil es den Israeliten in der Wüste an den nötigen Materialien und Kunstfertigkeiten zu einem solchen Bau gefehlt habe, obgleich auch dies schon ein gewichtiges Bedenken ist, sondern weil der ganze Organismus, von dem dieses Heiligtum nur ein Glied bildet, eine Fiktion ist. Ein Volk Israel, wie es hier gegliedert und gezählt wird, hat es nie gegeben. Es ist das Produkt einer künstlichen Arithmetik.«[38]

7. Religionsgeschichte

Sehr oft spricht sich Jacob gegen die religionsgeschichtliche Auffassung der Bibelkritik aus. Er bestreitet, »dass sich die Religion Israels ›entwickelt‹ hat, wie man das Wort gewöhnlich auffasst«.[39] Der Begriff der religionsgeschichtlichen Entwicklung ist für Jacob »nur eine andere Form der Abwertung des Alten Testaments«, indem es als eine Vorstufe zum höher entwickelten Neuen Testament betrachtet wird.[40] Jacob sträubt sich gegen die Anwendung der Entwicklungstheorie auf das Individuelle[41] und auf das Geistige.[42] Dieses erdachte Schema »wird der Einzigartigkeit Israels und seiner Religion, ihrem Entstehen und Werden, nicht gerecht.«[43] Auch hier folgt Jacob – ohne dies ausdrücklich zu sagen – der hermeneutischen Schule.[44] Nichtsdestoweniger weicht Jacob manchmal von diesem Credo ab.

---

37 Ebd., S. 124.
38 Ebd., S. 342. Auch das Konzept der zwölf Stämme ist nach Jacob eine späte Projektion (S. 401). Nicht einmal alle Namen und noch weniger das Stärkeverhältnis der Stämme und Geschlechter sind geschichtlich zuverlässig. Das genealogische Verhältnis der Stämme und Geschlechter ist reine Konstruktion (S. 124).
39 Benno Jacob, *Behandlung der jüdischen Geschichte*, in: *Wegweiser für den jüdischen Religionsunterricht*, herausgegeben von M. Spanier und G. Flanker, Heft I, Berlin 1898, S. 11f.
40 Jacob, Genesis, S. 10.
41 Jacob, *Unsere Bibel in Wissenschaft und Unterricht*, S. 8: »Das Individuelle wird immer zu eigensinnig bleiben, sich in die Uniform eines Schemas stecken oder unter das Lineal einer geradlinigen Entwickelung beugen zu lassen.«
42 Ebd: »Geist hat überhaupt keine Entwickelung.«
43 Jacob, *Die Thora Moses*, S. 77.
44 Gegen die positivistische Anwendung eines entwicklungstheoretischen Modells von den Naturwissenschaften auf die Geisteswissenschaften findet besonders seit den achtziger Jahren

Um Jacob möglichst gerecht zu werden, sei hier bemerkt, dass sich Jacob in seiner Ablehnung gegen die Entwicklungstheorie dennoch eine Tür offen gelassen hat. Er sagt ja in der vorher zitierten Schrift, er bestreite die Entwicklung der Religion Israels »wie man das Wort gewöhnlich auffasst«.[45] Am Ende dieses Abschnitts bemerkt er: »Es würde zu weit führen zu zeigen, inwieweit man allerdings in der Religion Entwickelung, d. h. buchstäblich Ent-Wickelung zugeben könnte.«[46] Jacob hat m. W. diesen Gedanken niemals weiter ausgeführt. Doch vielleicht ist es im Sinne Jacobs, wenn zur Illustration dieses Gedankens auf folgendes Beispiel aufmerksam gemacht wird:[47]

>»Religionsgeschichtlich ergibt sich daraus eine höchst wichtige Konsequenz. In spätestens seleucidischer Zeit wurde bekanntlich der Erste des siebenten Monats, der Jom Therua, zum Neujahrstag (ראש השנה). Gleichviel, ob sich damit sogleich oder später die Idee verband, dass dies der Tag der Weltschöpfung war, sie ist die notwendige Folgerung daraus. Der Tag musste zum Neujahrsfest werden, sobald das Jobeljahr aufhörte, in Geltung zu sein. Und das musste eintreten, sobald Palästina aufhörte, ein rein israelitisches Land zu sein, also wenn nicht sogleich nach dem Exil, jedenfalls schon in der frühen Diadochenzeit, als das Land immer mehr von Nichtjuden überschwemmt wurde. Damit wurde das Jobelgesetz illusorisch, und ganz von selbst musste sich sein Grundgedanke aus dem Nationalen und der Beschränkung auf die Volksheimat ins Geistige und rein Religiöse umsetzen. Jetzt lautete er: Gott ist der Schöpfer und Herr der Welt. Dies bedeutete jetzt die Therua am ersten des siebenten Monats. Der ursprüngliche Universalismus der israelitischen Religion, der sich in nicht wegzuräsonnierender Klarheit schon auf der ersten Seite, ja im ersten Satz der Bibel ausspricht, aber während des selbständigen Daseins der Nation ein theoretisches Dogma bleiben musste und sich praktisch nur in nationaler und territorialer Beschränkung äußern konnte, ist zur vollen Entfaltung auch in den Festideen und somit im praktischen religiösen Leben gelangt mehrere Jahrhunderte vor der Geburt Jesu.«[48]

---

des neunzehnten Jahrhunderts unter dem Einfluss Diltheys ein Umdenken statt; siehe Wilhelm Dilthey, Ideen über die beschreibende und zergliedernde Psychologie, *Gesammelte Schriften*, V, Leipzig-Berlin 1924, S. 144. Die neue hermeneutische Schule ringt im deutschen Sprachbereich allerdings bis in die Mitte des zwanzigsten Jahrhunderts um Anerkennung. Auf dem Gebiet der Literaturwissenschaft sei als Beispiel wiederum auf Staiger, Kunst der Interpretation (o. Anm 9), S. 9f hingewiesen.

45 Jacob, *Behandlung der jüdischen Geschichte* (o. Anm. 40), S. 11f.
46 Ebd., S. 12.
47 Vgl. auch Jacob, *Pentateuch*, S. 396f; Besprechung von: Coblenz F., *Jüdische Religion. Ein Lehrbuch*, Leipzig 1908, in *MGWJ* 52 (1908), S. 503; *Herr Dr. Coblenz in Bielefeld, Verfasser der »Jüdischen Religion«. Eine endgültige Abfertigung*, Dortmund 1908, S. 5f.
48 Jacob, *Pentateuch*, S. 365.

Der Grund, warum diese entwicklungstheoretische Erklärung in den Augen Jacobs offenbar legitim ist, mag zweifach sein.

Erstens wird hier die Entwicklung vom jüdischen Neujahrstag von Jacob vielleicht wirklich als eine »buchstäbliche Ent-Wickelung« verstanden. Der Universalismus, welcher im Neujahrstag zum Ausdruck kommt, ist nach Jacob ursprünglich und spricht sich schon im ersten Satz der Bibel aus. Er war schon immer theoretisch vorhanden und ist nach dem Exil auch praktisch zu seiner vollen Entfaltung gelangt.

Zweitens hat die religionsgeschichtliche Erklärung Jacobs zum Neujahrstag nicht den Nachteil, welcher sonst den entwicklungstheoretischen Erklärungen – nach der Meinung Jacobs – gemein ist, nämlich die »Abwertung des Alten Testaments«. Im Gegenteil: Jacobs Erklärung ist nicht nur jede Form einer Abwertung des Alten Testaments fern, sondern sie dient Jacob schließlich zu einer Aufwertung des Judentums gegenüber dem Christentum, da der ursprüngliche Universalismus der israelitischen Religion schon »mehrere Jahrhunderte vor der Geburt Jesus« zur vollen Entfaltung gelangt.

*****

Die Kritik muss nach Jakob der Exegese unterstellt werden: »Nicht Kritik hat ihr [der Wissenschaft] Ziel zu sein, sondern Exegese.«[49] Jacobs historische Kritik ergibt sich als Folge seiner Exegese. Wenn Jacob die historische Kritik bejaht, geht es ihm nicht um die Geschichte, sondern um den Text. Der Text wird noch mehr Text, je mehr er von der geschichtlichen Realität losgelöst ist. Wenn es das Heiligtum in der Wüste nie gegeben hat, dann wird der Text, der es in alle Einzelheit beschreibt, zur einzigen Realität und sein Inhalt zur reinen Theologie.[50]

Soweit hat sich immer wieder die Exegese als das Hauptanliegen Jacobs und als die Schranke seiner Kritik herausgestellt. Diese Darstellung wäre aber zu unausgewogen, wenn sie nicht auch Jacobs Apologetik zur Sprache bringen würde. Dies hat sich gerade beim letzten Thema der Religionsgeschichte besonders klar herausgestellt. Der religionsgeschichtliche Erklärungs-

---

49 Jacob, *Unsere Bibel in Wissenschaft und Unterricht*, S. 11.
50 Jacob, *Pentateuch*, S. 344f: »Seine [des Verfassers] Absicht ging nicht dahin, aus der mosaischen Vorzeit das Vorbild eines möglichst prächtigen Heiligtums und eines reichen Kultus vorzuführen, sondern gewisse religiöse Gedanken auf den reinsten, klarsten und knappsten Ausdruck zu bringen. Seine Darstellung ist eine konsequente Idealisierung und Systematisierung des Kultus, nicht eine geschichtlich treue Beschreibung. Er ist ein Theologe, nicht ein Historiker.«

versuch wird abgelehnt, insofern er eine Abwertung des Alten Testaments oder des Judentums bedeutet. Jacob macht keinen Hehl aus seinem apologetischen Bedürfnis.[51] Die Auseinandersetzung mit der Bibelkritik ist in den Augen Jacobs »gegenwärtig die eigentliche Lebensfrage für das Judentum«.[52] Über die Bibelkritik sagt er, dass »ihre bedingungslose Anerkennung der reine Selbstmord« für das Judentum wäre.[53] Unmissverständlich klar wird die Notwendigkeit der Apologetik im Vorwort zu Jacobs Genesis-Kommentar:

»Noch weniger hat er [Jacobs Genesis-Kommentar] selbstverständlich mit einer Denkweise gemein, welche das Alte Testament als Zeugnis und Erzeugnis einer minderwertigen Rasse betrachtet, einer Denkweise, die hier und da auch in die (deutsche) biblische Wissenschaft Eingang gefunden hat, so dass eine Herabwürdigung des Juden und seiner heiligen Schrift sich auf angeblich sachverständige Gewährsmänner glaubt berufen zu dürfen. Diese Behandlung der biblischen Erzählungen und Gestalten hat sich für das Leben weit einflussreicher herausgestellt, als man insgemein glaubt«.[54]

---

51 Jacob würdigt seinen Lehrer Manuel Joel als »Apologet des Judentums« (siehe *Dr. Manuel Joel. Gedächtnis-Rede, gehalten bei der Trauerfeier im jüdisch-theologischen Seminar am 16. November 1890*, Breslau 1890, S. 7, 9ff).
52 Jacob, *Erwiderung* auf S. Jampels Buchbesprechung, in: MGWJ 55 (1911), S. 118f.
53 Jacob, *Unsere Bibel in Wissenschaft und Unterricht*, S. 7.
54 Jacob, Genesis, S. 10. Einige Jahre später, als er seine eigene finstere Prophetie verwirklicht sieht, verweist er auf die Worte im Vorwort zum Genesis-Kommentar und beschreibt den Zusammenhang zwischen Antisemitismus und gewissen Tendenzen der Bibelkritik nochmals expressis verbis. Das folgende Zitat stammt aus einem unveröffentlichten Leserbrief (S. 5f), den Frau Almuth Jürgensen im Nachlass Benno Jacobs bei seinem Enkel Rabbi Dr. Walter Jacob in Pittsburgh gefunden hat. So schreibt er an »The Jewish Quaterly Review« als Erwiderung auf eine Rezension seines Genesis-Kommentars aus dem Jahr 1935/6 (JQR 26, S. 189f), in welchem sein Kommentar als apologetisch kritisiert wurde:
»Has anybody considered what share in the immense suffering brought recently on mankind and on the Jewish people in particular has to be accredited to the modern German-Protestant science of the Old Testament? (...) It is certain that Hitler came into power only by his anti-Semitism. In order to arouse fanatical hatred against the Jews and to prepare spiritually for the brutal atrocities against them many inhibitions had first to be eliminated from the hearts of the German people (...). What had been believed of the Jews in former times had been a ›great deception‹. The Jews did not deserve esteem but unlimited contempt and bottomless hatred. Their patriarchs had been deceivers and villains, their God a tribal idol, their religion a dissolute and low superstition, the nation entering Canaan a gang of robbers, and Jesus not a Jew at all, but an Aryan. (...) Then Hitler came and made his henchmen draw the practical consequences. (...) In commenting on the first book of the Jewish and Christian Holy Scriptures, I had to deal with this satisfactorily; I have already dared to pronounce this in the preface (published in Germany on Dec 13th‹ 1933!). These are my apologetics.«

Vielleicht darf die Vermutung gewagt werden, dass sich Jacob aus seiner Abschreckung von den ideologischen Voraussetzungen seiner Zeit gleichsam zum Text geflüchtet hat. Die Bedrängnis und die Bedrohung jener »Denkweise, die hier und da auch in die (deutsche) biblische Wissenschaft Eingang gefunden hat« wurde also zum Katalysator seiner werkimmanenten Interpretation. Diese für Jacobs Zeit pionierhafte Art des Interpretierens[55] begann sich in der biblischen Exegese[56] erst nach dem zweiten Weltkrieg durchzusetzen.[57]

---

55 Da Jacobs Geist andererseits die dogmatischen Schranken der jüdisch-traditionellen Exegese – wie eingangs ausgeführt – überschreitet, ist sein wissenschaftlicher Lebensweg fast meist ein einsamer Alleingang. Das Tragische dieses zwischen Stuhl und Bank Seins manifestiert sich in tragisch-komischer Weise, wenn sich Jacob z. B. gegenüber einem jüdisch-liberalen Kritiker seines Genesis-Kommentars vor dem »Vorwurf« wehrt, an die verbale göttliche Inspiration des Pentateuchs zu glauben, indem er sich auf das Urteil der jüdisch-orthodoxen »Inquisition« beruft. Das folgende Zitat stammt wiederum aus dem unveröffentlichten Leserbrief (S. 1), den mir Frau Almuth Jürgensen freundlicherweise zur Verfügung gestellt hat. So schreibt er an »The Jewish Quaterly Review« als Erwiderung auf eine Rezension seines Genesis-Kommentars aus dem Jahr 1935/6 (JQR 26, S. 189f):
»The reviewer calls me ›strictly orthodox‹, an adherent of ›the orthodox principle of verbal inspiration of the Pentateuch‹. He says, ›the real heel of Achilles is the dogmatic assumption of verbal inspiration which leads the author into great difficulties‹.« (...) The first point I need no answer by long theoretical arguments. This same book of mine has long since been damned because of its *unorthodox* attitude and its *denial* of verbal inspiration. This was done by an authority which may be regarded as most competent for trials of heretics the strictly dogmatic orthodoxy and its magazine, the ›Israelit‹ of Mayence, and its leader, Jacob Rosenheim.
I have to admit that the verdict is justified from the orthodox point of view. It was based on a thorough study of the book.«
56 Der fruchtbare Einfluss Jacobs auf Martin Buber, Franz Rosenzweig, Umberto Cassuto und indirekt auf die späteren Vertreter des »close reading« oder der »Totalinterpretation« ist einer gesonderten Darstellung würdig.
57 Nur am Rande sei hier erlaubt, auf einen interessanten Beitrag Prof. Dr. Walter Rüeggs (Universität Bern) aufmerksam zu machen, welcher in der Neuorientierung der Geisteswissenschaften in Europa nach 1945 einen ähnlichen Prozess erkennt: »Die werkimmanente Interpretation wurde nicht nur in Deutschland als Befreiung von den ideologischen Versuchungen und Verirrungen geistesgeschichtlicher Interpretation begrüsst.« (Walter Rüegg, Europa in Trümmern – Die Neuorientierung der Geisteswissenschaften nach 1945, in der Beilage für Literatur und Kunst der *Neuen Zürcher Zeitung – Internationale Ausgabe* vom 25. und 26. Mai 1996, S. 50).

Yaakov Elman

Benno Jacob in historical context

It is perhaps not surprising that Benno Jacob, who uncompromisingly set himself against the major trends of twentieth century Western biblical studies without the benefit of institutional support, should have had his work dismissed and neglected by the academic community in the half-century since his death. Umberto Cassuto, who was clearly influenced by Jacob, and in many respects took a similar, though less conservative position on critical matters, has fared somewhat better; his books remain in print at Magnes Press, though the current Bible Department at Hebrew University hardly agree with his approach, and his work retains some influence among practitioners of literary, as opposed to source-critical, approaches. Yehezkel Kaufman, whose disagreements with critical orthodoxy were limited to matters of dating and the history of Israelite religion, and who found a powerful advocate in Professor Moshe Greenberg, has fared best of all. Benno Jacob, who had no institutional support, and whose apologetic motives, while not more apparent than either Cassuto or Kaufman, were a more pervasive component of his commentary, is, from the point of view of post-Renaissance biblical studies, the more easily deprived of a hearing.

In the following remarks I wish to propose that Jacob is being misread when he is viewed as primarily an apologist or even as primarily an opponent of the Documentary Hypothesis. His exegetical work must be seen in a wholly different context to be properly understood, and for his contribution to be properly appreciated. That context is traditional Jewish exegesis of a particular type.

In his magesterial *Darkei ha-Aggadah*, Isaac Heineman includes Benno Jacob along with Umberto Cassuto within the category of those, who, according to Maimonides, imagine »that [the Sages of the Midrash] have said these things in order to to explain the meaning of the text in question.«[1] His criticism is, in the words of Daniel Boyarin in a recent discussion, that these scholars

---

1 See Maimonides, *Guide of the Perplexed*, III:43 (see S. Pines, translation, Chicago: Chicago UP, nd), pp. 572–573, and see Heinemann, p. 197 n. 19 and text.

(whom Heinemann terms, by the way, »men of pure science«) fail to see the forest for the trees.²

I think that Heinemann has misread Jacob, and Cassuto as well. Neither Cassuto nor Jacob proferred a theory of midrash in his work, and their use of Midrash was limited to those cases in which it served their ends. The misreading is even more subtle, however, and it continues to this day. In his description of Jacob, Boyarin, an extremely sensitive and perspicacious reader, terms both Cassuto and Jacob as members of the »Orthodox school,« and hastens to note, lest the reader be mislead, that »this is not meant to be taken literally. Benno Jacob was a Reform rabbi.«³ If we are ever to take Jacob's measure, understand his work and place in Jewish exegesis, we must view his work against its proper background. That background is neither as an apologetic for Midrash, or for a unitary reading of the Bible, or even as a proponent of »pure science.« My thesis is that Benno Jacob's biblical studies may best be understood as one of the best exemplars of a species of Jewish biblical exegesis which, though present to some (and even a large) extent in nearly every exegete's work from the time of the Rabbis on, especially typifies a number of writers of the late nineteenth and early twentieth centuries.

Traditional Jewish biblical exegesis grappled from early on with the difficulties inherent in parsing a divine text expressed in human idiom, a text »fraught with background.«⁴ The tensions involved in determining the exact demarcation between the two realms – the divine and human – fueled the elaboration of new categories of meaning and new strategies for making a difficult text meaningful. It is my contention that this concern with meaningfulness – in sharply defined senses – is the abiding issue of Jewish biblical commentaries of the last two millenia. The type of meaningfulness (*halakhic* or *aggadic*, historical, moral, ethical, etc.), the means by which such meaning is expressed and understood, and the degree of meaningfulness required has been at the center of concern for biblical commentators. The question of whether a particular interpretation represents the plain meaning of the text, and the place of homiletical interpretation (*peshat* and *derash*), which is often

---

2 See his *Intertextuality and the Reading of Midrash*, Bloomington: Indiana UP, 1990, p. 2.
3 *Ibid.*, p. 131 n. 6.
4 This phrase comes from Erich Auerbach's pioneering essay, now a generation old, on biblical narrative, which takes the binding of Isaac as a paradigm. See *Mimesis: The Representation of Reality in Western Literature*, tr. Willard R. Trask (Princeton, 1968), 12. Though Auerbach did not use the phrase exactly as I do, his analysis recognizes a certain theologizing tendency as well (see pp. 14–15).

taken to characterize the main thrust of traditional Jewish commentary, was of importance for only a comparatively short period of a few centuries in the medieval period, at most, and the matter of meaningfulness, which can be traced back to earliest rabbinic Judaism, as well as to that that of Qumran, soon replaced it. It is that question of meaningfulness which serves as a much more useful vantage point from which to view the history of Jewish exegesis and the approach of each individual exegete.

Recently James Kugel has proposed the term »omnisignificance« to describe the essential stance of the rabbinic exegesis of Scripture. According to him, »omnisignificance« constitutes »the basic assumption underlying all of rabbinic exegesis is that the slightest details of the biblical text have a meaning that is both comprehensible and significant. Nothing in the Bible ... ought to be explained as the product of chance, or, for that matter, as an emphatic or rhetorical form, or anything similar, nor ought its reasons to be assigned to the realm of Divine unknowables. Every detail is put there to reach something new and important, and it is capable of being discovered by careful analysis.«[5]

If we equate Kugel's »something new and important« with *aggadic* or *halakhic* truths, his definition is a restatement of the rabbinic interpretation of Dtn 32,47: »For it is not an empty thing for you, it is your very life, and if [it appears] devoid [of moral or *halakhic* meaning] – it is you [who have not worked out its moral or legal significance].«[6] Kugel's »meaning that is both comprehensible and significant« thus in rabbinic terms has a sharply limited and highly focused range of admissible interpretation; omnisignificance is restricted to interpretations which give the text a moral or legal dimension. It also serves handily to describe that essential stance of Jewish biblical commentary to which I alluded above.

Resh Lakish's comment in *Hullin* 60b demonstrates this focusing. »There are verses (*mikra'ot*) which are worthy of being burnt, but they are [after all] essential components of Torah (*hen hen gufei Torah*).« Resh Lakish then attempts to tease moral significance from the geographical and historical data recorded in Dtn 2,23 and Num 21,26, which are explained as demonstrating

---

5 This term has gained some currency through its use by James Kugel in his *The Idea of Biblical Poetry: Parallelism and Its History* (New Haven and London, 1981), 103–04. Most recently, Richard Steiner has studied one consequence of the principle at »ground level,« and traced its use even among those exegetes most devoted to »pashtanic« readings. See his »Meaninglessness, Meaningfulness, and Super-Meaningfulness in Scripture: An Analysis of the Controversy Surrounding Dan 2:12 in the Middle Ages,« *JQR* 82 (1992); 431–50.

6 *Yerushalmi Ketuvot* 8:11 (32c), based on Deut 32:47.

how God arranged matters so that Israel could conquer Philistine and Moabite land while still maintaining the oath which Abraham swore to Abimelekh (Gen 21,23) and the prohibition of »vexing Moab« at Dtn 2,9.

Thus, »omnisignificance« describes not only a fundamental assumption of the rabbinic view of Scripture, it also serves to guide rabbinic interpretation into certain fairly well-defined channels, and established a hierarchy of preference in regard to exegetical alternatives.

As might be expected, consciously systematic omnisignificant approaches were on the ascendant during the challenges of the nineteenth and early twentieth centuries. With the rise first of radical Reform Judaism and later of Biblical Criticism, European Jewry, both East and West, responded by crafting new approaches to extract the maximum amount of omnisignificant meaning from the text. R. Yaakov Zvi Mecklenberg (1785–1865), R. Meir Leibush Malbim (1809–1879), R. Samson Raphael Hirsch (1808–1888), R. David Zvi Hoffmann (1843–1921), the Neziv, R. Naftali Zvi Berlin (1817–1893), R. Meir Simhah of Dvinsk (1843–1926), R. Baruch Halevi Epstein (1860–1942), each in his own way, responded to the challenge. To that august company I wish to add another name, denominationally distinct but exegetically similar, Benno Jacob.

However, while omnisignificant approaches have historically run the gamut from *peshat* to *derash* and *remez*, the nature of the challenges faced by these exegetes forced them to attend to the plain meaning, or at least to what they claimed was the plain meaning of the text, for it was on that ground that the battle had to be fought. My thesis is that because of the historical background and thrust of Jewish biblical exegesis, what resulted from these efforts at times far exceeded the requirements of a convincing apologetic for the traditional Jewish understanding of the Bible. This is especially so in the case of the Benno Jacob; and it is especially important that this aspect of his work be understood, since it has been all too easy to view him as an apologete pure and simple.

The one aspect of the biblical text which was of particular concern to these exegetes was the question of variation and synonomy. Omnisignificant approaches naturally tend to favor fine distinctions between apparently synonymous terms. It was this tendency which Ibn Ezra criticizes so harshly in the introduction to this long commentary on the Ten Commandments in Exodus, asserting that anyone possessed of an informed sense of language will reject such an approach. For Ibn Ezra, as for *pashtanim* as a whole, when parallel texts differ in wording, this wording must be seen as equivalent or synonymous.⁷ This constitutes an *echt* anti-omnisignificant (or anti-midrashic) approach.

For Benno Jacob, too, at least in his earlier work, the same attitude manifested itself. The programmatic statement in his 1916 book, *Quellenscheidung und Exegese im Pentateuch*, illustrates this concern.

»Sie [= die biblische Darstellungsweise] kann die halbpoetische oder dichotomische genannt werden. Denn sie schreitet gleich der Dichtung, aber ohne deren strengere Masse, gern in gepaartem Gedanken, Satz- und Wortgefüge, in Zwiefältigkeiten, Parallelismen und Kontrasten dahin und wurzelt letzten Endes in der semitischen, die Dinge dichotomisch erfassenden Denkweise. Diese Art anzuschauen, aufzufassen und darzustellen beherrscht die ganze hebräische Sprache und Literatur bis in die feinsten Verzweigungen.«⁸

Biblical narrative technique (*Darstellungsweise*) may be termed the half-poetic or dichotomistic. It proceeds like poetry, but without its stringent measure, readily employing paired thoughts, complex sentences and syntax, in doublets, parallels and contrasts; it is rooted, when all is said and done, in Semitic [thought], which grasps matters in a dichotomous manner of thought. This manner of seeing, perception and representation dominates Hebrew language and literature in its entirety, to its subtlest manifestations.

I have deliberately left in the next-to-last sentence, though it falls somewhat archaically on modern ears, not only for the sake of truthfullness to my sources, but also because it underscores the extent to which Jacob was willing to see parallels and doublets as inevitable even within a document, and lays the groundwork for his understanding of the literary uses to which such a way of thinking (*Denkweise*) may be put.⁹

Jacob then proceeds to list the dichotomies which function to orient the Joseph narrative: the geographic poles of Canaan and Egypt, the main characters are the father and son, Jacob and Joseph, the two elder brothers, Reuben and Judah, the younger Joseph and Benjamin, Pharaoh and his servants, the Butler and the Baker. Dreams come in pairs: Joseph's, those of the Butler and Baker, Pharaoh's, and many many more.¹⁰ This *Denkweise* extends much further, to the use of synonyms and variation in dialogue and narrative, and in the use of names (e. g., Jacob and Israel). It should be noted

---

7 See Ibn Ezra, *Perush Arokh* to Exod 20:1 (Introduction), s.v. *amar Avraham ha-Mehabber*.
8 *Quellungscheidung und Exegese im Pentateuch*, Berlin: Schocken, 1916, p. 46.
9 The translation is mine, as are all translations but those from the commentary on Exodus, except for some editorial refinements which research on this paper engendered.
10 See ibid., pp. 46–48.

in this context that the two-fold nature of biblical thought proceeds independently of the Documentary Hypothesis. It characterizes individual documents, transcends documents, and in individual cases is not bound to the documents, since four sources must perforce make due with only two variants in most cases!

Among these dichotomies is one which is interesting precisely because no great critical argument hangs on it; I refer to the pair *saq-amtahat*, the first characterizing E, and the second J, according to nearly all critics, including the most recent. Jacob and the critics both have no great stake in its interpretation; it constitutes neither a mainstay of the Documentary Hypothesis; indeed, the appearance of *saq* in Gen 42,27 contradicts the source critical division into documents. Their solution is either to emend it to *amtahat* or to attribute its appearance to the Redactor. What is of particular interest for us, however, is Jacob's approach here. Rather than concentrate on critical crux for polemic ends, Jacob devotes his attention primarily to demonstrating that the distribution furthers the ends of the narrative. In order to do so he carefully distinguishes between the two synonyms. It is in this context that we can see Jacob working without the extreme pressure of apologetic intent. Jacob, in his 1934 commentary on Genesis,[11] follows the Targum tradition in part and distinguishes between these two apparent synonyms; more important for our purposes, he attempts to show the literary purpose behind such variation.[12]

First, Jacob notes that the word *saq* elsewhere in the Bible, with one exception (Jos 9,4), refers to the material from which sacks are made and not the sack itself. Thus, to begin with, there is no need to equate *saq* with *amtahat*, though Jacob does not make this point explicitly. However, since, he notes, *saq* in our narrative is used only in connection with feeding the brothers' donkeys (at the inn in vv. 25 and 27, and at their homecoming in v. 35), it must refer to the feedbags rather than the sacks which contained the grain for the patriarchal family. When the brothers open their »sacks« in 42,35, »sacks« must refer not to the sacks of grain to be used by the family back home, but provisions for the journey, and, in particular, the feedbags for the donkeys. This interpretation is further supported by the fact that there was no need to refer to the feedbags on the brothers' abortive second trip

---

11 B. Jacob, *Der Erste Buch der Torah: Genesis*, Berlin: Schocken Verlag, repr. New York: Ktav, 1974, p. 773.
12 In *Quellenscheidung und Exegese im Pentateuch*, pp. 56–57, published some eighteen years earlier, he strikes some of the same notes, but does not go into as much detail as in the later work.

home, since they never had the opportunity or need to feed the animals before being overtaken by Joseph's steward, as 44,4 indicates. Thus Jacob explains the absence of the word *saq* in this context. Beyond explaining that lack, his interpretation gives us an insight in Joseph's careful and detailed planning (*mit gutem Vorbedacht*), since, accordingly, Joseph ordered that the brothers' gold be returned to them in their animals' *feedbags* at their first journey home, and in their own *sacks* during the second trip, to ensure against premature discovery on the second trip. The placement of the gold in the feedbag(s) during their first visit with Joseph was perhaps yet another little test on Joseph's part – would they return the gold, either immediately, or on their inevitable return in the next year?

In contrast, as noted above, the critics emend *saq* to *amtahat* in 42,27 or attribute the word to redactional hands, since an E-word in a J-context is both inconvenient, if not impossible, and by the basic tenets of the theory, can serve no literary purpose.[13]

What are the advantages of Jacob's interpretation? It obviates the need for an emendation in 42,27, and explains the distribution of the word *saq* both within its wider biblical context and within the context of the Joseph narrative. As a by-product, it also provides an insight into the thoroughness and subtlety of Joseph's machinations, a suggestion already made by Kimhi, though without the semantic distinction.[14] Once the distinctions Jacob suggests are accepted, the rest follows as a result of the particular distribution of these vocables. It also, as we shall argue, furthers the omnisignificant program.

To what then does *amtahat* refer? Jacob cites Nahmanides' suggestion that the vocable refers to a large sack, but ultimately rejects that in favor of one which fits the context more squarely, following Onkelos and the Peshitta. *Amtahat* refers to donkey's entire load, of which the feedbag is part. To be more precise, it is the »baggage« (*Gepäck*), and not the »burden,« that is of moment here, since the *amtahat* must be something which can be »opened,« and not merely the sum total of everything loaded onto the donkey's back.

It is important to note that in this interpretation Jacob goes beyond the Targums, his original sources, since Onkelos at Exod 23:5 glosses *massa* with *toʿaneih* as it glosses *amtahat* in Genesis. Targum thus does not differentiate between the two, though it is consistent in discriminating between *saq*,

---

13 See for example, *ICC Genesis* (Skinner), crit. app. on 42:27 (p. 477) emends *saqo* to *amtahto* on the basis of the Septuagint; so too BHS. Gunkel chooses the »redactional option.«
14 See Radak *ad loc.*

glossed with *saq*¹⁵, and *amtahat*, given as *toʿana*. Jacob thus distinguishes three roughly synonymous terms in Biblical Hebrew: *saq*, »feedbag,« *amtahat*, »baggage,« and *massa*, »load, burden.«¹⁶ He does so by paying strict attention to context, and he does so in order to justify his unitary reading of the Pentateuch.

However, there is more here than an apologetic intent, a program of systematic refutation of the claims of the »critics.« For he might have merely asserted, as Ibn Ezra did before him and Bendavid would a generation later, that Biblical Hebrew style is fond of variation for its own sake. Thus, *saq* and *amtahat* might actually be exactly synonymous, and yet employed by one author for stylistic reasons. Such a view might easily be reconciled with his belief in the dual nature of Semitic thought, as noted above, and would serve his anti-critical polemic admirably. As for the question of apologetic intent *per se*, that is, a defense of the Pentateuch itself rather than a unitary reading of it, the light shed on Joseph's character by Jacob's exegetical derring-do plays into Gunkel's general anti-Semitic inclinations in his judgements of various members of the patriarchal family.¹⁷ Thus Jacob, in playing his philological card, was in danger of losing the ethical hand. By resisting the critical consensus in the way he did, he served, as he himself would have termed it, the wider ends of German critical scholarship. Why would an experienced and sensitive polemicist and apologist, the author of *Auge um Auge, Krieg, Revolution und Judentum* and other such works, give his opponents more grist for their mill?

What is at stake here is much more than what he believed to be a plain-sense reading of the text, or Germanic thoroughness, or even the mind-set of a polemicist who gets carried away with his polemic. What is at stake is an omnisignificant reading of Hebrew Scripture.

Before proceeding, let us consider what omnisignificance means in historical terms. The degree of importance, and the extent to which the concept was taken in exegetical practice, as well as the forms which it took

---

15 With the exception of Peshitta to Gen 42:27, which glosses the second occurence of *saq* with *toʿana* while its renders the first with *saqa*. What this may betoken is unclear. My thanks to Dr. Richard White for his help with the Peshitta.
16 Unfortunately, in his comments on Exod 23:5, which contains the noun *massa*, Jacob concentrates his attention on the difficult verb *ʿazav*. It is clear from his remarks, however, that he does define *massa* as »burden« rather than »baggage.« He notes, for example, that »the fact that the ass could not stand up need not have been due to the weight of the burden; it might have been loaded incorrectly or unevenly.
17 H. Gunkel, *Genesis übersetzt und erklärt*, Göttingen, 1901.

varied greatly, as I have demonstrated in a number of papers. In this instance, no early midrashic source distinguishes the two terms.[18] Much later, Ibn Janah in his dictionary (s.v. *m-t-h*) merely records *amtahat* and relates it to its probable root;[19] Radak in his dictionary goes further, and equates it with *saq*,[20] relating it to the root *matah* because »it is always stretched (*nimtah*) open whenever it is filled, for when it is empty it is gathered together in folds (*me'usaf u-mequppal*).« Rashi *ad loc.* equates the two; Rashbam presumably follows his grandfather in this, since he does not comment on the verse. In this instance, the great sixteenth century super-commentaries on Rashi, which not infrequently carried forward the omnisignificant program, generally left the equation as Rashi stated it. Ibn Ezra ignores it, and presumably equates the two as well. Clearly, the medieval *pashtanim* did not apply the omnisignificant imperative to this case.

Nahmanides, building on Targum and Radak, takes *amtahat* as referring to »a large sack which has two sides, which is called *metrata* in talmudic terms[21] ... The money for all of them was placed in one mouth of the two sides ... It is called *amtahat* because it is[22] stretched open to [its] sides.«[23]

It was not until the challenges of the nineteenth century brought with them a heightened omnisignificant interest that progress in this direction was made. R. Yaakov Zvi Mecklenburg, in the first half of the nineteenth century, who produced his commentary as a response to the challenge of Reform, as he conceived it, reversed the distinction proposed by Nahmanides, and suggested that *saq* denotes the larger and *amtahat* the smaller; moreover, he suggested that *amtahat* could also refer to a *Futtersack*, just the reverse of Jacob's suggestion. Indeed, it is remarkable that it took so long for *saq* to be identified with a feedbag, since 42,27 clearly has one of the brothers taking feed from his *saq*!

Malbim, responding to similar pressures in the next half-century, and apparently oblivious to Mecklenberg's proposal, independently suggested the

---

18 On this absence of a complete omnisignificant program, see my »It is No Empty Thing: Nahmanides and the Search for Omnisignificance,« *Torah Umadda Journal* 4 (1993), p. 2–4.
19 *Sefer ha-Shorashim*, ed. Bacher, Berlin, 1890.
20 *Sefer ha-Shorashim*, ed. Biesenthal and Lebrecht, p. 203b s.v. *m-t-h*; ed. Chomsky.
21 See Chavel's note *ad loc.* in his edition, and see Kohut's *Aruch Completum* V, 126a. s.v. *metrata*.
22 It is interesting to note that Abarbanel does not take a position on the issue, citing both options: equating the two or accepting Nahmanides' suggestion, without however mentioning him by name.
23 This exegetical move is typical of Nahmanides; see his comments to Lev 25:37 and my »It is No Empty Thing: Nahmanides and the Search for Omnisignificance,« *Torah Umadda Journal* 4 (1993), p. 80 n. 222.

same distinction between large and small. Hirsch, using a somewhat different route, employing his biliteral root theory, arrives at the same distinction Nahmanides made. Neziv, somewhat later, took *amtahat* to designate a more important piece of luggage than the *saq*, perhaps since the feed was kept in the it, as evidenced by 42,27.[24] It would seem that all of these commentators worked with the realia of their time, or, in the case, of Nahmanides, with that of Talmudic times, and attempted to relate a more-or-less arbitrarily designated size with function (large for grain, small or important for gold or coins, or large for grain, and small for the animal's daily feed). In addition, all strove to solve the problem presented by 42,27, where a *saq* was opened to provide feed, whereupon the gold was spotted in the *amtahat*.

Seen within that Jewish exegetical tradition, but bringing with him the fruits of nineteenth century German philology, Jacob attended to the wider »distribution« of these terms as well.[25] And, as he put it in his earlier book on the Pentateuch, *Der Pentateuch*, »every word is weighed to the most exact extent.«[26]

It is worth comparing Jacob's axiom to Malbim's. In the latter's introduction to his commentary on Isaiah, he forthrightly announces the governing assumptions which guide his work, the first to be published on Prophets. The program he announces is thoroughly omnisignificant, and involves, for Isaiah, a rejection of biblical parallelism – nothing may be repeated.

> The central beams upon which th[is] commentary is based are three:
> 1. In prophetic discourse there is no such thing as »repetition of the same idea in different words« (*kefel ʿinyan be-milim shonot*), no repetitions of speech, no rhetorical repetitions, no two passages with the same meaning, no two parables with the same interpretation, and certainly (*af*) no synonyms;
> 2. Prophetic discourse and sayings, simple or double, contain no words or actions which are set down by accident, without a particular intention, [so much so] that all words and nouns and verbs of which each passage is composed, are not only necessary for that passage, but it was not possible for the divine poet to substitute any other word for it, for all the words of divine poetry are weighed in the scales of wisdom and knowledge, carefully arranged, counted and numbered

---

24 This typology--of degrees of importance--is also to be found elsewhere in *Haʿameq Sheʾalah*; see *ad* Lev 12:8 and »It is No Empty Thing,« p. 77 n. 83.
25 Too much should not be made of this, because at times Malbim and Neziv too examine the distribution and distinctive uses of apparently synonymous terms. Nevertheless, it is noteworthy that, in this case, Jacob is the only one who does so.
26 *Der Pentateuch: Exegetisch-Kritische Forschungen*, Leipzig: Verlag Von Veit & Comp., 1905, p. 150. This is axiom 4 of the nine which he used in interpreting the Tabernacle narratives.

according to the measure of supernal wisdom, which only it has the power to achieve.

3. Prophetic discourse has no husk without content, body without soul, no garment without a wearer (*levush be-lo' mitlabbesh*), no utterance devoid of an elevated concept, speech in which discernment does not dwell, for the prophetic words of the Living God all have the Living God within them ...[27]

Kugel notes that though Malbim was »clearly aware of the binary structure and semantic pairing of parallelism ..., he frequently stated that repetition as such did not exist,« but »rejected utterly the approach to biblical style that had been adopted increasingly by Jews and Christians since the Renaissance.«[28] In particular, as Noah Rosenbloom has noted, Malbim rejected Moses Mendelssohn's use of Robert Lowth's ideas of biblical poetry and literary style.[29]

It was thus Jacob's particular genius to further omnisignificant ends – now called, perhaps, »overinterpretation« – without doing violence to biblical style or literary technique. In this he is clearly the founder of the literary school represented by Umberto Cassuto and more recently Robert Alter, Meir Sternberg, Ian Fokkelmann, and Robert Polzin, to name just a few.

To understand how thoroughgoing was Jacob's commitment to the omnisignificant program, and to place his work more precisely within the range of Jewish biblical exegesis we must look at another interpretation of Jacob's, this one from his commentary on Exodus. In his comments on Ex 4,9 he notes that the repeated use of the verb *ve-hayu* has a particular significance.

In His instructions to Moses regarding his first appearance before the Israelites, G-d provides him with three signs, if needed. The third, it will be remembered, involves the turning of water into blood. An overliteral translation of the relevant part of Ex 4,9 would yield: »you shall take of the waters of Nile and pour them onto the dry ground, and the waters which you have taken from the Nile shall be (*ve-hayu*), and they shall become (*ve-hayu*) blood on the dry ground.«

---

[27] See Kugel, *The Idea of Biblical Poetry*, pp. 288–289, for a slightly different translation, and see pp. 288–292. Compare Jacob's ninth axiom, »*Jede Deutung muss mit der Gesamtheit der religiösen und kultischen Ideen des Verfassers in Einklang und organischem Zusammenhang stehen*« (*Der Pentateuch*, p. 151).
[28] Kugel, p. 289.
[29] Noah H. Rosenbloom, *Ha-Malbim: Rabbi Meir Leibush Malbim: Parshanut, Filosofiah, Mada u-Mistorin be-Kitvei ha-Rav Meir Leibush Malbim* (Jerusalem, 1988), 94–96; see also his section on »secularization,« 96–99.

A number of commentators note the repeated use of *ve-hayu*. Rashi prefers a midrashic explanation, which we shall examine in a moment. Rashbam in this instance disagrees with his grandfather, and substitutes a superficially plain-sense reading, taking the repetition as rhetorical, citing Ps 93,3 (»The rivers raised, O Lord, the rivers raised their voices«) and Ps 94,3 (»How long will the wicked, O Lord, how long will the wicked rejoice«). This desperate expedient, which fails on several grounds, seems not to have taken root. Nahmanides explains the repetition as a »syntactic resumptive repetition« necessitated either by the need for emphasis or because of the length of the clause which intervenes between the subject and the predicate.[30] Rashi's suggestion which Jacob adopts, is that *ve-hayu* appears twice »because the blood did not change back; when it sunk into the parched soil (not earth), it could not be removed.« Moreover, he also deals with the repetition of the phrase »which you have taken from the Nile« as intended to indicate »that this sign would only be used before the Israelites in Egypt.«[31] As Jacob notes in connection with his comments on Ex 16,15, and in rejecting the interpretation of Rashbam and a number of other *pashtanim* there, if their interpretation were accepted, »these phrases would have been meaningless or redundant.«[32] The omnisignificant principle could hardly have been more pithily expressed.

To what may we attribute this concern? Jacob was not a thoroughgoing Orthodox fundamentalist; for one thing, he was willing to accept the possibility of a corruption in a text in Ezekiel,[33] though not, to my knowledge, in the Pentateuch.

In this connection we should note his comment in the 1905 book, *Der Pentateuch*, in which he asserts that (at least in regard to the extended Tabernacle narrative in Exodus and Leviticus) »*der Verfasser hatte Zeit und hat seinen Gegenstand gruendlich und bis in alle Einzelheiten durchdacht, ehe er schrieb.*«[34] »The author had the time and had thoroughly and fundamentally considered his subject in all its detail.« And further, axiom 5, »*Jede Besonderheit und Abweichung des Ausdrucks hat ihren besonderen Grund und Sinn.*« »Every peculiarity and variation of expression has its own particular basis and sense.«

---

30 For more on this technique, and Nahmanides' use of it, see »It Is No Empty Thing,« pp. 23–29.
31 *Exodus*, p. 87.
32 *Exodus*, p. 453.
33 *Der Pentateuch*, p. 47.
34 *Der Pentateuch*, p. 150.

Why, however, does he not accept Nahmanides' syntactical resumptive repetition at 4,9? After all, the syntactic function of the repeated *ve-hayu* does serve the function of furthering the narrative intent. Once again, we must view Jacob against the background of the strong omnisignificant trend of the late nineteenth and early twentieth centuries. Malbim and Neziv both elaborate on Rashi's interpretation, explaining the necessity for this »miracle within a miracle.« From our perspective, the important fact is that they all reflect a strong omnisignificant drive, whereby even a syntactic explanation must give way to a more religiously meaningful one, when it is available. In Jacob's own words in axiom 8: »*Jede Deutung muss mit der Gesamtheit der religiösen und kultischen Ideen des Verfassers in Einklang und organischem Zusammenhang stehen.*« »Every meaning must stand in harmony and organic relation with the totality of religious and cultic ideas of the author.«[35]

It is against this background that Benno Jacob's work must be viewed, and his accomplishment assessed. Now, it may well be that by stressing these elements in his work I am merely justifying those who have marginalized his work. However, by placing that work accurately within its proper context, I am aiding those who wish to understand – perhaps even more than did Jacob himself – the deep-seated foundations and underpinnings of his tremendous effort. Since he himself was on occasion distracted by the polemic thrust of his essentially exegetical work, such a contextual understanding will enable us fairly and accurately to evaluate his accomplishment. It will also enable those may wish to mine it for its tremendous riches to do so, including the insights which will be found useful for the modern study of the Bible. That is my hope.

---

35 Ibid., p. 151.

Almuth Jürgensen

»Die Exegese hat das erste Wort« – Zu Benno Jacobs Bibelauslegung

Einleitung

»Die Exegese hat das erste Wort.«[1] Ein Kernsatz von Benno Jacob, – als Schlussbemerkung vorgetragen auf dem internationalen Orientalistenkongress 1928 in Oxford, bei dem er über die Sintfluterzählung referierte. Es war einer der wenigen öffentlichen Auftritte Jacobs als Wissenschaftler vor Wissenschaftlern.

Jacob verstand sich in erster Linie als Exeget, – nicht als Historiker wie sein Lehrer Heinrich Graetz, – nicht als Bibelkritiker wie der Alttestamentler Julius Wellhausen. »Nicht die Kritik, die Exegese hat das erste Wort« – so lautete Jacobs Satz an einigen Stellen vollständig[2].

Die historisch-kritische Erforschung des Alten Testaments hieß bei ihm kurz »die Kritik«. Bibelkritik, – die Beurteilung der Überlieferung[3], – sie bedeutete seit Mitte des 19. Jh.s vor allen Dingen Quellenscheidung. Als Hypothese wurde angenommen, dass im Pentateuch mittels sprachlicher und inhaltlicher Analyse verschiedene Quellenschriften aus verschiedenen Jahrhunderten zu erkennen seien. Aus diesen habe ein späterer Redaktor den überlieferten Text zusammengesetzt. Mit der Quellenscheidungshypothese der »Kritik« ging eine Bewertung der unterschiedlichen Epochen der Geschichte Israels einher. Diese Bewertung, durch die sich christliche Wissenschaftler wie Wellhausen oder Hermann Gunkel oft zu herabwürdigenden Bemerkungen z. B. über das niedrige sittliche Niveau oder über den pedantischen Charakter der alten Texte hinreißen ließen, nötigte Jacob zur Distanz von seinen christlichen Kollegen und forderte ihn ständig zum Widerspruch heraus.

---

1 Benno Jacob, *Quellenscheidung und Exegese im Pentateuch*, Leipzig 1916, S. 3; ders., *Die biblische Sintfluterzählung – ihre literarische Einheit* (Vortrag gehalten auf dem internationalen Orientalistenkongress zu Oxford am 30. August 1928), Berlin 1928, S. 13; ders., *Der Pentateuch. Exegetisch-kritische Forschungen*, Leipzig 1905, S. 149.
2 Jacob, *Quellenscheidung und Exegese*, S. 3.
3 So die Definition von Hermann Gunkel, Art. Bibelwissenschaft: I. des AT. 7., *RGG* [2], Bd. 1, Sp. 1073.

»Nicht Kritik hat ihr [der Bibelwissenschaft] Ziel zu sein, sondern Exegese; wir wollen die Bibel verstehen, nicht richten.«[4] Deshalb bemühte sich Jacob nicht in gleichem Maße um die drei »Hauptteile« der Bibelwissenschaft: 1. Exegese – 2. Bibelkritik – 3. Geschichte des Volkes Israels, wie sie Hermann Gunkel 1927 definierte[5]. Benno Jacob gab der Exegese, der Bibelerklärung, den Vorrang[6].

Über Jacobs Kritik an der Quellenscheidung in seinen Kommentaren hinwegzulesen, ist nicht möglich. Dennoch setzten sich die Befürworter der Quellenscheidung kaum mit Jacobs Argumenten auseinander. Alttestamentler der Nachkriegszeit, die Benno Jacobs Genesiskommentar für ihre eigene exegetische Arbeit gern nutzten – wie z. B. Gerhard von Rad[7] und Claus Westermann[8] – nahmen in ihren Kommentaren kaum Bezug auf Jacobs Einwände gegen die Quellenscheidung. Jacob galt lange, wenn er überhaupt bekannt war, als unverbesserlicher Apologet der Einheitlichkeit der Tora[9].

Inzwischen verzichten auf Jacobs »Klasse« – so bewertet Horst Seebass Jacobs Genesiskommentar[10] –, Alttestamentlerinnen und Alttestamentler ungern. Sein Grundansatz, in der Exegese von der Einheitlichkeit der Tora auszugehen, wird heute nicht mehr grundsätzlich verworfen[11].

---

4   Benno Jacob, *Unsere Bibel in Wissenschaft und Unterricht*, Vortrag gehalten in der wissenschaftlichen Vereinigung jüdischer Schulmänner zu Berlin, Berlin 1898, S. 11.
5   Gunkel, Art. *Bibelwissenschaft*, Sp. 1073f: »I. Zunächst ist der Sinn der in der B. gesammelten Schriften zu erforschen. Diese Tätigkeit nennen wir herkömmlich ›Exegese‹, d. h. Schriftauslegung; (...) II. Ist der Sinn der Schriften festgelegt, so muss eine weitere Tätigkeit einsetzen, welche die einzelnen Ergebnisse verbindet und vergleicht, und deren Aufgabe es besonders ist, die in den Schriften enthaltene Überlieferung zu beurteilen, d. h. die Tätigkeit der Bibelkritik: (...) III. (...) Das letzte Wort der at.lichen B.W. [ist] eine Geschichte des Volkes Israel nach allen seinen Lebensäußerungen.« (1927).
6   Franz Rosenzweig schrieb am 27.5.1921 an Jacob: »Sie *müssen müssen müssen* Ihrem Werk die Form geben, durch die man es nicht mehr übersehen kann. Und dies ist einzig (Exeget, der Sie sind) die *Form* der Exegese, das heißt der Kommentar.« Franz Rosenzweig, *Briefe*, Berlin 1935, S. 401.
7   V. Rad bezog sich z. B. auf Jacobs Aussage über die Schöpfungsberichte: In Gen 1 ist der Mensch die Spitze einer kosmologischen Pyramide, in Gen 2,4b der Mittelpunkt eines Kreises, vgl. Gerhard v. Rad, *Theologie des Alten Testaments I*, München 1958, S. 146, Anm. 6 und ders., *Das erste Buch Mose Genesis*, Göttingen 1949, S. 61.
8   Westermann verwendete sprachliche Argumente aus Jacobs Kommentar, um sie dann *für* die Begründung der Quellenscheidung einzusetzen, vgl. Claus Westermann, *Biblischer Kommentar. Genesis 1–11*, Bd. I,1, Neukirchen-Vluyn ²1976, z. B. zu Gen 6–9.
9   Robert Raphael Geis/Hans-Joachim Kraus, *Versuche des Verstehens. Dokumente jüdisch-christlicher Begegnung aus den Jahren 1918–1933*, München 1966, S. 81f: »Zur Erforschung der Bibel kam er [Jacob] als militanter Apologet (...). Fast alle seine Bücher sind als Entgegnungen auf christliche Theorien alttestamentlicher Textkritik entstanden.«
10 Horst Seebass, *Genesis*, Neukirchen-Vluyn 1996, S. 13.
11 Erich Zenger, Pentateuch als Tora und als Kanon, in: ders. (Hg.), *Die Tora als Kanon für Juden und Christen*, Freiburg u. a. 1996, S. 8f.

Wer Benno Jacob als »Apologeten« abtut, wird seinen Kommentaren in keiner Weise gerecht[12]. So wird im folgenden auf Jacobs *Bibelverständnis*, die *Voraussetzungen* seiner Auslegung, *Schritte* seiner Exegese und auf einige *Eigenarten* aus seinen Kommentaren eingegangen. Zum Abschluss wird auf Jacobs Anspruch einer *theologischen Exegese* hingewiesen.

Bedeutung der Bibel

Die Bibel, so betonte Jacob oft, sei sowohl für Juden als auch für die gesamte Menschheit grundlegend wichtig. Sie sei »Herzensfreund für Jung und Alt«[13].

Für Juden sei sie »eigenstes und heiligstes Buch«[14], »das schlechthin Einzige, was Israel an unvergänglichen, weltbeglückenden Gütern hervorgebracht hat«[15]. Die Bibel ist für einen Juden »die Grundlage seines Glaubens«[16]. Ein Jude habe die Pflicht, sich über seine Ursprünge klar zu werden und »aus der Quelle zu schöpfen, d. h. seine Bibel im Urtext zu studieren. Übersetzungen und Kommentare können dazu nur helfen.«[17]

Ohne die Bibel verstünden sich das Judentum und das jüdische Volk selbst nicht, bemerkte Jacob[18]. Er wählte starke Worte: Die Bibel ist »Führerin und Richterin«[19]. Sie ist »Text unseres Lebens«[20]. – Jacob muss seine Bibel geliebt haben. Ohne sie konnte er nicht leben. Mit ihr in der Hand starb er[21].

Auch für die Menschheit spiele die Bibel eine entscheidende Rolle, meinte Jacob. Nicht nur religiöse, sondern damit einhergehende moralisch-ethische

---

12 Jacob selbst wehrte sich gegen diese Bezeichnung seiner Bibelauslegung, vgl. Benno Jacob, *Das Buch Exodus*, hg. von Shlomo Mayer unter Mitarbeit von Joachim Hahn und Almuth Jürgensen, Stuttgart 1997, S. 359. »Apologetik« unterschlägt die Feinheiten der Auslegung und ihrer Begründung. Martin Buber, Genesisprobleme, *MGWJ* 80 (1936), S. 91 schrieb 1936 über Jacobs Kommentar: »Kein anderer Genesiskommentar ist so reich an anregender Kraft (...)«.
13 Benno Jacob, Einführungen in das Erste Buch Mose: Das Paradies, in: *Der Morgen* I (1925), S. 205.
14 Benno Jacob, *Das erste Buch der Tora – Genesis*, übersetzt und erklärt, Berlin 1934, S. 12.
15 Jacob, *Unsere Bibel in Wissenschaft und Unterricht*, S. 3.
16 Ebd.
17 Jacob, *Genesis*, S. 12.
18 Ebd.
19 Jacob, *Unsere Bibel in Wissenschaft und Unterricht*, S. 3f.
20 Ebd.
21 Ernst Jacob, Benno Jacob als Rabbiner in Dortmund, in: Hans Chanoch Maier (Hg.), *Aus Geschichte und Leben der Juden in Westfalen. Ein Sammelband*, Frankfurt/M. 1962, S. 92.

Aufgaben verknüpften sich mit ihr. Gestärkt durch die Überlieferung der Bibel habe das Judentum »die Aufgabe, eine Geistesmacht ersten Ranges zu sein«[22]. Die Menschheit müsse sich der biblischen Weltanschauung und ihren sozialen Gedanken immer wieder zuwenden[23]. Das Humane in der Tora – wie z. B. die Sabbatgesetze – sei eine Wohltat für die Menschheit[24].

Voraussetzungen von Jacobs Exegese

Um die Bibel zu verstehen, ist Exegese notwendig. »Die Exegese hat das erste Wort«. Das bedeutete für Jacob: An erster Stelle steht die Bemühung, die Bibel in der Form, in der sie uns überliefert wurde, aus sich selbst heraus zu verstehen[25].

Jacob meinte tatsächlich, dass ein Text (meistens) verstanden werden könne[26]. Das bedeutete für ihn zunächst, den »Sinn des alttestamentlichen Wortes« zu ermitteln, »wie es sein Urheber allein verstanden haben kann«[27]. Dies könne nur durch philologische Exegese geleistet werden[28]. Jacob drückte es mit traditionell-jüdischen exegetischen Kategorien aus: Das Ideal einer Bibelforschung »muss, wie es zu allen Zeiten war, der Peschat [einfacher Wortsinn] in seiner Richtigkeit, Klarheit und Tiefe sein. Um den Sinn der Bibel, um das volle und ungetrübte Verständnis ihrer Aussagen haben wir mit aller Hingebung und selbstloser Treue zu werben. Wir wollen vor allem wissen, was sie [die Bibel] sagt und lehrt.«[29]

Jacobs erster Schritt in der Auslegung eines biblischen Textes war eine Einzeluntersuchung. Erst danach, nach dieser »Grundlegung« der Exegese, sei ihr Gegenstand weiterzuverfolgen, erst dann könne man sich einer »wirkliche[n] Erkenntnis und zutreffende[n] Beurteilung der Religion Israels«

---

22 Jacob, *Unsere Bibel in Wissenschaft und Unterricht*, S. 3f.
23 Ebd.
24 Jacob, *Genesis*, S. 219 (zu Gen 8,8).
25 In diesem Grundsatz besteht eine Ähnlichkeit zu dem protestantischen Prinzip der »sola scriptura«. Die Schrift sei »iudex, norma et regula agnoscitur« (Richter, Regel und Richtschnur), vgl. *Die Bekenntnisschriften der evangelisch-lutherischen Kirche*, Göttingen ³1956, S. 769.
26 Man müsse den Text erst verstehen, »ehe man Kritik übt«, vgl. Jacob, *Die biblische Sintfluterzählung* (o. Anm. 1), S. 13. Jacob formulierte 1929: »Man kann mit und an einem Text nicht operieren, bevor man ihn versteht.« Benno Jacob, *Auge um Auge. Eine Untersuchung zum Alten und Neuen Testament*, Berlin 1929, S. III.
27 Jacob, *Auge um Auge*, S. 4.
28 Ebd., S. 3f.
29 Jacob, *Unsere Bibel in Wissenschaft und Unterricht*, S. 11.

zuwenden[30]. Ausgehend von der Einzeluntersuchung gehörte zu Jacobs Exegesebegriff also ebenfalls die Erörterung religionswissenschaftlicher und theologischer Fragen.

Wenn trotz aller Bemühungen Jacob einzelne Worte oder Abschnitte nicht verstand, ließ er den Text lieber unverstanden stehen. Für ihn gab es Grenzen der Verstehbarkeit. Die Exegese hat das erste Wort, aber sie will nicht das letzte Wort haben. So behalf sich Jacob z. B. im Buch Exodus bei der vierten Plage – nach Luther: »Stechfliegen« – »der Unsicherheit halber« in Übersetzung und Erklärung dieser Plage mit dem hebräischen Begriff »arob«[31].

Seine Hoffnung war, dass durch fortwährendes Studium der ganzen Bibel immer wieder neue Erkenntnisse und Einsichten gewonnen würden. Neben Sprachverständnis setzte er auch auf Logik, Lebenserkenntnis und Psychologie[32]. In seinen Publikationen räumte er öfters ein, dass er im Vergleich zu einer früheren Interpretation nun zu einer abweichenden Einschätzung und Deutung gekommen sei[33]. »Die Tora ist nie zu Ende erforscht«, schrieb er von London aus an seinen Sohn, Rabbiner Dr. Ernst I. Jacob in den USA[34].

»Man kennt die alte hebräische Sprache noch lange nicht in allen ihren Feinheiten. Mehr als einmal ließe sich zeigen, dass verhängnisvolle Irrtümer durch das Missverständnis einer grammatischen Konstruktion, eines einzelnen Wortes, ja eines Buchstabens hervorgerufen worden sind«[35], schrieb Jacob im Vorwort zum Genesiskommentar. Und seine Exegese sollte

---

30 Jacob, *Auge um Auge*, S. III. Jacob fuhr fort: »Irrtümer in angeblich unwesentlichen Einzelheiten können für die ganze Darstellung verhängnisvoll werden, und was nützen die glänzendsten kritischen und historischen Konstruktionen, wenn sie durch das richtige Verständnis bisweilen eines einzigen Wortes hinfällig werden!«
31 ערב in Ex 8,17, Jacob, *Exodus*, S. 270f. Vgl. auch aaO, S. 366f (zu Ex 12,40): »Die Übersetzung mag das in der Schwebe lassen.«
32 Jacob, *Exodus*, S. 50.
33 »Wenn dieser Kommentar Erklärungen widerspricht, die ich selbst in früheren Arbeiten gegeben habe, z. B. meinem 1905 erschienenen ›Pentateuch‹ oder der Untersuchung ›Quellenscheidung und Exegese‹ vom Jahre 1915 und anderen Arbeiten, so versteht sich, dass er sie aus einer seitdem gewonnenen, vertieften Erkenntnis berichtigen soll.« Jacob, *Genesis*, S. 11. Vgl. ders., *Exodus*, S. 887: »Im Genesiskommentar nicht klar genug von mir formuliert«. Vgl. ders., *Genesis*, S. 197 zu Gottesname; aaO, S. 305 im Vergleich zu ders., *Pentateuch*, S. 18ff, wo er Abrahams Geburt »zwei Jahre zu spät« angesetzt hatte. In ders., *Exodus*, S. 348 habe er »Mose am Dornbusch« (in: *MGWJ* 66 (1922), S. 11–33.116–138.180–200) modifiziert und vertieft; vgl. auch aaO, S. 376 zu Lev 23,9ff.
34 *Brief* Benno Jacob an E. Jacob, 22.9.1940, S. 1, Nachlass Pittsburgh; vgl. auch ders., *Brief* vom 13.2.1944 und ders., *Auge um Auge*, S. III. »Gerade für das AT kann dieser Vorrang der Exegese nicht nachdrücklich genug betont werden, da seine Sprache noch lange nicht bis in alle Einzelheiten erforscht ist.«
35 Jacob, *Genesis*, S. 9.

zeigen, wie sehr es für das Verständnis eines Textes auf jedes einzelne Wort ankommt[36].

Mit seinen Kommentaren zu den Büchern Genesis und Exodus verstand sich Jacob als in der Tradition der jüdischen Bibelauslegung stehend.

»Eigentlich ist das ganze jüdische Schrifttum seit zweitausend Jahren nichts anderes als Kommentar zur Bibel, zur Tora, oder wurzelt in diesem Boden (...). So einzigartig ist das Dasein des jüdischen Volkes auf dieses eine Buch gegründet.«[37] Für sein eigenes Verstehen suchte er bei den großen jüdischen Exegeten der vergangenen Jahrhunderte Hilfe. Zu jedem Vers diskutierte er kritisch die Positionen der Rabbinen. Mit seinem Werk stellte er sich in deren Tradition. – Und ebenso verband ihn mit ihnen die Fähigkeit, bei der »Erklärung des 1. Verses der Schrift diese vollständig vor Augen« zu haben, »einschließlich ihrer gesetzlich-juridischen wie homiletisch-midraschischen Tradition«[38].

Gleichzeitig forderte Jacob eine Exegese mit modernen Mitteln. Er bezog sich auf Forschungsergebnisse aktueller alttestamentlicher oder auch orientalistischer Wissenschaft und war selbst auf dem neusten Stand der Forschung. Hörbar, auch polemisch, brachte er sich in verschiedene bibelwissenschaftliche Debatten ein, wie z. B. in den Babel-Bibel-Streit, der sich um die Beziehungen zwischen dem biblischen und dem babylonischen Schrifttum und religiösen Vorstellungen rankte und auch in populärwissenschaftlichen Kreisen geführt wurde[39].

Für die jüdische Bibelwissenschaft und für seine eigene Exegese verlangte Jacob, »sie mit dem umfassenden Apparat zu betreiben, den die allgemeine Wissenschaft geschaffen hat.«[40] Unter »allgemeine Wissenschaft« verstand er bestimmte Bereiche der Forschung an den Universitäten: Grammatik des Hebräischen, Archäologie und Geographie der Bibel, im »reinen Wahrheitsstreben bleibt die jüdische Bibelforschung die Schwester, wenn man will die Tochter, der christlichen«[41].

---

36 Vgl. *ebd.*, S. 322.
37 *Ebd.*, S. 11. Jacob zählte das jüdische Schrifttum auf: »Talmude und Midraschim, Halacha, Sprachforschung, Philosophie, Dichtung, Erbauungsschriften, Liturgie usw.«.
38 Vgl. Max Eschelbacher, Benno Jacob, in: *Tradition und Erneuerung* Nr. 14 (1962), S. 213. Solomon Samuel, Ein Meisterwerk der Schriftauslegung, in: *C. V. Zeitung* Nr. 16, 2. Beiblatt, 16. April 1936.
39 Benno Jacob, Das Judenthum und die Ergebnisse der Assyriologie, in: *AZJ* 66 (1902), S. 187ff; ders., Prof. Delitzsch zweiter Vortrag über »Babel und Bibel«, in: *AZJ* 67 (1903), S. 197ff.; ders., Professor Droogstoppel, in: *Im deutschen Reich* 26 (1920), S. 181ff.
40 Jacob, *Unsere Bibel in Wissenschaft und Unterricht*, S. 11.
41 *Ebd.*, S. 9f.

Jacob entdeckte jedoch auch eine – bis heute bestehende – Forschungslücke: Neben der »eifrig gepflegten Anatomie, der Formenlehre«, fehle in der Bibelwissenschaft eine »Psychologie der Sprache, eine Erforschung ihres feinen Geäders, z. B. eine Synonymik«[42], – also ein Lexikon der hebräischen Synonyme. In seinen Kommentaren hat es Jacob in vielen Einzelstudien unternommen, sinn- und sachverwandte Wörter zusammenzustellen.

Benno Jacob forderte, sich den Ergebnissen der Bibelwissenschaft zu stellen, wenn sie als *Wahrheit* anzuerkennen sind[43]. Als jüdischer Bibelwissenschaftler könne man nicht davor zurückschrecken, die Bibel einer streng wissenschaftlichen Untersuchung zu unterziehen[44].

Jacobs Einschätzung der Entstehung der Bibel drückt sich in den Rahmenworten seines Genesiskommentars aus: So ist dem Vorwort zum Kommentar ein hebräisches Schriftwort vorangestellt: »Die Tora hat uns Mose geboten, Erbe der Gemeinde Jakobs« (Dtn 33,4). Nach über tausend Seiten schließt der Kommentar mit der nüchternen Einschätzung, dass die Genesiserzählungen von einem Verfasser »spätestens aus der Zeit Davids stammen« könnten[45].

Diese Polarität ist auch Jacobs Exegese eigen: Jacob beanspruchte »höchste Autorität für die Tora«[46], aber er war kein Anhänger der Verbal-Inspiration. Er setzte voraus, dass der Text »nach Reihenfolge und Wortlaut vollkommen intakt erhalten«[47] sei, bis das Gegenteil überzeugend bewiesen werde[48]. Aufgrund dieser Prämisse könnten wir uns – außer in »some trifling matters« – vollständig auf unseren Text verlassen[49]. Nur wenn wir das tun, seien wir wirklich in der Lage, ihn zu verstehen[50].

---

42 Ebd., S. 11.
43 Ebd., S. 10.
44 Ebd.
45 Jacob, *Genesis*, S. 9.1049; vgl. Kurt Wilhelm, Benno Jacob. A militant Rabbi, in: YLBI 7 (1962), S. 91. In den 40er Jahren wies Jacob in einem unveröffentlichten Leserbrief an JQR darauf hin, dass sein Kommentar aufgrund seiner geschichtlichen Einordnung in orthodox-jüdischen Kreisen lange gebannt war. Der streng orthodoxe Jacob Rosenheim, den Jacob als höchst kompetent in Sachen »häretischer Tribunale« beurteilte, habe dies in seiner Zeitschrift »Der Israelit« unternommen. Jacob zählte in diesem Prinzipienpapier seiner Pentateuch-Exegese Abschnitte seines Kommentars auf, die sein Interesse an der geschichtlichen Einordnung erkennen ließen, vgl. Benno Jacob, *Some Principles of Pentateuch Exegesis*, S. 1, Nachlass Pittsburgh.
46 Gustav Closen, Das erste Buch der Tora. Gedanken zu B. Jacobs Genesiskommentar, in: *Res Biblica* XVII (1936), S. 108f.
47 Jacob, *Pentateuch*, S. 149 (zur Stiftshütte). Vgl. Jacob, *Exodus*, S. 889: »Die Formulierung ist aber wohlbedacht und der Text unantastbar.«
48 Vgl. Jacob, *Some Principles of Pentateuch Exegesis*, S. 2.
49 Ebd.
50 Ebd.

»Die Exegese hat das erste Wort«

Schritte der Exegese Jacobs

Aus seinem Exegesebegriff und Textverständnis heraus (höchste Autorität für die Tora) ergaben sich für Jacobs Auslegung drei Schritte: 1. Beachtung der Sprach- und Stilgesetze, 2. Betrachtung des Zusammenhangs und 3. (wenn möglich) Untersuchung der Vorgeschichte der Texte[51].

Jacob leitete seine Auslegung aus den Sprach- und Stilgesetzen der Tora ab[52]. Ein typischer Satzanfang in seinen Kommentaren lautet: »Es ist ein Prinzip der Tora ...« oder »es ist die Art der Schrift ...«. Diese einleitenden Worte stehen grammatikalisch, sprachlich oder auch dramaturgisch begründeten Interpretationen voran – z. B. in seinem Genesiskommentar: »Es ist ein Stilgesetz der Tora, sich bei einer Rede nie vollständig auszugeben«, sondern durch Zurückhalten bestimmter Dinge eine Pause zu machen[53] oder einen Spannungsbogen zu ziehen und die begonnen Rede erst in einer Rekapitulation zu ergänzen[54]. Neben Reden interessierte sich Jacob insbesondere für Fragen und Ironie als biblische Stilmittel. Als Philologe befasste er sich intensiv mit Etymologien – wahren bzw. auch »falschen«, die die Bibel, etwa bei Namen, selbst gibt.

Es ist sicherlich kein Zufall, dass unter den Stilgesetzen, auf die Jacob in seinen Kommentaren hinwies, diejenigen überwiegen, die sich im weitesten Sinne mit Doppelungen befassten, also Wiederholung, Wiederaufnahme, Paare, Synonyme, Dichotomie als Stilmittel der Tora. Der Grund liegt zum einen natürlich im biblischen Stil selbst. Zum anderen mag vielleicht seine Opposition zur Quellenteilung den Hintergrund bilden: Wiederholungen, – Dubletten – spielten in der kritischen Bibelwissenschaft neben den Gottesnamen bei der Zuweisung der Texte zu den verschiedenen Quellen eine hervorgehobene Rolle.

Jacob führte die Uneinheitlichkeit des Stils der Tora auf innere Gründe zurück: Er unterschied die gehobene Sprache dichterischen Schwungs[55] von der rein religiösen und von der Sprache des Gesetzes[56], »diese von der des Hofes, des Marktes, der Geselligkeit.«[57] Die Tora verfüge über

---

51 Jacob, *Auge um Auge* (o. Anm. 26), S. IIIf.
52 Jacob, *Some Principles of Pentateuch* Exegesis, S. 2.
53 Jacob, *Genesis*, S. 1021.
54 *Ebd.*, S. 883.
55 Jacob, *Exodus*, S. 362 (zu Ex 19,4).
56 Jacob, *Pentateuch*, S. 161.
57 Samuel, *Ein Meisterwerk der Schriftauslegung*, 2. Beiblatt (o. Anm. 38). – Jacob, *Genesis*, S. 622: »Indem er zugleich emphatisch ist, hebt sich die Sprache zu dichterischem Schwung (der

viele Töne[58]. Er wies auf Kommentare hin, die innerhalb der Bibel selber gegeben werden.

Richtiges Verständnis hieß für Benno Jacob: fähig sein, »die Zusammenhänge zu begreifen und die eigenartige Kompositionsweise des Buches zu erfassen«[59].

Jacob setzte voraus, dass im biblischen Text jedes Wort bedacht und beziehungsvoll ist. Exegese käme daher dem Aufspüren verdeckter Fäden in dem Zusammenhang der Sätze gleich[60].

Für Jacob war die Konkordanz ein ideales Hilfsmittel, um die Bedeutung eines Wortes in wechselndem Kontext besser zu verstehen[61]. Aber auch die Assoziationen, die durch größere inhaltliche Zusammenhänge wach würden, waren für ihn relevant. Er nannte es »die Gedankenverbindung«[62].

Die Erklärung eines biblischen Textes könne nur dann angemessen sein, wenn sie mit anderen biblischen Aussagen im Einklang stehe[63]. Dazu ein typisches Beispiel: In Gen 48,22 spricht Erzvater Jakob, als er kurz vor seinem Tod Segen erteilt, zu seinem Sohn Joseph: »Ich habe mit meinem Schwert und Bogen von der Hand des Emoriters genommen.« – War damit ein erobernder, ein kriegerischer Erzvater Jakob gemeint? Sprach er hier von Landeroberungen? Dies entsprach überhaupt nicht seiner sonstigen Charakterschilderung. Er hatte sich doch sein Leben lang vor feindlichen Zusammenstößen und Gewalttaten gefürchtet! – Hier muss tiefer nachgedacht werden. – Benno Jacob stellte in seinem Kommentar zur Stelle ausführlich die Diskussion dar, die Ausleger aller Generationen und Konfessionen führten, wie z. B. den Alttestamentler Abraham Kuenen, der ein entfallenes »nicht« hinzufügte – etwa: ich habe nicht mit Schwert und Bogen genommen. Ramban (Mose ben Nachman) erwog hingegen keinen blutigen Krieg, sondern eine *symbolische* Landbesetzung (indem man über das Land die Hand mit dem Schwert ausstreckte und Pfeile warf, 2.Kön 13,17).

Benno Jacob zog ebenfalls weitere Bibelstellen heran: Der »Schwert und Bogen ...« vorangehende Vers weise bereits auf ein Grab für Joseph hin, der in das von Hebron nicht kommen kann. Josephs Vater hatte vorgesorgt und

---

übrigens von Anfang an zu spüren war [...]) in den wahrscheinlich poetischen Ausdrücken für b) Gestohlenes (...), mit altertümlicher Kasusendung, (...).«

58 Jacob, *Exodus*, S. 500.
59 Jacob, *Genesis*, S. 9.
60 Jacob, *Exodus*, S. 954. »Maßgebend ist der Zusammenhang«, Jacob, *Genesis*, S. 642.
61 »(...) Man braucht nur die Konkordanz nachzuschlagen«, vgl. ebd., S. 1022.
62 Jacob, *Exodus*, S. 337.
63 Vgl. Jacob, *Genesis*, S. 886. Die nächsten Zitate ebd., S. 887.

»Die Exegese hat das erste Wort«

für Joseph »ohne fremde Beihilfe, aus eigenen Mitteln, aus eigener Kraft« von den Chamoritern ein Feld gekauft. Das sei hier mit der Formulierung »Schwert und Bogen« gemeint. Nicht als eine drastische Tat, sondern in der Bedeutung »aus eigener Kraft« sei diese Bibelstelle im Kontext des zugesagten Landes zu verstehen. »Ich habe mit meinem Schwert und Bogen von der Hand des Emoriters genommen.« Des Erzvaters redlich erworbenes Vermögen war sein »Schwert und Bogen«.

Benno Jacob nannte dies einen affektvollen, gehobenen Stil der Bibel, es sei eine »geistvoll veränderte Sinngebung«. Die Formulierung »Mit Schwert und Bogen« fand der Erzvater, so Jacob, vielleicht schon vor. Diese »Sinngebung« sei nicht »kühner« als z. B. Psalm 44,4: »»Denn nicht mit ihrem Schwert eroberten sie das Land und nicht ihr Arm schaffte ihnen Sieg, sondern deine Rechte und dein Arm, das Licht deines Antlitzes, wenn du ihnen wohlwolltest‹.« Dieses Psalmwort – Benno Jacob erklärte die Genesis oft durch die Psalmen – unterstützte seine Auslegung: »Das wahre Schwert war Gottes Hilfe.«

So lautete Jacobs Grundregel für die Auslegung eines Textes: Man müsse immer dem Zusammenhang, in dem der Vers sich befindet (hier: dem Charakter Jakobs) und den inneren Zusammenhängen der Tora gerecht werden[64].

Neben Wortsinn (peschat), Stilgesetzen und Zusammenhang interessierte Jacob die Frage nach einer eventuellen Vorgeschichte der einzelnen biblischen Texte[65].

Er ging von schriftlichen Vorlagen aus und war der Auffassung, dass es sich beim Pentateuch um ein »vielseitiges Werk« handele. Das Bild der Quellen sei in dem Sinne zutreffend, dass der Verfasser es nicht »ganz allein aus sich herausgesponnen«, sondern z. B. ein Gedicht benutzt habe[66]. Jacob

---

64 »Richtig kann nur eine Erklärung sein, die mit anderen biblischen Aussagen im Einklang steht, mit dem Charakter Jakobs nicht in Widerspruch gerät und dem Zusammenhang, in dem der Vers sich befindet, gerecht wird.« Jacob, *Genesis*, S. 886. Jacob umgeht an dieser Stelle durch die Darstellung der rabbinischen Erwägungen eine eigene Entscheidung. Die Übersetzung lautet: »Was ich von der Hand des Edomiters genommen habe mit Schwert und Bogen«. Vgl. ders., *Exodus*, S. 308.
65 Dies könne »von vornherein nur durch philologische Exegese, durch genaue Untersuchung der Stelle und des Wortlautes und Geistes und wenn möglich ihrer Vorgeschichte« geleistet werden, Jacob, *Auge um Auge* (o. Anm. 26), S. 3f. Vgl. zur philologischen Interpretation Benno Jacob, Gott und Pharao, in: *MGWJ* 68 (1924), S. 126.
66 Jacob, Die biblische Sintfluterzählung (o. Anm. 1), S. 12. In ders., *Genesis*, S. 184 sprach Jacob ebenfalls von einem »Geschichtsschreiber, der den Mann im Zusammenhang seiner Zeit betrachtet«. Vgl. *ebd.*, S. 622: Jakob hadert mit Laban, Gen 31: »Vers 40: Und da soeben Tag und Nacht genannt sind, so wird, was das für ihn bedeutete, in rhythmischen, Laban v. 27

begründete diese Einschätzung innerbiblisch: Die Tora selbst berufe sich auf eine alte Quelle[67]. Jacob wies aber deutlich auf die Grenzen dieser Suche nach Vorlagen hin und bemühte dafür wiederum die Wassermetaphorik: »Es ist unmöglich, in dem einen großen Strom die Quellen und Zuflüsse zu scheiden.«[68] Der Verfasser der Genesis habe die »mannigfaltigen Stoffe« gemeistert »und zu einer organischen Einheit verschmolzen«[69]. Dennoch gehörte es auch zu Jacobs Auslegung, »die verschiedenen Traditionen« zu erkennen[70].

Dies fiel für ihn jedoch nicht mehr unter den Begriff der »Exegese«, sondern zählte zum geschichtlichen Interesse eines Bibelforschers. Verglichen mit seinem exegetischen Interesse ist seine Analyse der Vorgeschichte biblischer Texte lediglich in Ansätzen vorhanden[71]. Denn die Konzentration der Erzählung auf Sinn und Zweck und ihre pädagogisch künstlerische Gestaltung bestimme Rücksichten, denen gegenüber in der biblischen Erzählung der tatsächliche Geschichtsverlauf nur sekundär sei[72]. Der Tora komme es »auf die Wirkung für Gesinnung und Leben in der Zukunft« an[73]. Die Exegese habe festzustellen, was der vorliegende Text sagen will, so Jacob[74]. Er sprach von einer lehrhaften *Tendenz* der Tora; sie will ein Volk für Gott erziehen[75].

Martin Buber bezog sich auf diese »Tendenz« der Tora, auf ihren Sinn und Zweck, den Jacob oft hervorhob. In einer Rezension verschiedener neuerer Arbeiten zur Auslegung der Genesis (von Umberto Cassutto, Paul Volz/Wil-

---

überbietenden Sätzen ausgeführt, die aus einem Gedicht stammen könnten.« In seiner Auslegung von Gen 9 sprach Jacob, *ebd.*, S. 270f. z. B. davon, dass in Gen 9 »Quelle« der Noah-Sprüche »ohne Zweifel der Ausspruch Noahs [sei], oder es kommt umgekehrt in ihm ein uraltes israelitisches Bewusstsein zum ersten Ausdruck«.

67 Jacob, *Genesis*, S. 10. Ders., *Exodus*, S. 279.
68 Jacob, *Genesis*, S. 10. Jacob variiert dieses Bild des Stromes auch mit dem einer Blumenwiese, vgl. ders., Die biblische Sintfluterzählung, S. 10: »Man hat leicht J sinnig und P pedantisch nennen, wenn man alle bunten Blumen auf einer Wiese pflückt und zu einem Strauß bindet, den man J nennt, während das übriggebliebene Gras P heißen soll. Aber vorher haben sie auf der Wiese zusammengestanden und sind aus demselben Boden gewachsen.«
69 Jacob, *Die biblische Sintfluterzählung*, S. 12.
70 »Was man zu scheiden versuchen mag, sind die verschiedenen Traditionen, nachdem man durch die sorgsamste Exegese den Sinn des Schriftwerkes bis in alle Einzelheiten erforscht hat.« Jacob, *Pentateuch*, S. 127.
71 Vgl. den Beitrag von Shimon Gesundheit in diesem Band: »Bibelkritische Elemente in der Exegese Benno Jacobs«.
72 Jacob, *Exodus*, S. 484.
73 *Ebd.*, S. 322.
74 Jacob, *Genesis*, S. 156.
75 Jacob, *Exodus*, S. 484.

helm Rudolph und Benno Jacob) konstatierte Buber 1936 bezüglich des Kommentars von Jacob: Die tendenzkritische Forschungsweise verdrängt die quellenkritische Forschungsweise[76]. Jacob erhelle mit seinem Kommentar die »tragende Tendenz« der auszulegenden Kapitel. Buber gefiel Jacobs Frage, welche Absichten der Auswahl der Stoffe in der Bibel zugrunde lagen. Da gebe es Grundtendenzen festzustellen, Traditionen wüchsen nicht wild.

Jacob, der ja an der einheitlichen Verfasserschaft der Tora festhielt, fühlte sich wohl verstanden. Er hatte immer schon die absichtsvolle Bearbeitung der Traditionen in seiner Auslegung berücksichtigt. Er war nicht einverstanden mit den Bibelkritikern, die aus scheinbar fragwürdiger Zusammenstellung der Quellen an der Tora Veränderungen vornahmen.

Jacob schrieb in seinem Aufsatz 1938, also zwei Jahre nach Bubers Beitrag über »Genesisprobleme«: »Die Geschichtserzählung der Tora ist also Bearbeitung nach einer bestimmten Absicht und eben dies setzt voraus, dass ein geschichtlicher Stoff vorhanden gewesen sein muss.« Für die »Auswahl, künstlerische Komposition und sprachliche Formung« war, so Jacob, die »Tendenz« bestimmend[77], die lehrhafte Tendenz der Tora.

Eigenarten aus Jacobs Kommentaren

Jacob schrieb in seinen Kommentaren einen klaren und sprachlich z.T. schönen Stil[78]. Er wollte, dass auch Laien aus seinen Kommentaren Gewinn zögen[79]. So ging es ihm immer um eine möglichst anschauliche, teilweise volksnahe Bibelauslegung. Er spielte mit Sätzen, z.B. Goethe-Zitaten aber auch Strophen des Kirchengesangbuches[80], die zur Allgemeinbildung gehören, und verwendete oft Umgangssprache[81].

---

76 Buber, *Genesisprobleme* (o. Anm. 12), S. 91. Buber verweist auf sein »Königtum Gottes«, XVf, 39f.
77 Benno Jacob, Israel in Ägypten. Rückblick auf Exodus c. 1–15, in: *Jahrbuch für jüdische Geschichte und Literatur* 31 (1938), S. 89.
78 Vgl. *Brief* E. Jacob an Rabbi Jung, 29.12.1954, Nachlass Pittsburgh. *Brief* B. Jacob an Salman Schocken, 4.7.1944, Nachlass Pittsburgh: »(...) I am rather sensitive as regards style and phrasing.«
79 Jacob, *Genesis*, S. 12.
80 Jacob, *Exodus*, S. 185: »Es gibt nur Einen, der Wolken, Luft und Winden weist Wege, Steg und Bahn.« Vgl. Evangelisches Gesangbuch »Befiel du deine Wege« nach Ps 37,5 (Lied 361), Strophe 1.
81 Vgl. z. B. Jacob, *Exodus*, S. 202 zu Ex 7. Hier sprach Jacob im Zusammenhang mit Moses Stab von einem »Schlag ins Wasser«. Zu Ex 3,12 formulierte er: »Gott lässt sich nicht in die Karten sehen (...)« (S. 57).

Hin und wieder zeigen Jacobs Arbeiten unterschwellig polemische Züge gegen christliche Formulierungen. Bei der Auslegung der ›Bindung Isaaks zum Opfer‹ Gen 22 formuliert Jacob analog zu einem bekannten Johannesvers, wies jedoch nicht auf die Quelle hin: »Also hat Gott die Welt geliebt, dass er seinen eingeborenen Sohn hingab, auf dass alle, die ihm nachfolgen, wissen, was das höchste Gut ist, aber auch dass die Liebe zu Gott nie bis zur Opferung von Menschenleben gehen soll.«[82] Er verfremdete neutestamentliche Bibelzitate, um mit ihnen seine theologische Position, seine Auslegung zu unterstreichen[83]. Indirekt machte er auf diese Weise gleichzeitig seine Anfragen an christliche Positionen deutlich.

Zeitgeschichtliche bzw. biographische Elemente in der Exegese Jacobs

Jacob erlebte die Jahrhundertwende, das Ende des Kaiserreichs, zwei Weltkriege, die zwanziger Jahre und die Nazizeit. Wenn man bedenkt, wie sehr es zu Jacobs Wesen gehörte, sich durch Reden, Leserbriefe, Predigten und durch sein Engagement in verschiedenen Verbänden in die gesellschaftliche Entwicklung einzumischen, so lässt sich in seiner Bibelauslegung erstaunlich wenig davon entdecken. Dennoch sind zuweilen Anspielungen auf seine Gegenwart in den Kommentaren aufzufinden. Die Auslegungswerke Jacobs bergen seltene antizionistische Anspielungen[84]. Sie spiegeln manchmal seine Exilsituation und ebenso Erfahrungen im nationalsozialistischen Deutschland wider. Vieles wird sich heutigen Leserinnen und Lesern nicht mehr erschließen und unentdeckt bleiben.

Im Genesiskommentar, den er im Dezember 1933 in Hamburg beendete, schrieb er – im Zusammenhang mit der Verheißung des Landes an die Erzväter: »Dass er der überweltliche und heilige Gott ist, musste vor dem Dünkel des Nationalismus bewahren, d.i. der Erhebung der ›nationalen Belange‹ zum einzigen Maß aller Dinge, vor der Vergötterung und Selbstanbetung des eigenen Volkes mit allen seinen Menschlichkeiten und Fehlern.«[85]

---

82 Jacob, *Genesis*, S. 500 (Joh 3,16); ebenfalls zur Abrahamsgeschichte und Joh 3,16: »Also hat Gott Abraham geliebet, dass er seinen eingeborenen Sohn hingab, auf dass alle, die ihm nachfolgen erkennen, wie GOTT uns liebt.« Benno Jacob, Einführungen in das Erste Buch Mose: Die Akeda, in: *Der Morgen* III (1927), S. 159.
83 Jacob, *Exodus*, S. 382: »Auch wenn ein Gesetz bildlich spricht, kann es nicht zum Vorwurf gereichen, wenn man seine Worte buchstäblich nimmt. Sehr oft ist es der ›Geist‹, der tötet, der Buchstabe, der am Leben erhält und ein Schutz gegen Willkür, Ermessen und Ausreden ist, um sich einem konkreten Tun zu entziehen«. Jacob bezieht sich auf 2. Kor 3,6f.
84 Z. B. Jacob, *Exodus*, S. 110f.
85 Jacob, *Genesis*, S. 315.

Zehn Jahre später im Exil hinterließ auch sein Erleben des Dritten Reichs[86] sowie seine Beschäftigung mit der englischen Sprache und Kultur Spuren. Im Exoduskommentar wandelte er die Metapher »Eulen nach Athen« in »Kohlen nach New Castle« um[87]. Er richtete sich aber immer noch an deutsches Publikum. Im gleichen Kommentar rechnete er den »Durchschnittswert eines Sklaven« von den biblischen »Sekel« in die damals geltende deutsche Währung (Reichsmark) um[88].

Veranschaulichung der Auslegung

Auffallend häufig kommt es vor, dass er in seinen Kommentaren nicht nur eine Übersetzung anbietet. In vielen Auslegungspassagen, denen er seine maßgebliche Übersetzung voranstellte, machte er – gesperrt gedruckt – ein weiteres Übersetzungsangebot – zum Beispiel in Gen 24,6. Hier erwidert Abraham dem Knecht: השמר לך פן : »Hüte Dich, dass« (du meinen Sohn dorthin zurückbringst!). Im Kommentar bot Jacob als Übersetzung dieser drei hebräischen Worte zusätzlich »Das auf keinen Fall!« an[89]. – Als Leserin und Leser erwartet man dafür eine Erklärung. Jacob verzichtete darauf.

Jacob blieb in seiner Exegese keinesfalls der analysierende Beobachter. Er paraphrasierte den auszulegenden Text – entweder einzelne Verse oder auch größere Abschnitte[90]. Indirekt lieferte er dabei oft eine variierte – dritte – Übersetzung.

Um die biblischen Figuren und ihr Agieren dem Bibelleser nahezubringen, wechselte Jacob zuweilen die Perspektive. Er ließ die Handlungsträger in der Ich-Form zu Wort kommen. Die Rede Gottes an Erzvater Jakob in Gen 28,13–15, dem Traum von der Himmelsleiter, vermittelte Benno Jacob, indem er eine Frage Jakobs und Gottes Antwort inszenierte. In die Worte Gottes flocht Benno Jacob die Gedanken des biblischen Jakob ein[91].

Manchmal analysierte Benno Jacob den szenischen Aufbau bestimmter Kapitel, z. B. in Gen 25: »An der Disposition des Kapitels ist zu bemerken,

---

86 Jacob, *Exodus*, S. 586 (zu Ex 20,20) formulierte Jacob: »Dies soll das wahre jüdische Gesicht sein, nicht als ein Gepräge der Rasse und des Blutes, sondern als der am Sinai aufgedrückte Stempel einer Gesinnungsgemeinschaft, die durch ein religiös-sittliches Prinzip beherrscht wird: Gottesfurcht und Sündenscheu.«
87 *Ebd.*, S. 209.
88 *Ebd.*, S. 679.
89 Jacob, *Genesis*, S. 515.
90 Vgl. auch Jacobs zusammenfassenden Schlusssatz zum Exodusbuch, Jacob, *Exodus*, S. 1032.
91 Jacob, *Genesis*, S. 580f.

dass immer nur zwei Personen auf der Szene sind: Isaak – Esau, Rebekka – Jakob, Isaak – Jacob, Isaak – Esau, Rebekka – Jakob, Isaak – Rebekka, Isaak – Jakob. Nur Esau und Jakob treffen sich nicht und werden sich erst c. 33 wiedersehen.«[92] In seiner Auslegung des Exodusbuchs sprach Jacob oft vom »Drama der Befreiung«[93].

In der Beachtung dessen, dass er biblische Geschichten szenisch repetierte, indem er sie sprachlich auf eine Bühne hob, in Szenen zusammenfasste und oft psychologisch deutete, trägt Jacobs Auslegung bibliodramatische Züge[94].

Jacob wies oft auf die Bilder hin, die die Tora male[95]. Ausführlich geschieht dies in Jacobs Kommentar zu Gen 24 – Rebekka wird Isaaks Frau: »Mit ganz wenigen, knappen Strichen wird erreicht, dass die liebreizende Jungfrau vor unseren bewundernden (vgl. 12,11.14), sie mit innigem Wohlgefallen betrachtenden Blicken steht: wie sie den Krug auf dem Haupte daherkommt, zum Brunnen hinabsteigt, mit gefülltem Kruge wieder heraufsteigt.«[96] Dieses Beispiel habe, so Benno Jacob, »den Malern ja auch immer wieder den Pinsel in die Hand gedrückt«[97]. »Die Szene am Brunnen gehört zu den köstlichsten Bildern der biblischen Mappe, ihr Zauber muss sich jedem Leser unauslöschlich einprägen«[98]. Jacob bezog sich immer wieder auf Darstellungen Rembrands – die Linolnachzeichnung einer biblischen Rembrand-Darstellung von Gen 32 schmückte als Exlibris jedes seiner Bücher.

Jacob regte an, dass man den meisten biblischen Geschichten am besten näher kommt, wenn man sie nicht nur in wenigen Minuten lese[99]. »Will man aber ihren schier unerschöpflichen Reichtum an Gedanken und Fein-

---

92 Jacob, *Genesis*, S. 577.
93 Jacob, *Exodus*, S. 355.181.
94 *Ebd.*, S. 25, nach der Rettung von Moses in Ex 2,8: »Wir sollen mit den beiden über die glückliche Fügung jubeln.« Vgl. *ebd.*, S. 50.
95 Ähnliche Anregungen gab auch Gunkel: »Jeder Zug im folgenden soll malen«, Hermann Gunkel, *Genesis, übersetzt und erklärt*, Handkommentar zum Alten Testament, Göttingen ²1902, S. 170.
96 Jacob, *Genesis*, S. 519.
97 Benno Jacob, Einführungen in das Erste Buch Mose: Begräbnis und Hochzeit, in: *Der Morgen* III (1927), S. 415
98 »Hingegen habe man den Bericht des Knechtes, der nur wiederhole, was dem Leser bereits bekannt sei, für überflüssig oder zu ausführlich gehalten. Allein dann hat man den eigentlichen Sinn der Geschichte nicht begriffen.« Jacob, *Einführungen: Begräbnis*, S. 415. Vgl. Jacob, Genesis, S. 534: »Frei von Sentimentalität, voll Würde und Anmut sind es in reinem Glanze strahlende Familiengemälde und zeigen, wo die tiefsten Sympathien der Tora liegen. Schöner könnte die Geschichte des Gottesfreundes Abraham nicht geschlossen werden.«
99 Vgl. Jacob, Einführungen in das Erste Buch Mose: Die Erzväter, 2. Teil, S. 104, in: *Der Morgen* II (1926).

heiten genießen, dann muss man sich fast bei jedem Satze sinnend zurücklehnen«[100]. Heute würden wir das »Meditation« nennen[101]. Dazu Jacob: Die biblischen Geschichten »wollen zu denken geben. Es ist keine gewaltsame Künstelei, dass sie lauter Texte zu unzähligen ausgeführten Betrachtungen, die in alle Höhen und Tiefen des menschlichen Lebens, der Seele, der menschlichen und göttlichen Dinge führen, geworden sind und sich dazu immer wieder darbieten. Jedenfalls ist eine bloß ästhetische Würdigung ebenso unzureichend wie die philologische oder literarhistorische oder kritische Erklärung.«[102] Die Geschichten wollen geistesverwandt gewürdigt werden.

Verfasser

Jacob ging von einem »Verfasser« der Genesis bzw. der Tora aus. Dieser sei ein guter Schriftsteller, der die Kunst des Erzählens wohl beherrsche[103]. »Jedes Wort ist auf das genaueste abgewogen[104]. Der Verfasser hatte Zeit und hat seinen Gegenstand gründlich und bis in alle Einzelheiten durchdacht, ehe er schrieb.«[105] So manche Weglassung beweise den Takt des Erzählers[106]. Ein weiteres »Zeugnis für die Unversehrtheit des Textes und die schriftstellerische Einheitlichkeit« war für Jacob ein u. a. von ihm entdecktes Abzählungssystem[107]. In bestimmten Abschnitten der Tora habe der Verfasser »bezeichnende Wörter« nach den typischen Zahlen 12 oder ihrem Mehrfachen und 70, dem Produkt von 7 und 10 »abgezählt«.

Jacob unternahm im Rahmen seiner eingehenden Exegese, sich in schriftstellerische Probleme des Verfassers bzw. der Abfassung der Tora hineinzudenken. Im Exoduskommentar betonte er z. B., dass »die Abfassung« in Ex 12 und 13 durch die Kombination von Geschichtserzählung und Gesetzen für die Zukunft äußerst schwierig sei. Diese beiden Dinge zu verknüpfen gehöre aber – um lebendige Eindringlichkeit zu vermitteln – zu

---

100 *Ebd.*
101 »Meditatives Studium der Bibel ist daher Mittel der Gotteserkenntnis und Gottesbeziehung«, vgl. *Kleines Lexikon des Judentums*, hg. von Johann Maier und Peter Schäfer, Stuttgart 1981, Art. Bibelauslegung, S. 56.
102 Jacob, *Einführungen: Erzväter*, 2. Teil, S. 104.
103 Jacob, *Genesis*, S. 1023.
104 »Es ist also jedes Wort und jeder Buchstabe genau überlegt.« Jacob, *Pentateuch*, S. 240.
105 *Ebd.*, S. 150. – »Die Formulierung ist aber wohl bedacht und der Text unantastbar.« Jacob, *Exodus*, S. 890.
106 Jacob, *Genesis*, S. 989.
107 Jacob, *Exodus*, S. 253f und ders., *Genesis*, S. 155ff.

den »Prinzipien der Tora«[108]. Auch stellte Jacob in seiner Auslegung zum Beispiel folgende Frage: »Immer ist es für den Erzähler ein Problem: wie bringe ich Personen zusammen, die schicksalsmäßig zusammengehören und, ohne noch voneinander zu wissen, getrennt voneinander leben? So z. B. Samuel und Saul.«[109]

Gottesbezeichnungen

Bei der Verwendung der Gottesnamen ließe sich, so Jacob, die Intention des Verfassers nachvollziehen. Insbesondere das Vorgehen der Vertreter der Quellenscheidung, mittels unterschiedlicher Gottesbezeichnungen Texte auseinanderzudividieren, lehnte Jacob ab. Diese Herangehensweise war ihm zu technisch und konnte deshalb dem biblischen Text nicht gerecht werden. Für ihn war die Suche nach den inneren Gründen für das Auftreten von Elohim, dem »Appelativum« oder JHWH, dem Eigennamen, entscheidend[110]. Die beiden Bezeichnungen werden, so Jacob, mit klarem Bewusstsein vom Verfasser unterschieden. Jacob behauptete: Ein und derselbe Verfasser stelle die beiden Gottesbezeichnungen J-h-w-h und Elohim einander gegenüber. Manchmal wolle er sie als eine Einheit betrachtet wissen. Nicht redaktionelle Zusammenstellung, sondern bestimmte, durch Exegese ermittelbare Absichten – mit anderen Worten: durch die Tendenz des Verfassers – bilden den Hintergrund für das Auftreten der verschiedenen Gottesbezeichnungen. So stellte Jacob die paradox klingende Regel auf: Wo in einem Kapitel die Gottesbezeichnungen wechseln, ist dies der sicherste Beweis für die Einheit des Erzählers; denn bei religiös zwiespältigen oder sich erst entwickelnden Persönlichkeiten – Jacob urteilte so über Abraham in Gen 22 – wechselten die Gottesbezeichnungen[111].

Gliederungsbegriffe

Als ein Indiz für Jacobs Annäherung an den Verfasser selbst können die Gliederungbegriffe gelten, die Jacob in seiner Exegese verwendete. Ihm ging es um den konzeptionellen Aufbau der Tora als einheitlichem, strukturiertem Schriftwerk. Er nannte es vielfach ›Disposition‹ der jeweils auszulegenden Texte[112].

---

108 Jacob, *Exodus*, S. 299.
109 Jacob, *Genesis*, S. 725.
110 Vgl. zu diesem Absatz Jacob, *Exodus*, S. 236.
111 Jacob, *Einführungen: Akeda* (o. Anm. 82), S. 159.
112 Disposition bedeutet Anordnung, Gliederung oder Planung, vgl. Duden, *Das Fremdwör-*

Jacob verwendete daher zur Einteilung, Zuordnung und Gliederung des biblischen Textes entsprechende Begriffe aus der Literatur- und Dramenanalyse. Auch Gunkel und andere strukturierten in ihren Kommentaren die Texte mit Hilfe von Gliederungsbegriffen[113].

Das häufige Auftreten dieser Begriffe ist für Jacobs Exegese charakteristisch. Er teilte biblische Texte ein in ›Einleitung‹ und ›Thema‹, in ›Prolog‹, ›Exposition‹, ›Vorrede‹, ›Vorspiel‹, ›Vorbemerkung‹[114] und ›Seitenstrang‹, ›Seitenlinie‹[115] bzw. ›Seitenstück‹. Ein Beispiel verdeutlicht dies: Die Geschichte in Gen 32, wo Erzvater Jakob mit dem Mann rang und den Ort Pniel nannte, bezeichnet Jacob als Seitenstück zur Akeda, zur Bindung bzw. Opferung Isaaks in Gen 22. Die Orte Moria, wohin sich Abraham mit Isaak begab, und Pniel sind Stätten, »wo Gott sieht und gesehen wird«[116].

Einige Texte verstand Jacob als ›Gegenstück‹ zueinander. In diesem Sinne sei Gen 24, die Hochzeit von Rebekka und Isaak, ein Gegenstück zu dem Begräbnis von Sara im vorhergehenden Kapitel[117]. Obwohl in der einen Erzählung (Gen 23) das Wort Gott überhaupt nicht vorkomme, seien beide Erzählungen desselben Geistes[118]. Jacob behandelte diese beiden Geschichten unter dem Titel »Begräbnis und Hochzeit« in einer seiner populärwissenschaftlichen »Einführungen in die Genesis« als aufeinander bezogen[119].

Bestimmte Worte oder Verse erklärte Jacob zur ›Achse der Erzählung‹ oder auch zu einem ›Knotenpunkt‹[120]. In Abschnitten markierte er ›Haupt-

---

terbuch, Mannheim u. a. 1982, S. 191. Jacob sprach z. B. in seinem Exoduskommentar von einer Disposition, einer »Einschaltung« des Werdens des Gottesmannes zwischen dem ersten und fünften Kapitel. Diese »zeigt die Einheitlichkeit des ganzen Abschnittes c. 1–5 und mit dem Folgenden«, vgl. Jacob, *Exodus*, S. 137. Vgl. auch »Gesamtdisposition«, Jacob, *Exodus*, S. 183.

113 Gunkel, *Genesis*, S. XXXIV »Disposition«; S. 439 (Index); S. 54 Introduktion; ders., *Die Urgeschichte und die Patriarchen*, Göttingen 1911, S. 54 »Exposition«.

114 Zu Gen 36: »Demnach ist v. 2–8 als eine große Parenthese oder Vorbemerkung gedacht, nach dessen Schluss die Überschrift ואלה תולדות wiederholt wird.« Jacob, *Genesis*, S. 671.

115 Jacob richtete sich nach den Redaktionsprinzipien, die der Genesis zugrunde liegen: »Man darf aber nicht ändern, denn es ist ein festes Redaktionsprinzip der Genesis, wenn die Geschichte an einem Knotenpunkte angelangt ist, nicht nur die Seitenlinien, sondern auch das bisher führende Glied der Hauptlinie zu Ende zu führen, um sich dann ausschließlich dem nächsten Gliede der Hauptlinie zu widmen, selbst wenn das Leben des früheren zeitlich noch in das des anderen hineinragt. (...) Die Genesis ist nicht bloß chronologisch, sondern genealogisch und chronologisch geordnet.« Jacob, *Pentateuch*, S. 5.

116 Jacob, *Genesis*, S. 644.

117 Jacob, *Genesis*, S. 534. Vgl. S. 674, wo Gen 36 als Gegenstück zu Gen 34 bezeichnet wird; S. 885 ist Esau Gegenstück zu Jakob. Zu Ex 12,36: »Das empfängliche Herz des ägyptischen Volkes soll das Gegenstück zu der Herzensverhärtung Pharaos sein.« Ders., *Exodus*, S. 355.

118 Jacob, *Genesis*, S. 534.

119 Jacob, *Einführungen: Begräbnis* (o. Anm. 98).

120 Jacob, *Genesis*, S. 941: »das ו von ואתם, das schönste Waw, ist die Achse der Erzählung«

bzw. Nebenthema‹. Er sprach auch von der »Ökonomie der Erzählung«[121] und qualifizierte ›Erläuterungen‹ und ›Parenthesen‹ innerhalb des biblischen Textes.

Bei Parenthesen setzte er in seiner Übersetzung Klammern: In Gen 31,49 klammerte er den ganzen Vers ein. Gerechtfertigt (»vollgültig bewiesen«) sei dies durch den vom Rest der Rede Labans abweichenden »Gottesname(n) 'יי, denn dieser wird in der ganzen Erzählung vermieden«[122].

Benno Jacob legte Wert auf die biblische Art, nachzutragen (›Nachtrag‹, ›Nachholung‹), zurück- bzw. vorzugreifen (›Rückgriff‹, ›Vorausnahme‹)[123]. Als Beispiel Gen 42,1: »Auch Jakob sah, dass es in Ägypten Markt gab und Jakob sprach zu seinen Söhnen: Was seht ihr euch an?« Zu Beginn des Verses heißt es »Jakob *sah*«. Am Ende des Verses redet Jakob: »Weshalb *seht* ihr euch an?« Benno Jacob kommentierte: »Wie üblich nimmt die Erzählung schon die Worte der folgenden Rede voraus.«[124] Solche Bezüge, von Jacob ›Vorausnahme‹ oder auch ›Vorblick‹ genannt, markierte er auch zwischen weit auseinanderstehenden, jedoch unbedingt aufeinander beziehbaren Worten[125]. Er nannte diese Vernetzung auch »nachholende Fortsetzung«[126].

Lieblingswort der Erzählung

Im Rahmen seiner sprachlichen Beobachtungen wies Jacob auf sog. »bezeichnende Worte« hin[127]. Damit waren Worte oder Wortstämme gemeint, die

---

(zur Josefsgeschichte). Benno Jacob, *Die Thora Moses*, Volksschriften über die jüdische Religion Heft 3 und 4, Frankfurt a. M. 1912/13, S. 94.
121 Jacob, *Genesis*, S. 981.
122 *Ebd.*, S. 627. Vgl. auch Jacob, *Exodus*, S. 679.699.
123 Samuel, Ein Meisterwerk, 2. Beiblatt (o. Anm. 38), über Jacob: »Er entwickelt klare Stilgesetze der althebräischen Prosa (...). Im neuen Lichte erscheint eine Erzählkunst, die z. B. Personen erst einführt, wann und wo ihnen eine Rolle zufällt, Vorgänge und Reden an einer späteren Stelle nachholt, wo sie erst wirksam werden. Dass Joseph seine Brüder um Erbarmen angefleht hat, erfahren wir erst aus Rubens Worten in Ägypten; wie tief Jakob allezeit um Rahel getrauert hat, erst aus Judas Worten und zuletzt von Jakob aus seinem letzten Krankenlager.«
124 Jacob, *Genesis*, S. 761.
125 »Im Vorblick auf dieses v. 34.39 geschilderte Erlebnis mit dem Teig, der nicht Zeit hatte zu säuern, ist bereits v. 15ff das Mazzot-Gebot während der sieben Tage des Pessach-Festes gegeben worden.« Jacob, *Exodus*, S. 362.
126 *Ebd.*, S. 55.
127 *Ebd.*, S. 355. Jacobs Textbeobachtungen erinnern an das Leitwortprinzip Martin Bubers. Es liegt der Verdeutschung der Bibel durch Buber und Franz Rosenzweig zugrunde. Buber und Rosenzweig hatte Jacob während seiner langen Tätigkeit als Rabbiner in Dortmund (1906–1929) persönlich kennengelernt. Er war in jenen Jahren auch als Dozent an dem von

bestimmte Abschnitte prägten. Er hatte verschiedene Ausdrücke, mit denen er diese Beobachtung interpretierte: Für ihn gab es »Stichwörter« ganzer Kapitel, Erzählungen, Absätze oder Abschnitte[128]. Manchmal nannte er sie schlicht »wichtige Begriffe«. Sie wiesen auf innere Verbindungen in Texten hin. Oft liege der »Reiz des Stils« gerade in dem Gebrauch desselben Wortes in verschiedenen Bedeutungen und Wendungen[129]. Jacob sprach auch vom »Kernwort«[130], vom »Schlüsselwort«, vom »bezeichnenden Wort« oder vom »Lieblingswort der Erzählung«[131].

Nicht nur Textabschnitte, sondern auch Personen brachte Jacob mit dem Begriff »Leitwort« in Zusammenhang. Er verwies – auf einzelne biblische Figuren bezogen – auch auf das ›Leitwort des Lebens‹. Joseph habe ein solches »Leitwort seines ganzen Lebens« von seinem Vater mitbekommen[132]. Jacob deutete die Worte כה אמר בנך יוסף («so spricht dein Sohn Joseph«) in Gen 45,9, die Joseph an seine Brüder richtet, als Erkennungsmerkmal zwischen Vater und Sohn, zwischen Jakob/Israel und Joseph. An

---

Rosenzweig gegründeten »Freien Jüdischen Lehrhaus« in Frankfurt tätig, wo er Kurse zur Toraauslegung anbot. Bei der Verdeutschung der Schrift durch Buber und Rosenzweig wurde Jacob als Berater hinzugezogen, vgl. *Briefwechsel Buber – Jacob*, 1926–1936 (JNUL Jerusalem, Manuscript collection, Acc. Ms. Var. 319) und Rosenzweig, *Briefe*, S. 413. Ders., *Briefe und Tagebücher* Bd. 2, S. 995. Zu »Leitwort« vgl. Martin Buber, *Zu einer neuen Verdeutschung der Schrift*, Beilage zum ersten Band »Die fünf Bücher der Weisung«, verdeutscht von Martin Buber gemeinsam mit Franz Rosenzweig, Heidelberg 1981, S. 15f. Ders., Leitwortstil des Pentateuch, S. 1131f und Die Sprache der Botschaft, 1095ff, in: *Werke II*, München 1964.

128 Jacob, *Genesis*, S. 391: יָרֵשׁ in Gen 15; aaO, S. 112; 120 »Stichwort der Talion«: essen (in Gen 2f): »du sollst nicht essen – sie gab mir und ich aß – sie betörte mich und ich aß«.

129 »Sodann besteht der Reiz des Stils oft gerade in dem Gebrauch desselben Wortes in verschiedenen Bedeutungen und Wendungen, z. B. 31,19.20.26 · גנב in dreifacher Wendung, 39,2.3.23 מצליח, 40,13.19 נשא ראש, weitere Beispiele s. Quellensch. u. Ex. 58. (...) Hierzu [zur Zuordnung zu J und E] bietet eine bequeme Handhabe der parallelistische, durch synonyme Wendungen nuancierte Stil, besonders der eindringlichen Rede.« Jacob, *Genesis*, S. 975. Bereits in ders., *Pentateuch*, S. 150, erläuterte Jacob diese Grundregel ausführlich: »Jede Besonderheit und Abweichung des Ausdrucks hat ihren besonderen Grund und Sinn. Kehrt ein signifikanter Ausdruck bei einer andern Sache wieder, dann ist zu prüfen, ob nicht zwischen den beiden Gegenständen ein innerer, durch diesen Ausdruck markierter Zusammenhang statthat. Dies ist das hermeneutische Prinzip des Talmuds גזרה שוה (Isorrḥen) und ähnliche Normen. Es heißt z. B. von mehreren Gegenständen, dass sie aus reinem Golde gemacht werden sollen, von anderen nur: aus Gold. Es muss untersucht werden, ob jene Gegenstände eine innere Beziehung aufeinander haben. Oder: viermal kommt im Pentateuch der Satz vor ›zwanzig Gera ist der Sekel‹. An allen Stellen muss bei dieser Bemerkung dieselbe oder eine ähnliche Absicht obwalten.«

130 Jacob, *Genesis*, S. 527: כאשר דבר יהוה in Gen 24,51. Mit ›Kernwort‹ bezeichnet Jacob auch Ausdrücke, die aus mehreren Worten bestehen.

131 *Ebd.*, S. 739: לא מאומה in Gen 40,15.

132 *Ebd.*, S. 816.

sei es das Wort Gott. Joseph habe von seinem Vater gelernt, alle Erfolge der göttlichen Fügung zuzuschreiben[133]. Jacobs Interpretationen von Leitworten, Kennworten, Kernworten oder Stichworten waren nicht nur philologischer Natur. Sie hatten oft eine theologische Ausrichtung.

Jacob als Theologe

Die Exegese hat in Jacobs bibelwissenschaftlicher Arbeit das erste Wort. Zu ihr gehörten in Jacobs Kommentaren »Sinndeutungen«, in denen es ihm um den »Geist der Erzählung«[134] ging, um Bedeutung und Geist des Ganzen[135]. Er wollte seine Exegese in »Einklang mit dem Geist der Tora« vollziehen[136]. Mit anderen Worten: Es ging um den theologischen Gehalt der Tora, um die Religion und die Beziehung zwischen Gott und den Menschen, um eine »Beurteilung der Religion Israels«[137].

Für Jacob hieß das: Die Auslegung der Schrift ist *der* theologische Erkenntnisprozess. Theologie entsteht bei der Exegese. Doch Jacob vertrat hier einen deutlich anders gefüllten Exegesebegriff als seine christlichen und besonders protestantischen Kollegen. Deren kritischer Zugriff auf die Texte stieß auf Jacobs heftigsten Widerstand. Er schrieb: »Die Tora ist nicht auf Fragestellungen eines christlich-religionsgeschichtlichen Katechismus eingerichtet.«[138]

Jüdische Bibelwissenschaft strebte nicht nach theologischem Systemdenken und war nicht auf der Suche nach einer Theologie des Alten Testaments. In jüdischen Kreisen genoss der Begriff »Theologie« im allgemeinen »keine übermäßigen Sympathien« – so formulierte es der jüdische Gelehrte Ismar Elbogen 1918[139]. Viele jüdische Bibelwissenschaftler scheuten ein dogmatisch-spekulatives System und eine Einengung der Studien auf Kultus und Ritus[140]. Vor dem Zweiten Weltkrieg jedoch gab es in Deutschland Ansätze einer jüdischen Theologie[141]. Sie wurden durch

---

133 *Ebd.*
134 Jacob, *Genesis*, S. 643f.
135 Jacob, *Some Principles of Pentateuch Exegesis*, S. 2.
136 Jacob, *Exodus*, S. 339f.
137 Jacob, *Auge um Auge*, S. III.
138 Jacob, *Exodus*, S. 119, zu Ex 5,1–5.
139 Ismar Elbogen, Neuorientierung unserer Wissenschaft, in: *MGWJ* 62 (1918), S. 89f.
140 *Ebd.*
141 Vgl. Alexander Altmann, *Was ist jüdische Theologie?* Beiträge zur jüdischen Neuorientierung, Frankfurt/ Main 1933; Leo Baeck, Theologie und Geschichte, in: *Lehranstalt*, Bd. 49 (1932),

die Vertreibung und Ermordung der Jüdinnen und Juden in Deutschland abgebrochen.

Jacob hatte bereits sehr früh, Ende des letzten Jahrhunderts, die Forderung aufgestellt, dass Bibelforschung auch Theologie zu sein habe. Hier meinte er – selbst als Rabbiner in Göttingen tätig – sich von der alttestamentlichen Wissenschaft an den Universitäten abgrenzen zu müssen: »(...) Nicht Geschichte, Litterargeschichte, Volksgeschichte oder Religionsgeschichte hat sie [die jüdische Bibelforschung] zu sein, sondern Theologie«[142].

Jacob definierte Theologie als »Kunde vom Göttlichen, wie es in der Bibel zum Ausdruck kommt«. Wir wollen »uns nach ihr, nicht sie nach uns, korrigieren«, so formulierte er. Die Bibel sei ein Buch der Religion, das Israel den ewigen Weg des Lebens zeigen will[143].

Das war deutlich gegen die zeitgenössische christliche Bibelforschung gerichtet, die in ihrer historisch-kritischen Arbeit die Bedeutung der Texte für den eigenen Lebensvollzug ausklammerte.

Jacob wies in seinen bibelwissenschaftlichen Schriften auf Glaubensfragen mit dem Wort »Religion« hin und meinte den Weg Gottes mit den Menschen. Er sprach von der »religiösen Quintessenz der ganzen Erzählung« oder auch vom »Kern der Religion«[144]. In Gen 7,16 z. B. verschließt Gott nach dem Einzug aller Lebewesen die Arche. Jacob nannte dieses Versiegeln von außen eine »Plombe«, die den Namen Jhwh trägt. Von innen könnten wir es selber.

S. 42–54; ders., Besitzt das überlieferte Judentum Dogmen?, in: *MGWJ* 70 (1926), S. 225–236; Ismar Elbogen, Neuorientierung unserer Wissenschaft, in: *MGWJ* 62 (1918), S. 81–96; Ignaz Maybaum, *Parteibefreites Judentum – lehrende Führung und Priesterliche Gemeinschaft*, Berlin 1935; ders., *Neue Jugend und alter Glaube*, Berlin 1936; Hans Joachim Schoeps, *Jüdischer Glaube in dieser Zeit*, Berlin 1932; ders., Kritischer Idealismus moderner jüdischer Theologie, in: *MGWJ* 82 (1938), S. 73–85; Eduard Strauß, Eine jüdische Theologie?, in: *Der Morgen* VIII (1932), S. 312–314; Max Wiener, Begriff und Aufgabe einer jüdischen Theologie, in: *MGWJ* 77 (1933), S. 3–16; ders., Aufriss einer jüdischen Theologie, in: *HUCA* 17 (1944), S. 353–396; ders., Tradition und Kritik im Judentum, in: *Prot. als Kritik und Gestaltung*, hg. von Paul Tillich, Darmstadt 1929.

142 Jacob, *Unsere Bibel in Wissenschaft und Unterricht*, S. 11f.
143 *Ebd.*, S. 12.
144 »Nie hat wohl eine Religion ein schöneres Symbol gehabt als Israel an diesem Heiligtum. Nie ist über Religion, Kultus und Moral etwas gesagt worden, was einfacher, tiefer, wahrer und fruchtbarer wäre. Der Kern der Religion sind die zehn Gebote, die Moral als Gotteswille, die Pflicht der Achtung aller Geschöpfe. Dies ist der Sinn aller zehn Gebote. Sogenannte Pflichten gegen Gott, d. h. Leistungen an ihn persönlich, gibt es nicht. Es gibt im Grunde nur Pflichten gegen Geschöpfe Gottes. Sie als solche betrachten, das ist die Pflicht gegen Gott und die Leistung an ihn. Auch Kultus darf sein. Aber er hat einen Sinn nur vor der Lade, angesichts der zehn Gebote, sie anerkennend und sich ihnen beugend. Der Zweck alles Kultus der Gemeinde ist Moed, Begegnung mit Gott, auf dass er unter den Menschen sich niederlasse und ihre ›Heiligtümer‹ heilige.« Jacob, *Pentateuch*, S. 292.

Das Schließen der Arche von außen ist ein deutliches Bild, unter dem Schutz Gottes zu stehen. Hierin spiegelte sich die religiöse Quintessenz der ganzen Sintflutgeschichte wider[145].

Er sprach in seiner Auslegung ebenfalls von der »Gotteslehre der Tora«[146]. Sie käme zum Beispiel auf die Art und Weise zum Ausdruck, in der Gott mit den Menschen kommuniziere[147]. Theologie treiben hieß für Jacob also, die Bedeutung der Texte für den Lebensvollzug und für die Gottesbeziehung der Menschen herauszustellen.

Die ganze Religion Israels ließe sich in den beiden Worten »ER, unser Gott« zusammenfassen oder mit ihnen begründen[148]. »Unser Gott ist ER« – Israel habe ihn stets als den Allmächtigen und Einzigen verstanden. In ›ER, unser Gott‹ liege »der einfachste sprachliche Ausdruck für die Beglückung, Würde und Verbindlichkeit, die mit diesem teuersten seelischen Besitz gegeben sind.«

Jacob betonte auch, dass für ein israelitisches Herz die »Furcht GOTTES« das wahre Leben, die wahre Weisheit sei. Das Exodusgeschehen war »das große Volkserlebnis der Errettung, in der Israel den Gott seiner Väter und seine ›große Hand‹ erkannte, ›da fürchteten sie GOTT und glaubten an IHN.‹«[149]

In Jacobs Auslegung zu Abraham, der sich auf Gottes Verheißungen verließ, sprach er vom Glauben als »Seele der Vätergeschichte und jeder auf Hoffnung gestellten Religion«[150]. Hier sprach Jacob als Rabbiner, der den Texten eine Botschaft an sein Volk entnimmt, die ihm Leben, Hoffnung und

---

145 Jacob, *Genesis*, S. 208.
146 Zu Gen 3,9: »Vielmehr steht die Sache nach der Gotteslehre der Tora so, dass je vertrauter Gott mit einem Menschen verkehrt, um so eher die Art der Vermittlung angegeben wird.« Jacob, Genesis, S. 110. Am Schluss der Urgeschichte: In der Vätergeschichte »werden wir den mannigfachen Formen der Gotteserscheinungen und Offenbarungen begegnen, in der Urzeit gibt es nur Eine Art des Verkehrs Gottes mit den Menschen: Gott sprach (Elohim oder J-h-w-h, J-h-w-h Elohim), nichts von Erscheinungen, Gesichten, Träumen, El, El Schaddaj, Engeln, Gottesboten. Alles dieses tritt nur für die drei Erzväter (...) auf.« *Ebd.*, S. 310.
147 Vgl. *ebd.*, S. 110.310.
148 Zu diesem Absatz alle Zitate Jacob, *Exodus*, S. 234f. Vgl. Dtn 6,4.
149 Die Furcht Gottes nennt Jacob: »die israelitische Verlebendigung, Erweiterung und Vertiefung«. Sie »wird sozial zur Bruder- und Menschenliebe, religiös zu einem reichen, reinen und freudigen Leben mit Gott. (...) Von der Liebe ist sie nur im Temperament und dem eingehaltenen Abstand unterschieden.« Jacob, *Einführungen: Akeda*, S. 155f.
150 »Er ist der Verlass auf Gottes Verheißung, nur weil er es ist, das Vertrauen auf sein Wollen und Können, das sich durch die Gegenwart nicht irre machen lässt, der Gegensatz zu Kleinmut und Schwäche, die sich an das Jetzt halten und nur auf Augenschein, Berechnung und Beweis verlassen. Dieser Glaube ist die Seele der Vätergeschichte und jeder auf Hoffnung gestellten Religion.« Jacob, *Einführungen: Abraham*, S. 507.

Zukunft verheißt. Die Begriffe Theologie, Religion, Gottesfurcht und auch Glaube griffen bei Jacob ineinander.

Gegenüber einer Vernachlässigung der Bibel und entgegen einer rein wissenschaftlichen Bewertung der Bibel betonte er ihre religiöse Seite, ihre Einzigartigkeit, angesichts derer die Wissenschaft in ihre Grenzen verwiesen werde. Jacob formulierte sogar – ausgrenzend: »Das Alte Testament ganz nach seinem absoluten Eigenwert« erklären könne im Grunde nur ein Jude »mit dem Verständnis als der Pietät des eingeborenen Sohns«[151].

Jacobs Anspruch an die jüdische Bibelwissenschaft war hoch angesiedelt: »Uns aber ist die Bibel ein Buch des Lebens, unseres Lebens (...). Wir brauchen eine Bibelwissenschaft, welche nicht blos das Richtige feststelle, sondern ›die Seele erquicke‹, nicht blos wahr sei, sondern ›den Thoren weise mache‹, nicht blos korrekt sei, sondern ›das Herz erfreue‹, nicht blos unverfälscht sei, sondern ›die Augen erleuchte‹. Nur solche Forschung ist dem wahren Wesen der Bibel adäquat«[152].

36 Jahre später, 1934 in einem Brief (an seine Familie) aus Palästina, formulierte er – zufrieden auf die Grundintention seines frisch erschienenen Genesiskommentars blickend: »Ich freue mich, in meinem Kommentar gezeigt zu haben, dass die Seele und der Atem des Buches der Bibel und Israels Gott ist und bleibt, wenn ich dafür auch bei Gelehrten vorläufig nur wenig Gegenliebe finde.«[153]

---

151 Jacob, *Genesis*, S. 11. Hier spielt Jacob auf Joh 1,14 an: »Und das Wort ward Fleisch und wohnte unter uns, und wir sahen seine Herrlichkeit, eine Herrlichkeit als des eingeborenen Sohnes vom Vater, voller Gnade und Wahrheit.« (Luther Übersetzung). In *Unsere Bibel in Wissenschaft und Unterricht*, S. 9, formuliert Jacob es noch deutlicher: Nur ein jüdischer Bibelforscher würde dem »wahren Wesen der Bibel adäquat« sein. »Nur der Jude ist Geist von ihrem Geist, nur er ist ihr unwandelbar treu geblieben und hat nie den Zusammenhang mit ihr zerrissen«.
152 Jacob, *Unsere Bibel in Wissenschaft und Unterricht*, S. 9. Vgl. Ps 19,8ff.
153 *Brief* an E. Jacob, 17.5.1934, Nachlass Pittsburgh, S. 1.

W. Gunther Plaut

Benno Jacob's method, an examination of Genesis 3

Sixty years ago I arrived at the Hebrew Union College in Cincinnati. I went at the invitation of the College to study and, perchance, to be ordained. I was ready for the former and not necessarily for the latter. In any case, my knowledge was less than the authorities had hoped for, but I had one huge plus going for me: among the few books I had brought with me was Benno Jacob's commentary on Genesis, which had appeared the year before and with which I had fallen in love. I understood little of the details, but I grasped the basic thrust, which was: »Take the text seriously.« I never forgot this, and now, so many years afterward, I would like to think that what Benno Jacob communicated to me was the starting point of my own biblical studies.

»Take the text seriously« was like a command, and when it was my turn to try to write a commentary, I often felt that Benno Jacob was looking over my shoulder. All this despite the fact that his book is hard to read – large pages with nine-point type and many a page without a single paragraph – as if the author did not want to let you go. He succeeded with me, as I am sure he did with many others. I am grateful to my dear colleague Rabbi Walter Jacob for allowing me to share in honoring his beloved grandfather.

Benno Jacob did not subscribe to the orthodox notion that the Torah was from Sinai, communicated to Moses by God. The Preface does not disclose just what he believed the origin of the text was, but of one aspect he was certain: it was not a composite work; rather, it was a single document in which the author made every letter, every word, every idiom count. Nothing was accidental. The Masoretic text was to be read with utter seriousness, though not literally. Cognate languages were helpful, and the author knew many of them astoundingly well. For him, nothing was borrowed or copied from other sources, and as for biblical criticism of the Wellhausen school, he had nothing but contempt for it: nearly every verse served to prove the critics wrong. He seemed to be happiest when he could make his point clearly and forcefully. Usually, as with the third chapter of Genesis, he added a special, lengthy postscript to refute biblical criticism in detail. One reason for this was his conviction that much of this branch of literature was inspired by overt or subconscious anti-Semitism, a conviction strengthened by the events of the 1920s and 1930s.

Benno Jacob knew tradition inside out and quoted every renowned *darshan*, but not merely to show the legitimacy of his view. He would on occasion vigorously disagree even with a Rashi, and in the chapter I am about to discuss he says on one occasion: »*Rashis Erklärung muss verworfen werden*« (Rashi's explanation must be thoroughly rejected). He demonstrated a kind of scholarly freedom which, alas, is nowadays hard to find. Today's orthodox writers and many nonorthodox as well, would find a way of showing that Rashi, too, was right, even though he appeared to be wrong.

Jacob's scholarship was meticulous, and his sense of order in the arrangement of the book like a finely tuned watch. I think he was the first to discover that the book did not have to wait for the Rabbis to arrange for *parashiyot*; its real divisions were so clearly built into it that no one saw them until Benno Jacob came along. He pointed out that *Bereshit* is divided by superscriptions called *toledot*, which are not just headlines for generational notations, but constitute the very structure of the book. I am happy to acknowledge that I took his discovery and made it part of my own commentary on the Torah.

Take his interpretation of *leru'ah ha-yom* in Gen 3,8. The text reads, speaking of Adam and Eve after their eyes were opened and they discovered they were naked: *Vayishm'u et kol adonai elohim mit'halekh bagan leru'ah hayom*. Jacob is contemptuous of those who take the passage to mean that God was wandering through the Garden at the cool of the evening. For the Hebrew person, he writes, it was incomprehensible that the God of heaven and earth could not leave his house during the day because of the heat and had to wait till evening to take his stroll. Jacob approves of the Jewish *darshanim* who take *kol*, the voice of God, as the subject that finds its echo at eventide. But he goes farther: he equates the softly blowing wind with the stirring of Adam and Eve's consciences.

As my main example of the author's approach to exegesis, I have chosen his interpretation of the central message of the Garden of Eden tale. In my own view the chapter exhibits three parallel etiologies:

> One is intellectual: The first humans wanted to be all-knowing like God and therefore ate of the fruit of the *etz hada 'at tov vara*.
> The second sees the transgression as ethical, which is the fundamental Christian view of the story: The sin was disobedience of God's command not to eat of the fruit.

The third focuses on the conclusion of the second chapter, which ends with Adam and Eve's discovery of their nakedness and finds the *etz hada'at* to be the symbol of every human's progression from sexual innocence to sexual knowledge. In my view, all three themes are built into the story, and all operate together and apart.

Benno Jacob approaches the problem of the chapter in a unique way. While he accepts disobedience – that is, the ethical meaning – to be the ground from which the story operates, he focuses on the sexual aspect in a special way. According to him, the last sentence of chapter 2 hints at the key: *Vayih y'u sheneihem 'arumim, ha-adam vi-ishto, velo yitboshashu* (And the two of them were naked, both Adam and his wife, and they felt no shame). Here is the way in which Jacob deals with the meaning of the Eden tale.

For him, *vayih'yu sheneihem 'arumim* is the prelude; the real meaning of the story is to be found in the tale of their nakedness. After they ate of the fruit, it says, *vatippatachnah einei shneihem, vayed'u ki ʿarumimhem ... vaya'asu lahem hagurut* (The eyes of the two were opened and they discovered that they were nude ... and they made for themselves things that covered their loins). God then pronounces judgment on Adam, Eve, and the serpent, and the tale ends (3,21): *Vaya'as adonai elohim le'adam ule'ishto ketunot 'or, vayalbishem 'otam* (And the Eternal God made for Adam and Eve garments of skin, and thus clothed them).

According to Jacob, God invested humans with clothing to make them truly human and thereby set them apart from all living creatures. Not one of the latter has a sense of sexual shame and feels impelled to hide his or her genitals. God clothing our mythic ancestors is similar to the priests being invested with special garments. Clothing literally makes the person what he or she is. Humans are set aside by clothing, for it gives them a second skin, »a higher corporeality,« Jacob calls it. Clothes are the human distinction, and even God is pictured as being clothed, *ge'ut lavesh*, as Psalm 93 puts it.

The Torah reveals this purpose in a memorable word play when it speaks of animals as *'arum* (clever) and of humans as being both *'arum* (naked) and *'erom* (nude). Animals are never spoken of as *'erom*, a word that Jacob compares to the Arabic *'arama* (to take one's clothes off, and which he relates also to the Hebrew *'ervah*), while *'arum* (clever) relates to the Arabic for crafty.

What Jacob has in mind with this whole discussion is the bestowal of dignity upon humans, of which sexual modesty is an essential part. Hence, Jacob's surprising discovery was the hitherto overlooked fact that in the Torah the *only thing God ever made for humans was clothing*; all else we had to invent for ourselves, including fire. Clothing is thus an addendum to Creation, required by the developments of Eden, not a correction, as Jacob is careful to point out, for God never makes a mistake.

Jacob's interpretation is thus highly original, though by its emphasis it bypasses a crucial question: Just what did God want us to be, Eden dwellers or struggling, clothed creatures? Jacob merely gives the answer: God did not plan the couple's disobedience, but knew in advance what they would do.

And the expulsion from Eden? It was not a punishment; rather, says Jacob, it was a sign of God's lack of confidence. The author takes the concluding text, which tells of the cherubim that bar the entrance to Eden as further examples of his main thesis. The cherubim, too, though angelic, cover each other and themselves with their wings, as Torah and Prophets suggest, and thus they, too, exhibit an attitude of modesty. To repeat: Adam and Eve were born naked; when they ate from the tree they discovered that they were nude, and this recognition required an additional creational act from God – namely, to clothe them and thereby give them dignity. According to Benno Jacob, that is the *shurah tahtonah* of the tale.

> Let me conclude with a few other examples of the author's independent views.
> On the punishment of Eve: Labor pains are not her punishment; these pains were built into her very sex; rather, God reveals to her now what being a woman will entail, and that (Jacob adds) is hard enough.
> On the serpent:
> a) It is not demonic, an anti-God figure. The only antidivine element in creation is the *human yetzer hara*. Perhaps this is an echo of Franz Rosenzweig's observation that humans were created free, even to oppose God.
> b) Jacob points out that *nachash* (serpent) is masculine, and his emphasis is meant to do away with the old simplistic »blame it on Eve.« But why did the serpent go for the woman rather than the man? Because, says Jacob, it is in women's nature to be sought out, pursued, and therefore also prone to yield to physical and mental seduction. Modern readers will have to make their own judgment of this view.

I conclude where I started. Benno Jacob put me on the path of appreciating Torah and Torah text. This brief paper is a modest way of expressing my gratitude.

Herbert Marks

»Ich werde es sein, der ich es sein werde«
Ein Kommentar zum Kommentar

Ein Zaun um die Thora

Einer der aufschlussreichsten Momente in den Schriften von Benno Jacob ist der täuschend einfache Anfang seines gewaltigen Exodus-Kommentars: »Das zweite Buch der Thora beginnt (ebenso wie die beiden folgenden) mit ›und‹ ... «[1]. Exodus ist das »Buch der Namen«, im Hebräischen *Shemot*, und man würde von Jacob – für den der Name der Knotenpunkt von Theologie, Philologie und Exegese gewesen ist – erwartet haben, dass er über die Wichtigkeit von Benennung Betrachtungen anstellt, wie man sie zum Beispiel am Anfang von dem Midrasch *Shemot Rabbah* findet. Stattdessen aber bekommt man eine ausführliche Analyse hinsichtlich der verschiedenen Verwendungen der Konjunktion, im Hebräischen ein einzelner vertikaler Strich, an dem der gesamte Exodus aufgehängt wird. Das erste Buch mag beginnen mit »Am Anfang«; zweite Bücher und solche, die folgen, können nur mit »und« beginnen.

Die Fuge über »und«, gleichzeitig übertrieben und dezent, ist eines von vielen ikonischen Momenten im Werk von Jacob, in denen der Kommentar ebenso oft über sich selbst reflektiert als über den zugrundeliegenden Text. Das hebräische *Waw* ist eine parataktische Form, die in der Lage ist, disparate Vorstellungen in nicht-hierarchischer Anordnung zu verbinden und dem Abschluss zu widerstehen. Es kann somit als Jacobs Zeichen begriffen werden, und ich werde es in meinen folgenden Bemerkungen übernehmen, indem ich meine Wertschätzung für die Leistung von Benno Jacob als Kommentator mit parataktischer Logik mit meinem Interesse am schwer definierbaren Genre des Kommentars selbst verbinde. Es gibt ein Buch von Emerson mit dem Titel *Representative Men*, in dem jedes Kapitel eine historische Figur mit einer besonderen Aktivität oder Seinsweise gleichsetzt: »Platon, oder Der Philosoph«; »Montaigne, oder Der Skeptiker«; »Napoleon, oder Der Mann von Welt«; »Goethe, oder Der Schriftsteller«. Was würde es

---

1 Benno Jacob, *Das Buch Exodus*, Stuttgart 1997, S. 1. Die Seitenzahlen in Klammern beziehen sich auf diese Ausgabe.

bedeuten, in solch repräsentativen Termini von »Benno Jacob, oder Der Kommentator« zu reden?

Jacob war, so glaube ich, der bedeutendste Bibelkommentator der Moderne, und das in jedweder Hinsicht: Präzision, Gelehrsamkeit, Subtilität, Einfühlungsvermögen, Vielfalt, der schieren Masse von Text. Es ist gleichbedeutend zu sagen, dass er der größte moderne Textkommentator überhaupt gewesen ist, denn keine kommentatorische Tradition, sei sie literarisch, philosophisch oder juristisch, kann hinsichtlich Vitalität oder Alter mit dem zweitausendjährigen »Zaun um die Thora« rivalisieren.[2] Und dennoch ist der Name Benno Jacobs dem breiten Publikum fast unbekannt. Man sucht vergebens nach ihm im Brockhaus, in der Britannica oder in der Universalis – und selbst in der Encyclopaedia Judaica findet man gerade mal eine halbe Spalte. Sogar zu seiner eigenen Zeit, im Zirkel der universitär ausgebildeten Intellektuellen, die sich der Wissenschaft des Judentums widmeten, scheint er eher für seinen unverhohlenen Widerstand gegen den Rassismus und für seine scharfen anti-zionistischen Schriften bekannt gewesen zu sein als für seinen monumentalen Kommentar zur Genesis oder des sich anschließenden über den Exodus.[3] Und in der Tat musste das letztere Werk fünfundfünfzig Jahre warten, bis 1997 also, bis es im Original publiziert wurde. Die Rezeptionsgeschichte legt nahe, dass die zwischen Leistung und Anerkennung sichtbare Diskrepanz, deren ansatzweise Wiedergutmachung das Anliegen dieser Sammlung ist, nicht nur ein Resultat von Verfolgung oder Vorurteil oder wissenschaftlicher Mode ist (zum Beispiel der überragenden Bedeutung und Selbstzufriedenheit historischer Kritik). Sie ist vielmehr verbunden mit der Natur des Kommentars selbst. In den Worten William Empsons, unseres ausgezeichnetsten Kommentators von englischer Dichtkunst: »Detaillierte Erklärung, im literarischen wie im gesellschaftlichen Bereich, ruft als Reaktion Argwohn hervor: ›warum verschwendet er unsere Zeit, lässt uns keine Ruhe wegen diesem Ding, wenn alle wissen, dass alles in Ordnung ist? Wozu soll das gut sein?‹«[4]

---

2 Siehe die drei zusammenfassenden Anordnungen am Anfang des talmudischen Traktats *Pirke Avot*: »Sei besonnen in deinem Urteil, erziehe viele Schüler und ziehe einen Zaun um die Thora.«

3 Der Name Benno Jacob kommt in dem Werk Martin Bubers nur gelegentlich vor, obwohl Buber sich oft auf ihn zu stützen scheint. Unter Wissenschaftlern, die in der englischen Sprache arbeiten, wuchs der Ruf Jacobs zum größten Teil durch die großzügigen Anerkennungen Brevard S. Childs; siehe ders., *The Book of Exodus*, Old Testament Library, Philadelphia 1974, passim.

4 William Empson, *Seven Types of Ambiguity* (1930), New York 1947, S. 245.

Was also ist das Wesen des Kommentars, und was schätzen wir an ihm, wenn wir ihn rühmen? Ursprünglich – und historisch am primitivsten – ist der Kommentar ein das Gedächtnis stützendes, später dann ein pädagogisches Hilfsmittel. Das Lateinische *commentarius*, abgeleitet von dem Verb *comminiscor* mit der Bedeutung ›ersinnen‹, ›erfinden‹, bezieht sich zunächst auf ›Notizbücher‹. Diese konnten privat oder öffentlich sein – in den Priesterkollegien, zum Beispiel, wurden zeremonielle oder rituelle Details in *commentarii* gesammelt –, und das Wort wurde ebenfalls im weiteren Sinne für autobiographische Aufzeichnungen verwendet, einem Genre, welches durch Cäsars *Commentarii* literarische Anerkennung fand. Die moderne Assoziation ›Erläuterung‹ oder ›Interpretation‹ (in der manchmal die Wurzel *mens* anklingt) ist neuer und hat sich aus der Alltagsbedeutung ›Anmerkung‹ entwickelt, wie sie im sechsten Jahrhundert bei Isidor von Sevilla nachgewiesen wurde, der diese Bedeutung von Kommentar vielleicht in Umlauf gesetzt hat. Im Mittelalter war ein ›Kommentator‹ unmissverständlich der Autor einer darlegenden Abhandlung. Die älteren Bedeutungen aber überlebten in umgangsprachlicher Verwendung, zusammen mit einem gelegentlichen Echo der etymologischen Bedeutung ›Erfinder‹. Ein englischer Text aus dem fünfzehnten Jahrhundert, zitiert im Oxford English Dictionary, setzt »Kommentatoren« gleich mit »wryters of storyes«.

Die frühesten literarischen Kommentare wurden wahrscheinlich in der hellenistischen Periode in Alexandria zusammengetragen. Diese *hypomnemata*, wie sie genannt wurden, waren wiederum Sammlungen von ›Notizen‹ (die gleiche Ableitung wie *commentarii*), die der Grammatiker vor seinem mündlichen Vortrag oder *schole* konsultierte, um sein Gedächtnis aufzufrischen. Die einzelnen Punkte wurden mit dem Diminuitiv *scholia* bezeichnet. Bevor der Übergang zu Pergament die Niederschrift von Marginalien ermöglichte, wurden *scholia* auf separate Papyrusrollen geschrieben, die getrennt vom Originaltext zirkulierten.[5] Die hellenistischen Muster hatten einen wichtigen Einfluss auf die Frühgeschichte des biblischen Kommentars, der zeitgleich in Palästina, Ägypten und Babylonien zu entstehen scheint.

---

5 Früher verwandte man Zeichen wie den *Obelos*, einen horizontalen Strich, den Zenodotus, der erste Bibliothekar von Alexandria, Anfang des dritten Jahrhunderts in seiner Ausgabe Homers einführte, um unauthentische Zeilen und anschließend beachtenswerte Passagen zu zeigen. Siehe Leighton D. Reynolds und Nigel G. Wilson, *Scribes and Scholars: A Guide to the Transmission of Greek and Latin Literature*, London 1968, S. 10–11; und William G. Rutherford, *A Chapter in the History of Annotation*, London 1905; rept. 1987, S. 20–27; auch L. Holtz, La typologie des manuscrits grammaticaux latins, in: *Revue d'histoire des texts* 7 (1977), S. 247–69; bes. S. 253ff, »Les commentaires de l'Antiquité au Moyen Age.«

»Ich werde es sein, der ich es sein werde«

Hier finden sich die *pesher* Kommentare Qumrans, die allegorischen Schriften von Philos Vorgängern in Alexandria und schließlich die polyphonen Sammlungen rabbinischer Interpretation, zum Großteil nach der Reihenfolge der Verse organisiert, die den eristischen Stil des Lehrhauses oder *bet midrash* einzufangen und zu transformieren scheinen. Der fortlaufende Kommentar aus der Feder eines einzelnen Exegeten erscheint erst im zehnten Jahrhundert mit den Werken von Gaon Saadja und seinen rabbinischen Nachfolgern. Zusätzlich zur pädagogischen Funktion offenbart sich ein starker polemischer Zug, denn Saadja schrieb zur Verteidigung der Weisen gegenüber den Karäern, deren radikales Beharren auf einem direkten Zugang zur ursprünglichen Bedeutung der Schrift von modernen Historikern als eine Art früher Protestantismus oder gar als Vorläufer historischer Kritik gefeiert wird, was Saadja zu einem Vorgänger Benno Jacobs machen würde.

Das hebräische Wort für »Kommentar« ist *perush*, eine ›Erklärung‹ oder ›Erläuterung‹, besonders hinsichtlich des Willens Gottes. Sein exegetischer Sinn geht auf Lev 24,12 zurück, wo die Geschichte eines der Blasphemie angeklagten Mannes, des Sohnes einer israelitischen Mutter und eines ägyptischen Vaters (allegorisch also eine Art Ur-Hellene oder Christ), erzählt wird. Der Mann soll in Gefangenschaft bleiben, bis Gottes Wille eindeutig erkannt oder, wie es bei Buber und Rosenzweig heißt, »erdeutlicht« ist (*liprosh lāhem ʿal-pî yhwh*, vgl. Num 15,34). Bezeichnend für unser Thema hier ist, dass das Bedürfnis nach solcher Klärung durch die verwirrte Sorge der Gemeinde um den Namen Gottes provoziert wird: der Mann »tastete den Namen an« – eine von insgesamt nur zwei Stellen in der Bibel, wo »der Name« in diesem Sinne absolut verwendet wird (vgl. Dtn 28,58). Jacobs eigenes Engagement für *perush* wird, zumindest teilweise, gleichermaßen eine Antwort sein auf das, was er als Missbrauch des göttlichen Namens wahrgenommen hat. Die Sorge um den göttlichen Namen ist eine der Konstanten in Jacobs Werk, und im folgenden möchte ich dies näher ausführen, um seine Entwicklung in ein klareres Licht zu rücken. Meine Prämisse dabei ist: Jacob verfolgt mit großer Insistenz die Frage nach dem Namen nicht nur deshalb, weil die Passagen, in denen Gott seinen Namen offenbart, die Säulen der historisch-kritischen Methode sind, die Jacob zu Fall zu bringen hoffte, sondern vielmehr – was aus dem Grund wohl schwieriger fassbar ist –, weil die interpretative Behandlung des Namens ein Gleichnis des Kommentars selbst darstellt. Mit letzterem hoffe ich, dem metakritischen Aspekt von Jacobs Werk gerecht zu werden. Bevor wir das Spiegelkabinett seines Kommentars betreten können, müssen wir uns jedoch mit der Unerbittlichkeit seiner öffentlichen Türhüter konfrontieren.

Herbert Marks

Kommentar und Polemik

Eines der frustrierenden und zugleich erfreulichen Merkmale der Lektüre von Jacobs Kommentar besteht in der enormen Schwierigkeit, seine ideologischen Tendenzen zu kategorisieren. Seine Positionen sind rigoros formuliert, die zu ihnen hinleitenden Gründe aber oft weit weniger ersichtlich. Dies gilt im besonderen hinsichtlich seiner Auseinandersetzung mit der historischen Kritik. Das erste und oft einzige, was ein moderner Student des Alten Testaments heutzutage über Jacob lernt, ist, dass dieser die Quellenkritik ablehnte. Aber es wird einem nur selten erklärt warum.

In der Fachsprache der Bibelforscher umgrenzt der Term »historisch-kritisch« das Projekt, die Bibelentstehung zu rekonstruieren – ein Projekt, welches ursprünglich der homiletischen Interpretation ebenso wie den Textstudien entgegenstand. Die nahe verwandte »Literarkritik« verweist auf die Idee, dass bestimmte, ursprünglich voneinander unabhängige und aus verschiedenen Schichten stammende Abschnitte der Bibel (inbesondere der Pentateuch-Bücher), die Dokumente oder Quellen genannt werden und unterschiedlichen Traditionen Ausdruck gaben, von einem anonymen Redaktor zusammengestellt wurden. Beginnend im achtzehnten Jahrhundert mit Henning Bernhard Witter und Jean Astruc drehten sich die Identifizierung und Beschreibung dieser Quellen und ihr Auftreten innerhalb des Pentateuchs vor allem um die zwei Namen für Gott: »Elohim« und »Jahwe«, die hypothetische Vokalisierung des Tetragramms. Die Forschung des neunzehnten Jahrhunderts entschied sich für vier Hauptquellen und fügte zu dem ursprünglichen Jahwist und Elohist noch einen priesterlichen Schreiber und einen Deuteronomisten hinzu. Darüber hinaus bildete man allmählich weitere Kriterien aus, wie zum Beispiel Abweichungen von Sprache und Stil und die Anwesenheit von erzählerischen, gesetzlichen und kultischen Widersprüchen und Wiederholungen.

Dagegen behauptete Jacob, dass solche Argumente zirkulär seien, dass die unterschiedlichen Stile durch die unterschiedlichen Gegenstände hervorgerufen würden – dass der Skandal von Widerspruch und Verdopplung bei einer ausreichend nuancierten Lesart, die auf die »dichotomische Darstellungsweise« der Bibel reflektiert, verschwinde.[6] Vor allen Dingen

---

6 Benno Jacob, Buchbesprechung der *Hexateuch-Synopse* von Otto Eißfeldt, in: Benno Jacob, Kritische Übersicht über die neuere bibelwissenschaftliche Literatur, in: *Der Jude* 7 (1923), S. 487, zitiert nach Almuth Jürgensen, The fascination of Benno Jacob and his critique of Christian Scholarship, s. in diesem Band S. 70ff.

bestand er darauf, dass der Wechsel der göttlichen Namen Jahwe und Elohim keine Funktion geteilter Verfasserschaft war, sondern auf die unterschiedliche Bedeutung der Namen zurückzuführen sei, deren Auswahl in jedem einzelnen Fall genauestens überlegt worden sei.[7] Diese Behauptung zieht sich wie ein roter Faden durch Jacobs Schriften, von seiner ersten Monographie *Im Namen Gottes* (1903) über die Stellung des Namens in späteren biblischen Texten zu den ergänzenden Fortsetzungen *Quellenscheidung und Exegese* (1916) und »Mose am Dornbusch« (1922) – die Werke, die Rosenzweig veranlassten, Jacob zur Arbeit als Bibelkommentator aufzufordern[8] – bis zu den großartigen Kommentaren selbst: *Genesis* (1934) mit seiner peinlich genauen Analyse der »Konkurrenz« zwischen den Namen, »worin sich nicht verschiedene Quellenschriften mit verschiedenem Sprachgebrauch verraten, sondern eine bewusste Theologie ausspricht«[9], und schließlich *Exodus*, worin er noch immer auf dem gleichen Punkt beharrt:

> »Es ist ein Stil- und Kompositions-Prinzip (und dies allein genügt schon, die Quellenscheidung nach den Gottesnamen zunichte zu machen): Wenn von den beiden Gottesbezeichnungen J-h-w-h und Elohim der [sic] eine gehäuft auftritt, so ist er entweder Vorbereitung oder Folge des andern und diese absichtliche Beziehung des einen auf den andern setzt die Einheit der Abfassung voraus.« (41)

Vielleicht reflektiert die Beharrlichkeit von Jacob die Tiefe seiner Überzeugung. Vielleicht ist aber auch das Gegenteil der Fall und sie täuscht über eine gewisse Unsicherheit in Anbetracht der Belege hinweg. Bibelforscher,

---

7 Siehe Benno Jacob, Exodus, in: *The Jewish Encyclopedia*, New York, 1906, S. 5.305.
8 Benno Jacob, *Im Namen Gottes. Eine sprachliche und religionsgeschichtliche Untersuchung zum Alten und Neuen Testament*, Berlin, 1903; ders., *Quellenscheidung und Exegese im Pentateuch*, Leipzig 1916; ders., Mose am Dornbusch. Die beiden Hauptbeweisstellen der Quellenscheidung im Pentateuch, Ex 3 und 6, aufs Neue exegetisch geprüft, in: *MGWJ* 66 (1922) (N.F. 30. Jg.), S. 11–33.116–38.180–200. Nachdem Rosenzweig »mit atemloser Spannung« Jacobs *Quellenscheidung und Exegese* gelesen hatte, schrieb er am 22. Mai 1921 an Jacob: »Von Ihnen möchte ich einmal einen Kommentar zur ganzen Tora sehen; Sie wären der Mann dazu« (Franz Rosenzweig, *Briefe*, hg. von Edith Rosenzweig, Berlin 1935, Nr. 310, S. 400). Fünf Tage später, als er das Manuskript zu »Mose am Dornbusch« gelesen hat, war sein Enthusiasmus noch größer: »Sie *müssen müssen müssen* Ihrem Werk die Form geben, durch die man es nicht mehr übersehen kann. Und dies ist einzig (Exeget, der Sie sind) die *Form* der Exegese, das heißt der Kommentar« (Nr. 311, 27. Mai 1921, S. 401). Wie er in einem Brief an Richard Koch vom 2. September 1928 etwas scherzhaft selbst zugab, hatte sich Rosenzweig sein eigenes Lebenswerk als einen Bibelkommentar vorgestellt, für den er jedoch siebzig Jahre der Vorbereitung benötigt hätte. Vielleich lag etwas von seinem eigenen ursprünglichen Ehrgeiz in der vorahnenden Aufforderung an Jacob.
9 B. Jacob, *Das erste Buch der Tora – Genesis*, übersetzt und erklärt, Berlin 1934 (rept. New York 1974), S. 23.

und zwar auch solche, die die Bedeutung seines Werkes anerkennen, haben diesen Aspekt im allgemeinen zurückgewiesen. Um Brevard Childs zu zitieren, dessen eigener Exodus-Kommentar Jacob oft beipflichtet: »Die extreme Künstlichkeit, mit der den Namen Bedeutung zugewiesen wird, auch die permanente Notwendigkeit, diese Theorie jedem folgenden Abschnitt neu anzupassen, führt nicht dazu, diesem Ansatz großes Vertrauen entgegenzubringen«.[10] Was aber weder Childs noch irgendein anderer von Jacobs Schülern erklärt hat, ist der ideologische Kontext dieser Theorie der absichtsvollen Namensgebung.

In der Regel wird Jacob als Konservativer abgestempelt, und Childs stellt ihn bezeichnenderweise in ein Lager mit Umberto Cassuto, der ebenfalls Jacobs anti-kritische Faszination für numerologische Muster teilte.[11] Das aber bedeutet, die Besonderheit von Jacobs Schriften, die ganz woanders wurzelt, zu verkennen. Anders als solch Erzkonservative wie Raphael Samson Hirsch hatte Jacob kein Problem mit der Idee geteilter Autorschaft oder historischer Entwicklung, welche er bereitwillig einräumte. Sein Problem war, dass er die Scheidungslinien, die die Quellenkritiker vorschlugen, als unbeholfen und zu kurz gegriffen empfand. Er begrüßte die Klarheit, mit der diese auf Lücken oder Schwierigkeiten hinwiesen, fand aber die Art und Weise, auf die die Schwierigkeiten behoben werden sollten, als zu vorhersehbar und schematisch. Soweit die moderne Forschung Fragen stellte, nahm Jacob sie an, soweit sie Lösungen anbot, wies er sie zurück. Er hatte etwas von einem Talmudisten an sich, für den ein die Diskussion beendendes Zitat eine »Schwierigkeit« (*qasheya'*) darstellen konnte. Anstatt von einem Redaktor spricht Jacob von einem kreativen »Verfasser« – einem Theologen oder, die moderne Literaturwissenschaft antizipierend, einem »Erzähler«. Gelegentlich könnte die Einheit des Textes fast eine literarische Fiktion sein, die Jacob hypothetisch voraussetzt, um dem Interpreten immer neue Auslegungen abzuverlangen. So betrachtet wird aus Jacobs angeblichem Konservativismus eine recht moderne Zelebrierung der Vielzahl von Bedeutungen, wie sie aller literarischen Sprache unerlässlich ist. Was er selbst als seine »harmonistische Erklärung« bezeichnete, ähnelt – von anderer Perspektive betrachtet – den »Vollendungen« der romantischen Kunstkritik oder Blanchots Untersuchung des »entretien infini« – einer exegetischen Zurückweisung des Abschlusses.[12]

---

10 Childs, *The Book of Exodus* (o. Anm. 3), S. 53.
11 Loc. cit. et passim. Siehe Umberto Cassuto, *The Documentary Hypothesis and the Composition of the Pentateuch (1941)*, Jerusalem 1961; ders., *A Commentary on the Book of Genesis*, 2 vols. (1949), Jerusalem 1964; ders., *A Commentary on the Book of Exodus* (1951), Jerusalem 1983.
12 Siehe Novalis, *Schriften*, hg. von Jakob Minor, Jena 1907, S. 3.304; vgl. dazu Walter Benjamin,

Man findet die gleiche Mannigfaltigkeit oder Flexibilität, wenn man nicht die Frage nach der Einheit, sondern die nach der Historizität stellt. Gelegentlich konfrontiert uns Jacob mit einer Art historischem Fundamentalismus, zum Beispiel wenn er die antiken Parallelen zur Geschichte der Geburt Moses aus dem Nahen Osten und die etymologische Verbindung des Namens mit der Erzählung zurückweist, um über die konkreten Sprachgewohnheiten der Pharaonentochter zu spekulieren (29–30, zu Ex 2,10). Oder wenn er – in dem Versuch, die hervorstechende Genealogie in Ex 6 zu erklären – darüber spekuliert, was eigentlich während der Unterredung zwischen Mose und dem Pharao in Kapitel 5 geschah, und vorschlägt, dass die in der Genealogie erwähnten Älteren anwesend waren und dass der Pharao sie hinsichtlich ihres Alters befragte, so wie einst sein Vorfahr den Patriarch Jakob befragt hatte (164–65). Aber ist das Historizismus oder historische Fiktion? Die überzeugenden Analysen der Psychologie des Pharaos und besonders Moses (dessen allzumenschliche Ängste den Kontext für die Interpretation von Gottes Namen am brennenden Busch bereitstellen), sind eher novellistisch als historisch, ein Essay im Stile von *Josef und seine Brüder* – ein Buch, welches Jacobs Arbeit sehr viel verdankt. Anderswo wendet sich der Kommentar zu groß angelegten typologischen Gesten, zum Beispiel, wenn er die Unterdrückung der Israeliten durch den Pharao in Ex 1 als Spiegel der Nazi-Politik behandelt, mitsamt ethnischem Hass, bürokratischer Willkürherrschaft, rückgratlosem öffentlichen Gehorsam und dem heuchlerischen Anschein von Legalität. Vielleicht sollte man sagen, dass Jacob, wie die großen mittelalterlichen Kommentatoren, in zwei Registern aktiv war und zwischen *peshat* und *derash*, das heißt zwischen kontextuell-historischer und akontextuell-homiletischer Arbeit hin und her wechseln konnte, ohne auf den wissenschaftlichen Butzemann der Einheitlichkeit zu achten. Besondere exegetische Strategien wurzelten somit nicht in einer Ideologie, sondern in den dem Kommentar als literarischem Genre innewohnenden Anforderungen.

Von *dieser* Warte aus betrachtet nimmt die Häufigkeit des polemischen Elements eine andere Färbung an. In *Genesis* ist die Auseinandersetzung mit den Kritikern in einem riesigen Appendix zusammengefasst, der parallel zum eigentlichen Kommentar angelegt ist. *Exodus* befreit sich von diesem Schatten, und die ersten eineinhalb Kapitel scheinen nahezu frei von Polemik zu sein. Gelegentliche Verweise auf frühere Ansichten neuzeitlicher und mittelalter-

---

Der Begriff der Kunstkritik in der deutschen Romantik (1920), Frankfurt a. M. 1973. Maurice Blanchot, *L'Entretien infini*, Paris 1969.

licher Kommentatoren sind mild und anerkennend – und selbst die Nichtübereinstimmung mit vergleichenden mythologischen Perspektiven hinsichtlich der Schilfrohr-Episode ist besonnen und detailliert. Interessanterweise kommt es zum ersten temperamentvollen rhetorischen Ausbruch in Verbindung mit Benennung, nämlich der Frage nach der etymologischen Interpretation von *Moshe* in Ex 2. Die sich anschließenden aggressiven Attacken und polemischen Zusätze sind häufig und prompt. In den Passagen, die sich mit dem göttlichen Namen auseinandersetzen, sind sie besonders auffällig. So beginnt zum Beispiel die lange Diskussion über Moses angebliche Frage nach Gottes Namen in Ex 3 (*mah-shemo*, »was ist sein Name«) mit einer scharfen Verurteilung: »Den Sinn dieser ›Fragen‹ hat man schon im Altertum nicht begriffen und dass man sie auch in der Neuzeit missverstanden hat, ist für die biblische Wissenschaft verhängnisvoll geworden.« (59) Die Auslegung der Quellenkritiker, dass dieser Vers die Offenbarung des göttlichen Namens JHWH aufzeichnet, der der Chronologie der E-Quelle nach bis dahin unbekannt war, wodurch die letztere von J unterschieden werden könne – diese Auslegung also ist »unmöglich und muss endlich aufgegeben werden, wenn man nicht unsere ganze Erklärung dieses Kapitels und sämtliche folgende Argumente widerlegen kann« (59). Gleichermaßen beginnt der Kommentar zu JHWHs zweiter Offenbarung seines Namens gegenüber Mose in Ex 33 mit diesem Angriff: »Insbesondere darf [die Exegese] sich durch religionsphilosophische Spekulationen, die sich daran geknüpft haben, ebensowenig beirren lassen wie durch die alles zerfasernde Kritik, die sich infolge ihrer falschen literar- und religionsgeschichtlichen Dogmen zu wahrem Verständnis gänzlich unfähig zeigt.« (954) Dazwischen erscheinen die durchentwickeltsten Attacken Jacobs in seiner Beschäftigung mit der sogenannten priesterlichen Version von JHWHs Selbst-Benennung (Ex 6). Die Spekulation seiner frühen Schrift *Im Namen Gottes* wiederholend wird »die falsche Erklärung« der Pentateuchkritik auf den alexandrinischen Mosesroman Artapans und auf die Mystifikationen ägyptischer Namensmagie zurückgeführt. Bibelkritik erscheint hier als die »Rache« der Ägypter.[13]

Gelegentlich kann man sich nicht des Eindrucks erwehren, dass die Schärfe der Polemik direkt proportional zur mangelnden Stichhaltigkeit von Jacobs eigener Lesart ist, so, als ob die besondere Anstrengung bei der Interpretation der göttlichen Namensänderung in Exodus 3,6 (Gottes Ruf aus

---

13 Jacob, *Exodus*, S. 149–52; vgl. ders., *Im Namen Gottes* (o. Anm. 8), S. 108–110.

dem brennenden Busch) durch eine Spur kritischer Hochmütigkeit gestützt werde: »Für all dies, was, nachdem es einmal erkannt ist, klar auf der Hand liegt und jedermann überzeugen muss, ist die alttestamentliche Theologie, Kritik und Quellenscheidung blind gewesen!« (49). An anderer Stelle, inmitten einer ausführlichen aber nichtsdestotrotz wenig überzeugenden Anstrengung, Mose und Aaron von der Anklage der Unredlichkeit gegenüber dem Pharao zu entlasten, wendet sich Jacob zu seinen Gegnern, »den Kritiker[n] und Antisemiten« (113), und beschuldigt diese des absichtlichen Missverstehens. Solch begrenzte Effekte aber gehen in den wiederholten Zeugnissen von Beleidigung und Entrüstung, die das gesamte Werk durchsetzen, unter. Sie brechen auf in Momenten von Schwäche und Anspannung, nur, um im stetigen Fluss der *hermeneia* und ihrer inneren Bewegung von Aufmerksamkeit, Integration und Wiederherstellung erneut abzuflauen. Doch warum sollten diese Attacken überhaupt da sein? Sie scheinen als eine Art Katalysator zu dienen, fast so, als ob der geruhsame und beschauliche Gang des Kommentars einen Anflug von Bedrohung, eine Flut antagonistischer Hitze verlangte, um sein Momentum und seine Intensität zu erneuern. Es ist etwas Merkwürdiges an dieser gelegentlichen Verbindung von Kommentar und Polemik, die auf den ersten Blick so wenig gemeinsam zu haben scheinen – der Kommentar, end- und zeitlos, tolerant und frei, begleitet von Gelehrsamkeit, in seiner Einheit mehr oder weniger gesichert. Auf der anderen Seite die Polemik, gebunden durch die Zwänge der Überredung, gezwungen zu einer bestimmten Aufgabe, begleitet von Dialektik und etwaigen Vergeltungsmaßnahmen ausgesetzt. Vielleicht rührt es vom zweideutigen Status des Kommentators als einer Art Mittelsmann her, der zum einen sein privilegiertes Verhältnis zum Originaltext hochschätzt, zum anderen aber beabsichtigt, seine Behauptungen anderen zu vermitteln. Kein Wunder also, wenn er ab und an wünscht, dieses Privileg möge als das seine anerkannt werden. Die Polemiken des Kommentators sind die Eifersüchteleien eines Zuhälters.

Daher die Besorgnis um die Einzigartigkeit seiner Lektüre. »Alle diese Fragen und viele andere, die nicht einmal erhoben worden sind«, insistiert Jacob bei der Einführung in seine Auseinandersetzung mit den Plagen (173). Ähnlich auch der fast gebieterische Anfang seines Genesis-Kommentars:

»Dieser neue Kommentar (...) hat sich die wissenschaftliche Aufgabe gestellt, unabhängig von alten und neuen Autoritäten, Dogmen und Lehrmeinungen durch eine möglichst genaue *Exegese* den ursprünglichen, d.h. den *von der Thora selbst gewollten Sinn der Schrift* zu ermitteln und damit zu ihren wahren Gedanken und Absichten vorzudringen.« (9)

In dieser und vielen ähnlichen Passagen ist Jacob in der prekären Situation von Robert Brownings Herzog von Ferrara (in dem Gedicht »My Last Duchess«) wiederholt dazu getrieben, das Porträt seiner seligen Herzogin vorzuzeigen um zugleich bei jedem Besucher darauf zu bestehen, dass »niemand, es sei denn [er] selber, den Vorhang beiseite ziehen darf« (»for none puts by / The curtain I have drawn for you but I«). Unfähig, die Promiskuität des Originals zu verhindern, muss er ihre Untreue – nun sichtbar in einem selbst geschaffenen Rahmen – aufs neue inszenieren, um sich in wiederholten Anstrengungen dessen zu bemächtigen, was verloren ist.

Man könnte auch einen anderen Weg einschlagen und in der Eifersucht des Kommentators eine Kompensierung der ihm aufgezwungenen Geste des Respekts vor dem Primärtext wahrnehmen. Von dieser Warte aus gesehen wäre die Polemik eine Verschiebung von vatermörderischer Energie hin zu brudermörderischer Debatte. Wahrscheinlich kommt beiden Ansichten eine gewisse Richtigkeit zu – die Schrift hat in ihrer traditionellen Exegese immer sowohl mütterliche als auch väterliche Züge angenommen (ein Wechsel, der manchmal den beiden Namen von Gott entsprach, nämlich den Aspekten von Gnade und Gerechtigkeit). Dennoch, glaube ich, dass beide Auffassungen den Eindruck verfälschen, den die meisten Leser von Jacobs Kommentaren mitnehmen – Kommentare, die sich mehr auf Anhäufung und Elaboration als auf Opposition verlassen. Letzten Endes sind Jacobs Kommentare, ungeachtet seiner polemischen Augenblicke, ein Gefüge von Variationen, teils kontrapunktisch, teils ornamental. Als Arbeit einer einzelnen, kontrollierenden Intelligenz, haben sie doch die vielstimmige Qualität des Midrasch, in welcher die Diskussion internalisiert und zum Bestandteil der Form selbst gemacht wurde. Möglichkeiten, Alternativen, Kombinationen jedweder Herkunft schlagen ihr Lager innerhalb der Grenzen des Originaltextes auf. Statt Zwietracht und Polemik erhält man den Eindruck einer eher provisorischen, nicht endenden Bewegung. Was Jacob der alttestamentarischen Kritik übelnahm, war die Verkürzung dieser Bewegung, war die Reduzierung der interpretatorischen Polyphonie auf eine einzige Stimme. In seiner Arbeit wird die Schrift zum Thema, über das der Kommentator frei improvisieren muss. Diese Freiheit rührt von der willkürlichen und doch strengen Form her – der Progression von Vers zu Vers –, welche eine zumindest minimale Geschlossenheit sichert und dabei zugleich Autor und Leser mehr Beweglichkeit erlaubt. Wie bei den meisten improvisatorischen oder parataktischen Künsten droht auch hier die Gefahr, dass der Mangel eines Zieles zu Weitschweifigkeit, fortgesetzte Akkumulation zu Langeweile führt.

»Ich werde es sein, der ich es sein werde«

Das Tautolog-Erhabene

Es sind letzten Endes rhetorische Mängel, und es ist nicht klar, welche Rolle sie in unserer Bewertung von Jacobs Werk spielen sollen. Bestimmte Leser mögen wünschen, dass Homer den Katalog der Schiffe verkürzt hätte; andere werden finden, dass eine gerechte Wertschätzung der prosaischen oder weitschweifigen Teile – die Melville den *»Ballast«* der Bücher nannte – der Kunst des Lesens wesentlich ist. Sicherlich sind alle Werke von Jacob schwer beladen, keines aber so sehr wie der Exodus-Kommentar, in dem die Häufung von offensichtlich zufälligem Material auch den geduldigen Leser herausfordert. Besonders erwähnenswert – wenn auch nicht von eklatantester Länge – ist die Diskussion über Gottes Selbst-Benennung in Ex 3,13ff, weil Jacob hier Fragen wiederaufgreift und Antworten wiederholt, die er über einen Zeitraum von vierzig Jahren durchgespielt hat. Darüber hinaus stellt man bei einem Vergleich dieser letzten Version mit den vorangegangenen Behandlungen fest – und das besonders hinsichtlich der Monographie »Mose am Dornbusch« –, dass die früheren Arbeiten, gewertet nach konventionellen Kriterien, frischer, schärfer und lohnender sind; oder zumindest pädagogisch brauchbarer. Bei dem späteren Jacob scheint der »Kommentar« zu seinen Ursprüngen als Notizbuch zurückzukehren. Die Logik ist zirkulär und gelegentlich verwirrt.

Für einen durchschnittlich Leser ist die Lektüre dieser Seiten enttäuschend oder frustrierend. Bei erneuter Lektüre aber nehmen sie eine paradoxe Tiefe an. Wie bei der zugrundeliegenden Stelle, scheinen die Zirkularität und die Aufschiebung der Bedeutung auf die Grenzen des Kommentierens hinzuweisen, und damit den unbeschränkten Vorrang des Urtexts zu illustrieren. So auch die Etymologie des göttlichen Namens. Die biblische Glosse selber, *'ehyeh 'asher 'ehyeh* – »ich werde sein, der ich sein werde« in Luthers Übersetzung – erreicht, was Kant das tautologische Erhabene nennt, aber der Rahmen der Erzählung präsentiert bereits die Struktur des Kommentars in dramatischer Form:

> »Mose sprach zu Gott: Siehe, wenn ich zu den Kindern Israel komme und spreche zu ihnen: Der Gott eurer Väter hat mich zu euch gesandt! und sie mir sagen werden: Wie heißt sein Name?, was soll ich ihnen sagen?
> Gott sprach zu Mose: Ich werde sein, der ich sein werde. Und sprach: So sollst du zu den Kindern Israel sagen: »Ich werds sein«, er hat mich zu euch gesandt.« (Ex 3,13–14, Luther)

Mose stellt sich vor, wie er im Namen des »Gottes eurer Väter« seinen Auftrag bei den Israeliten verrichtet. Diese verlangen paradoxerweise von Mose, diesen Gott mit seinem Namen auszuweisen. In der vom Leser geteilten Annahme, dass die Israeliten den Namen bereits kennen – schließlich sind es *ihre* Väter – bittet Mose besorgt um ein Schibboleth oder Passwort, welches ihm erlauben würde, seine Autorität als Botschafter zu beweisen. Die Israeliten ihrerseits bitten Mose, ihr eigenes Wissen zu wiederholen (indem sie seine an JHWH gerichtete Frage nach dem Namen wiederholen). Dagegen könnte eine weniger erzähllogische Lesart bestätigen, dass beide Bitten berechtigt sind, dass dieser Name – würde er gesagt, so würde er erkannt – in der Tat *nicht* bekannt ist, *bis* er gesagt wird. Wie beim literarischen Kommentar würde Sinn im Nachhinein geschaffen werden, und zwar durch den rückwirkenden Effekt des nachfolgenden Ereignisses. Identität, notwendigerweise bezogen auf einen vorherigen Begriff, ist somit in einem infiniten Regress gefangen, während der Name selbst als Ursprungsmoment im wesentlichen unerreichbar oder unbekannt bleibt.

Der Regress wird durch Gottes Antwort verstärkt, eine poetische (doch nicht notwendigerweise falsche) Etymologie des göttlichen Namens Jahweh, die zugleich eine Demontage der Etymologie selber ist, denn was diese als ihren ursprünglichen Begriff anzubieten hat, ist eine unveränderte Wiederholung. Die Tautologie scheint die bloße Möglichkeit bereits des Zurückschreitens von Wort zu Ursprung, Name zu Bedeutung, Kommentar zu Text zu widerlegen. Die Tatsache, dass das benutzte Etymon, nämlich das hebräische Verb ›sein‹, im Imperfekt oder Futur verwendet wird, wiederholt erneut die Verbindung von Bewegungen nach hinten und nach vorne. In dieser Fesselung zeitlicher Orientierung spiegeln sich die eigentliche Etymologie und ihr narrativer Rahmen gegenseitig – eine weitere Wiederholung dessen, was man als schwindelerregende Anwendung des Prinzips der Analogie ansehen kann. Am Ende ist Jahweh ebensosehr die Matrix von *'ehyeh* wie das Verb *h-y-h* (sein) die »Wurzel« von JHWH ist.

Jacobs Kommentar zu diesem Abschnitt bildet die fortgesetzte Verschiebung dem Sinn nach, exemplarisch dargestellt in der Glosse selbst, die vorführt, dass obwohl Er immer sein wird, was Er sein wird, Er immer etwas anderes sein wird.[14] »Was aber die Unveränderlichkeit betrifft«, schreibt Jacob, »so ist Gott zwar in seinem letzten Wesen nicht erkennbar, aber in seinem Wirken unaufhörlich neu. (...) Je reicher die Erfahrung von ihm wird, um so größer wird der Inhalt dieses Namens« (70). Gleichzeitig ist er sensibel hinsichtlich des narrativen Rahmens, in welchem der Name als

---

14 Siehe Leslie Brisman, On the Divine Presence in Exodus, in: *Exodus: Modern Critical Interpretations*, ed. Harold Bloom, New York 1987, S. 122.

»Trost« und als »Vertröstung« fungiert.[15] Er interpretiert die Bitte um den Namen als einen Ausdruck innerer Angst von Mose und hört in der Antwort sowohl den Widerhall von Moses »Wer bin ich?« in Vers 11 als auch von JHWHs beruhigender Versicherung »Ich werde mit dir sein« (V. 12). Er hört aber auch einen Ton des Vorwurfs, »halb abweisend, halb vertröstend und verheißend« (66). Im Gegensatz zur Zergliederung der Quellenkritiker, für die die Etymologie eine Interpolation darstellte, hält sich Jacob längere Zeit bei der psychologischen und dramatischen Angemessenheit der doppelten Antwort auf. Die erste (»ich werde sein, der ich sein werde«) ist für Mose allein bestimmt, die zweite (»›Ich werds sein‹, er hat mich gesandt«), weniger herausfordernd, für das Volk; und Jacob pflichtet der von Rashi wiederholten talmudischen Erklärung bei, dass die kürzere Form Israel den Gedanken an zukünftige Sorgen erspart.

Im Rahmen eines kurzen Essays ist es unmöglich, die angesammelten Einsichten Jacobs umfassend einzuschätzen – die meisten dieser Einblicke sind das Ergebnis seiner früheren Arbeiten und stehen in komplizierter Verbindung zu der traditionellen Exegese. Stattdessen möchte ich meine Ausführung beschließen mit einer kurzen Überlegung hinsichtlich der einzig wirklichen Innovation seiner späten Behandlung dieser Stelle: der Übersetzung von Gottes Antwort ins Deutsche. Ich habe schon die Übertragung Luthers zitiert: »Ich werde sein, der ich sein werde.« Die Übersetzung desselben Verses in der Vulgata verwendet das Präsenz (»ego sum qui sum«). Ebenso verhält es sich in der Zürcher Bibel (»ich bin, der ich bin«) und in der King James Version (»I am that I am«). Dies macht ihn zu einer eher metaphysischen denn historischen Verkündung und steht in Einklang mit der Septuaginta: »eimi ho on«. Semitisten haben über die Vorteile dieser Optionen debattiert (und sie streiten sich noch immer), ebenso über die Möglichkeit einer kausativen Form der archaischen Wurzel *h-v-h*, was sich der Bedeutungsnote »ich bin was ich tue« annähern würde. Buber und Rosenzweig, denen Jacob in der üblichen Verwendung der großgeschrieben Personalpronomen folgt (ER, IHM, IHN, ICH usw.) – eher als dem dem Tetragramm Ehre erweisenden traditionellen »Herr« – schlagen etwas Analoges vor: »Ich werde dasein, als der ich dasein werde.«[16] Ihre Version

---

15 Jacob, Mose am Dornbusch (o. Anm. 8), S. 135: »Mit diesem Namen tröstet und vertröstet Gott den Mose«.
16 *Die Schrift*, verdeutscht von Martin Buber gemeinsam mit Franz Rosenzweig, 4 Bde., Köln/Olten 1954–62, S. 1.158. Siehe auch Franz Rosenzweig, »›Der Ewige‹. Mendelssohn und der Gottesname«, in: Martin Buber und Franz Rosenzweig, *Die Schrift und ihre Verdeutschung*, Berlin 1936, S. 184–210. Die Entscheidung Bubers und Rosenzweigs, den göttlichen Namen

ersetzt metaphysische Präsenz durch ein existentielles Verhältnis, einer Wendung vom Sein hin zum Handeln, welches den vokativen Impuls in Rechnung stellt, der ihrer Meinung nach hinter dem ursprünglichen Namen liegt.

Jacobs Lösung ist bei weitem radikaler und sie führt eine Art syntaktisches ›mise en abyme‹ ein: »Ich werde es sein, der ich es sein werde.« Die Eigenartigkeit des zweimal wiederholten Ergänzungspronomens – eine Umstellung von Luthers Übersetzung der *zweiten* Antwort Gottes (»Ich werds seyn, der hat mich zu euch gesand«) – bringt den Stillstand von Luthers Chiasmus durcheinander und vermeidet damit zugleich die falschen existentiellen Implikationen von Bubers und Rosenzweigs »dasein«. Das erste Auftreten legt die alltagssprachliche Verwendung nahe, in der »es« als Platzhalter für eine antizipierte und näher zu bestimmende Bedeutung fungiert. Die Wiederholung von »es« im Relativsatz aber lässt jeden Versuch scheitern, seine Bedeutung rational zu erfassen und produziert eine Art Zirkelverweis oder endlose Rückwärtsbewegung. Auf der einen Seite stellt dieses zweite »es« den Referenten des ersten dar. Zugleich aber verlangt es selbst einen eigenen Referenten, welcher nur das vorhergegangene Pronomen »es« sein kann. Die Festlegung der Bedeutung des ersten Pronomens verlangt die simultane Festlegung des zweiten, ein Paradox, das Linguisten als *crossed referential dependency* (sich überkreuzende referentielle Abhängigkeit) bezeichnen.[17] Dazu kommt die Zweideutigkeit hinsichtlich der Frage, ob das Bezugswort des Relativpronomens »der« in der Tat »es« ist oder »ich«. Mit anderen Worten, ob der Satz ausgelegt werden soll als »ich werde X sein«, wo X der ist, der es sein wird *oder* ob es verstanden werden soll als »X wird es sein«, wo X ich ist, der ich es sein werde. Während die erste Struktur formale Einschränkungen beinhaltet und dadurch eine Art Zirkelbewegung hervorruft, ist die zweite Struktur frei davon, da die Festlegung des Referenten von »ich, der ich es sein werde« nicht verlangt, in einem ersten Schritt den Referenten von »es« zu bestimmen.

---

mit dem Personalpronomen zu übersetzen, scheint aus den ersten Monaten ihrer Zusammenarbeit zu datieren (siehe Franz Rosenzweig, *Arbeitspapiere zur Verdeutschung der Schrift*, hg. von Rachel Bat-Adam, Dordrecht 1984 [Bd. IV/1 von ders., *Gesammelte Schriften*] S. 33 (Eintrag vom 9. August 1925). Jacob benutzte die gleiche Problemlösung in seinen Kommentaren. Für den Nachweis seiner Quelle siehe *Genesis* (o. Anm. 9), S. 11 (entgegen den Ausführungen von Walter Jacob, The Life and Works of Benno Jacob, in: Einführung zu Benno Jacob, *The Second Book of the Bible: Exodus*, trans. Walter Jacob, Hoboken, New Jersey 1992, S. xxv).

17 Siehe die Spottschrift (»*squib*«) von Emmon Bach über »pronominalization«: »Problominalization«, in: *Linguistic Inquiry* 1 (1970), S. 121–22; auch Noam Chomsky, *Lectures on Government and Binding*, Dordrecht 1981, S. 212. Ich bin meinem Kollegen Rex Sprouse für den Hinweis auf diese Titel und unser sehr hilfreiches Gespräch über Jacobs Übersetzung dankbar.

Die gebundene Offenheit von Referenz, die Bewegung einer andauernden Verschiebung und vor allem das Hin- und Herschwingen (oder der Dialog) zwischen restriktiven und nicht-restriktiven Identifikationen scheinen für mich das eigentlich Signifikante von Jacobs Kommentar zu sein – eine Hin- und Herbewegung von Selbstreflexion und der Darstellung eines bestimmten Gegenstandes. Wie die Glosse über Gottes Namen erläutert der Kommentar die Natur des Kommentars – nämlich ein unablässiger Austausch zwischen Leser und Text, in dem das Original nur durch seine sekundären Versionen zugänglich wird, ein Weg, der niemals sein Ziel erreicht. Jacob, als der Kommentator, ist derjenige, zu dem *'ehyeh 'asher 'ehyeh* gesagt wird. Er ist derjenige, der in sich die Glosse aufnimmt und dessen eigenes Wort dann eine Verkörperung ihrer paradoxen Beweglichkeit und Ruhe ist, ihrer Absorption der Zeit, ihrer Selbständigkeit – und das selbst dann, wenn er der Lehrer wird, der einzige, der den Akt der Vermittlung beherrscht.

Jacobs Kommentar zu lesen ähnelt der Lektüre des Deuteronomiums – man nimmt teil an dem Problem textueller Vermittlung. Vielleicht verstand Jacob seine eigene Rolle als mosaischer *rabbenu*, als er den Segen Moses auf den Ebenen Moabs seinem Vorwort zu *Genesis* als Epigraph voranstellte: »Mose hat uns das Gesetz geboten, das Erbe der Gemeinde Jakobs« (Dtn 33,4). Zugleich Mose und Jakob, war Benno Jacob selbst der sowohl wirkliche als auch metaphorische Sohn eines Vaters mit Namen »Mose«. Transkribiert man seinen eigenen Namen Benno ins Hebräische, so wird der Zufall noch frappanter. Denn *benno* bedeutet ins Deutsche übersetzt »sein Sohn«. Es war ein Name, den er – wie uns Walter Jacob mitteilt – weder mochte noch verwendete.[18] Vielleicht schreckte er vor der merkwürdigen Redundanz zurück: »sein Sohn« Benno zu sein bedeutet »*ben moshe*«, der Sohn Moses zu sein. Aber dann wäre Benno ben Moshe nichts anderes als Benno Benno. Anstatt diese Redundanz zu leben, zog er es vor, unentwegt die Redundanz der Etymologie von Gottes Namen zu kommentieren – und selbst unbekannt zu bleiben. Es gibt eine talmudische Parabel, in der erzählt wird, wie Mose zum himmlischen *bet midrash* geht und mit Staunen in der letzten Reihe sitzt, als die großen Rabbiner seine Thora erläutern. Wenn der Kommentar um einen Text herumwuchert, liegt es uns nahe, innezuhalten und uns darüber zu wundern, wie das alles wohl von der anderen Seite her betrachtet aussehen möge – das heißt nicht von der Seite sich anschließender Kommentare, sondern von der des Originals. Die heutzutage allgemeine Entwertung

---

18 Siehe Walter Jacob, The Life and Works of Benno Jacob (o. Anm. 16), S. xv.

des Kommentars und seine fast gänzliche Unsichtbarkeit sind aus der Tatsache herzuleiten, dass die Schrift ihre Autorität bestenfalls unserem Konsens verdankt. Kein einzelner Gegenstand des Kommentars kann unsere ausschließliche Aufmerksamkeit beanspruchen. In unserer riesigen Armee von Kommentatoren kommentieren alle unterschiedliche Dinge. Ich glaube, dass William Empson in der zu Beginn des Aufsatzes zitierten Passage dieses Dilemma parodiert. In seiner eigenen Parabel über seitenverkehrte Perspektiven nimmt er als Figuren für den ursprünglichen Text oder die Schrift die Herzoginnen des Salons in einer Anekdote aus dem Leben Prousts. »Der Analytiker«, schreibt er, »muss bescheiden sein hinsichtlich der Geschichte über Proust, der seine Herzoginnen fragt, warum und wie sie wie Herzoginnen in den Salon gekommen sind; sie konnten es ihm nicht sagen, und das einzige Ergebnis war, dass sie zu lachen anfingen, als sie ihn selbst den Salon betreten sahen.«[19] Das mittelalterliche Äquivalent zu Prousts Herzoginnen wären, so nehme ich an, die Kronen und Buchstaben der Thora gewesen, die mitunter über die Beharrlichkeit der großen Kommentatoren gelacht hätten – und dies eher vor Freude als aus Spott. Diese von Jacob geteilte Beharrlichkeit geht von der Annahme aus, dass die Idee eines heiligen Textes seine Ergänzung durch den Kommentar einschließt. Und trotzdem vermag uns die bestürzende Aussicht auf einen wahllosen und endlosen Kommentar zum Kern des Problems führen, in welchem der Kommentar zum Paradigma des Schreibens selbst wird. »Das Verstehen wird nicht einmal dadurch befriedigt, dass man aufhört zu leben, um zu verstehen«, kommentiert Empson die Herzoginnen von Proust – und ebensowenig, so könnten wir mit Jacob folgern, dass man aufhört zu annotieren, um zu schreiben. Denn was ist Verstehen anderes als die permanente Anlagerung von Kommentar, die Anhäufung von »unds«, die fortlaufend eingefügte Erläuterung einer unzugänglichen Etymologie, die Neuformulierung und Verschiebung eines doch unbekannten Namens?[20]

---

19 Empson, *Seven Types of Ambiguity* (o. Anm. 4), S. 245.
20 Ich danke herzlich meinen Freundinnen und Freunden: Almuth Jürgensen, die mich ermutigte, über Benno Jacob zu schreiben, und Brigitte Gensch, Wilfried Wilms und Karl-Heinz Maurer, die mir bei der Abfassung des deutschen Textes geholfen haben.

Walter Jacob

Benno Jacob on Leviticus

The Book of Leviticus has been thoroughly studied by Jews and neglected by Christians. Every Jewish child traditionally began his biblical studies with this book, so it has been included in the general round of Jewish commentaries. Christian and modern critical biblical commentaries, on the other hand, have been scarce, with the best and most thorough written by Jews.[1] Benno Jacob, who provided such thorough commentaries for Genesis and Exodus, unfortunately did not complete a commentary on Leviticus. He began his ambitious commentary on the Torah in the mid-1920s, with Franz Rosenzweig encouraging him to write on the entire Pentateuch.[2] He had to choose between a sporadic commentary that would deal with the main portions of the various books, akin to what he published in *Der Morgen* in the 1920s,[3] or a thorough commentary that discussed every verse and its nuances. He chose the latter, especially as he felt the Torah could be understood only through a thorough exegesis that used all the tools available, including linguistics, archeology, and literary theories, as well as the commentaries of thousands of years of earlier exegesis. He also wished to demonstrate once more that the source critical theories were wrong. This became secondary, however, as shown by the fact that he placed the main arguments against the documentary hypothesis in an appendix of the Genesis commentary or in the smaller-print paragraphs of the commentary, which

---

1   Jacob Milgrom, *Leviticus 1–16*, Vol. 1, Anchor Bible (New York, 1991), 1161 pp; Baruch A. Levine, »Leviticus,« *The JPS Torah* (Philadelphia, 1989), 284 pp. Other modern commentaries include Martin Noth, »Leviticus,« *The Old Testament Library* (Philadelphia, 1965), German (1962), 208 pp.; Erhard S. Gerstenberger, »Leviticus,« *The Old Testament Library* (Philadelphia, 1996), German (1992), 450 pp.; R. Rendtorff, *Leviticus* (Neukirchen-Vluyn, 1985). Slightly older works are David Hoffmann, *Das Buch Leviticus* (Berlin, 1905), 2 vols. (very traditional); A. Ehrlich, *Randglossen zur hebraischen Bibel* (Leipzig, 1908–14) (ideas often only partially supported); C.F. Keil and F. Delitzsch, *The Pentateuch* (Grand Rapids, 1951). The International Critical Commentary series did not include a volume on Leviticus at all!
2   Correspondence of Benno Jacob to Ernst Jacob (Manuscript letter in the author's possession).
3   A series of essays on some primary themes and main stories of Genesis that appeared in six consecutive issues of *Der Morgen*. These essays are nontechnical and interpreted the meaning of the selections for the ordinary Jewish reader. *Der Morgen* (1926–7).

also dealt with more technical side issues. He treated the entire matter as less significant in the Exodus commentary.[4]

Benno Jacob's commentaries dealt with the received text, which he saw as a unified work, not roughly patched together. He acknowledged earlier sources and the hand of a creative editor, but he felt they could not be recovered with our present state of knowledge.[5] He considered the enormous energy spent on hypothetical reconstructions as wasted. The theories were untenable; the historical results based on them, wrong and, throughout his lifetime, often anti-Semitic. Better results could have been obtained from a thorough study of the received text in which he considered nothing accidental or merely stylistic variation: the synonyms and other variations were purposeful.[6] In a modern fashion he continued this very ancient rabbinic thought that had been used in a much more limited form for halakhic interpretations since the time of the Mishnah. For his studies, Benno Jacob used all the extant resources-critical Hebrew, Greek, and Samaritan texts; modern commentaries; the newly discovered ancient literature in various languages; and, above all, the traditional commentaries so often neglected by the critical scholars. He developed a fine feeling for language and its nuances, and those insights appear throughout his work and are of special significance.

The Genesis commentary was published in 1934, and the Exodus commentary was substantially completed by 1942,[7] although Benno Jacob continued to revise it. Those revisions can be followed through the detailed studies that exist in his notebooks; they led to some extensive additions to the manuscript. Weekly study sessions with small groups that had no scholarly background led him to clarify the text. His correspondence noted that although these sessions were not intellectually challenging, they did help him.[8]

Jacob began his commentary on Leviticus in London, where he arrived in 1938. One hundred ten pages of typescript exist; some additional pages have

---

4 Anhang »Quellenscheidung,« pp. 949–1049, in small print.
5 B. Jacob, *Die Thora Moses* (Frankfurt/M. 1912/13), p. 91ff, *Das Erste Buch der Tora Genesis* (Berlin, 1934), pp. 1048, etc.
6 B. Jacob, in *Die Thora Moses*, dealt with these issues concisely, although he had already turned his attention to the critical theories in »Study in Biblical Exegesis,« *Jewish Quarterly Review* 12 (1900); *Im Namen Gottes* (Berlin, 1903); *Der Pentateuch* (Leipzig, 1905), and later works.
7 *Das Erste Buch der Tora Genesis, übersetzt und erklärt* (Berlin, 1934), 1055 pp.; *The First Book of the Bible, Genesis* (translated and abridged by Ernest I. Jacob and Walter Jacob) (New York, 1974), 358 pp.; *The Second Book of the Bible Exodus* (translated by Walter Jacob), (New York, 1992), 1099 pp.; *Das Buch Exodus* (Stuttgart), 1098 pp.
8 Letter of B. Jacob to Ernest Jacob.

been lost.⁹ Why did Jacob not proceed? He was old, and the prospect of publishing the Exodus commentary looked bleak. Furthermore, the war years, with their bombings and the evacuation of libraries, made access to books difficult. His own personal library had been much reduced through emigration to a few hundred volumes. As he stated in a letter dated early in 1944, he preferred to devote five or six hours of study each day to further refinements of Exodus rather than throwing himself entirely into the Leviticus commentary.¹⁰

We do have a considerable body of material on Leviticus, however, aside from his commentary on the opening chapters, because for half a century he had concerned himself with many of its problems. His early publications dealt with some difficult themes of this book. In the intervening years he continued to undertake specialized studies, some of which remain unpublished in the notebooks. These were more than casual notes: they represented a method of working out problems.

Benno Jacob's earlier discussions of Leviticus also provide insight into the development of his method of biblical study. He discussed the festival legislation (Chap. 23, and Num 28 and 29) in his early work, *Der Pentateuch*;¹¹ he dealt with the system of numbers found in the legislation of Leviticus and Numbers in *Die Abzählungen*;¹² and he turned to the *lex taliones* of Lev 24,17.18 in *Auge um Auge*.¹³ I shall discuss these four pieces: they provide insights into Leviticus and demonstrate the development of Benno Jacob's methods.

Der Pentateuch

As we turn to the relevant chapters in *Der Pentateuch*, we already see many of the characteristics that were to remain dominant throughout Benno Jacob's biblical studies. Jacob severely attacked the source critical theories throughout

---

9 My manuscript copy ends abruptly on p. 112, with Chap. 4:8 in midsentence, although the heading indicated he would deal with Chap. 4–5:15.
10 Letter of B. Jacob to Ernest Jacob.
11 *Der Pentateuch, Exegetisch-kritische Forschungen* (Leipzig, 1905), 411 pp.
12 *Die Abzählungen in den Gesetzen der Bücher Leviticus and Numeri* (Frankfurt, 1909), 35 pp.
13 *Auge um Auge, Eine Untersuchung zum Alten und Neuen Testament* (Berlin, 1929), 143 pp. His treatment of the Levitical sections is secondary and supportive of his arguments. It adds little new material and so will not be discussed in detail in this essay. The work is a brilliant combination of apologetics and exegesis, with emphasis on the former.

this book: he stressed close attention to the details and nuances of each word and verse and cited traditional sources from the Mishnah, Talmud, and rabbinic commentaries that modern scholars had generally neglected. He equally used the modern tools that critical texts, archeology, and linguistics provided. On the other hand, we find him experimenting with some unusual theories of his own and speculating far more than he would allow himself later in life, when he resisted such temptations.

This book is not easy to read, dealing largely with the more obscure portions of the Pentateuch that the reader is usually tempted to skip. A major section treated the chronologies and genealogies. The largest section of the book provided a two-hundred-page discussion of the desert sanctuary! Finally, fifty pages treated the festival cycle and sacrifices of Leviticus 23 and associated passages in Numbers and Deuteronomy. The preface to this book, written when he as still in Göttingen, stated that the author would proceed independently, despite the many critical studies that had preceded him. Since this was a period of rising scholarly anti-Semitism, Jacob in several asides defended against attacks that sought to show Judaism in a negative light relative to Christianity.

As we turn to the final essay in this volume, which treated the festival cycle, we see that Jacob's first concern was to defend the unity of the cycle as described and then to have the nature of the festivals properly understood. He began with a careful investigation of the text and then demonstrated its unity through an analysis of the various numbers and associated them with the festivals and their sacrifices, something also done in the earlier chapter, which dealt with genealogies. The relation of the numbers used throughout the Pentateuch and the meaning of these numbers fascinated Benno Jacob – he felt these patterns presented an inner rhythm. This remained a minor theme throughout his commentaries. He realized the limits beyond which no conclusions could yet be reached, but he wished at least to explore the possibilities and to lay the groundwork for further investigation.

The critics had divided the holiday descriptions into two sections, with the first set of holidays tied to nature and the second, to abstract ideas. In their eyes, as the Israelite religion developed and became centralized, it distanced itself from the earlier agricultural base, becoming more serious and somber after the Exile. This change showed itself particularly in the Day of Atonement.[14] Jacob considered this division incorrect and proceeded to

---

14 Bruno Baentsch, *Leviticus, Handkommentar zum Alten Testament* (Göttingen, 1903), pp. 412 ff.

demonstrate that the holidays presented a unit right from the beginning. As far as the dark nature of the Day of Atonement was concerned, he pointed to the extravagantly happy celebration immediately after it ended, so fully described by the Mishnah,[15] hardly in keeping with a picture of the Exile with a somber set of religious rituals and a pessimistic view of sinfulness.

Jacob showed that Leviticus 23 continued the thoughts begun in Ex 19 – that Israel, with the Sanctuary in its midst, was to be a holy people. He traced this briefly and then turned to the »sacred times« of this chapter and analyzed the terms used. All the sacred times, including the *shabbat*, were included in the heading *mo-adei adonai;* they were a »meeting« with God through the *olah* sacrifice. Each was individually designated as *miq-ra-ei qodesh,* which should not be interpreted as a »holy convocation,« as a gathering, but a »holy proclamation,« which consisted, as we learned from the Sabbath commandment, in desisting from work. Since the main tasks were the field labor of the farmer, cessation from this work was sanctified, so we now had a direct link with nature rather than with an abstract idea. Jacob pointed out that the list of festivals began with the Sabbath, since that was the model, and all others emulated it.

Benno Jacob noted seven such festivals – a number significant for the biblical author – as he had pointed out in previous chapters of *Der Pentateuch.* The entire year with its seven *miq-ra-ei qodesh* paralleled the week. We should remember that all work was prohibited on the Sabbath and the Day of Atonement, whereas only *me-lekhet avodah,* as defined by Torah itself as matters necessary for the day itself, was forbidden.

Jacob saw three matters interconnected here: the proclamation of holiness, cessation of work, and sacrifices, all of which were tied to the blessings of nature. This was true for *Pesah, Shevuot,* and *Sukkot,* with an additional emphasis through the *sukkah* itself for that festival.

He next turned to the relation of the term *hag* to these festivals and its connection with *miqra-ei qodesh* and stressed that its use did not indicate a separate source. He then turned briefly to Numbers 28.

Although for Jacob these three festivals celebrated the harvest and the good things of the world, the Day of Atonement provided the same emphasis through a reversal of the prime elements of the other festivals. Everything was to come to a complete standstill; the sacrifices were not consumed but dedicated entirely to God; they consisted of incense and blood, two elements

---

15 *Mishna Taanit* 4.8.

of the agricultural life whose enjoyment was prohibited (*Pent.*, 361). The abstinence of this day (not fasting, which was not demanded) indicated a bond with the land and its products, which really belonged to God.

Benno Jacob argued vigorously against the assumption that the Day of Atonement was not introduced until the time of Ezra, which was entirely a *testimonium e silentio*. The Pentateuch, in contrast to other books of the Bible, did not have a distinctive day of fasting and mourning.[16]

By this point in the essay, Jacob had established to his satisfaction that the text was not composite and that each of the festivals had an agricultural bond, either celebratory or negative, as with the Day of Atonement. The arguments used here with the Day of Atonement were original and also somewhat speculative.

The only day that remained puzzling was »the first of the seventh month,« which had no apparent bond to the soil. Jacob inquired about the meaning of *Yom Teruah* – day of the horn blowing – as the only other use of this term (aside from the description of the silver trumpets) was for the Jubilee Year. It therefore was intended to announce the time remaining until the next Jubilee, a matter of considerable significance for everyone. The Jubilee expressed the idea that the land belongs to God and that human owners are only guests. This thought was to be confirmed each year through the sounding of the shofar. As the *teruah* of the Jubilee was sounded on the Day of Atonement, we have a bond to the idea of this day and as well as a tie to the other festivals.

Such an understanding of the text was of great significance to the history of religion, for it showed that Israel living in its own land had emphasized the thought that its land belonged to God through the Jubilee and reminded itself of it with each *Yom Teruah*. When it was no longer possible to celebrate the Jubilee because a large number of non-Jews now lived in the land, possibly in Seleucid times, the *Yom Teruah* became the New Year's day, with its connection to the creation of the world and an emphasis on the same universalistic idea established.

Jacob still needed to deal with the dates of the festivals and their assignment to various portions of the year. The Bible had evolved a numerical system here that Jacob felt needed to be acknowledged. Just as the seventh day of the week was holy, so the year had seven holy times. Then, after seven times seven years, we arrived at the climactic Jubilee Year, which

---

16 Jacob cited a large number of such days, beginning with Judg. 20:26 and continuing through the prophetic books. *Der Pentateuch*, p. 363.

was the greatest *miqra qodesh* (*Pent.*, 365). In this interesting and original manner the festivals were bound to each other. Everything was based on the text, and Jacob enjoyed demonstrating how the text moved in this direction.

Jacob now turned to the most speculative portion of his study of Leviticus 23, considering the nature of the year into which the festival calendar was calculated. Was this a lunar or a solar year? How were we to treat the holiday of *shevuot* and its vague dating? He indicated that traditional preconceptions and those that stemmed from external considerations had made the search for a solution difficult. He would let neither determine his approach.

Because all celebrations of the festival cycle were agrarian, they needed to be tied to the solar year, since Jacob did not consider the phases of the moon important for an agricultural society. He may have been wrong about this, however, as peasant folklore about the moon is considerable. The New Moon and *Shabbat*, on the other hand, he deemed lunar. Jacob discussed the opinions of various scholars, acknowledged that Israel must have been aware of the calendars of neighboring people, and rejected their assumptions. The Sabbath did not fit into a lunar month because a lunar month was not adaptable to a seven-day week. Any effort in that direction would have led to the celebration of a *shabbat* as the New Moon Day, but there was no sign of this anywhere. Jacob cited the critical literature on the subject and attempted to show that *yerah yamim* and *hodesh* could be understood differently. More significantly, he pointed to the story of the Flood, which seems to indicate a thirty-day month.[17] We can also see this through the fact that there were thirty occasions for sacrifice during the year (which included the New Moon's Day). The year therefore had as many festivals, *miqra qodesh*, as there were days in the week and as many festival sacrifices as days in the month, an ingenious way of looking at this question and using the numbers to prove it.

The three-hundred-sixty-day year had been known in Egypt, Babylonia, Persia, India, and other lands from very ancient times, and it would have been strange if the Israelites had not been aware of it. Jacob considered this method of counting significant for commercial transactions only, but not for

---

17 »In the second month, on the seventeenth day of the month« (Gen. 7:11). »And after the end of a hundred and fifty days, the waters decreased. And the ark rested in the seventh month on the seventeenth day of the month« (Gen. 8:3–4). Solomon assigned twelve officers the task of providing provisions for one month (1 Kings 4:7f.), which would have excluded a lunar year with its occasional additional month. *Der Pentateuch*, p. 370.

the farmer who reckoned by seasons of plowing and harvest.[18] The year could therefore begin with the plowing or with the end of the harvest. In ancient times there was no New Year's Day, only the counting of months that began in spring, as already noted in Exodus 12:2 with the cycle of festivals – *Pesah, Shevuot,* and *Sukkot.* If for a commercial transaction or the Jubilee, on the other hand, a series of years needed to be counted, they began after the harvest in autumn. This was eventually adopted as the New Year.

Jacob still turned to the vexing question of fixing *shevuot* in the calendar. He pointed to the ancient nature of this controversy. It turned on the phrase *mimaharat hashabbat,* and he interpreted *shabbat* to refer not to the day, but to a full week of seven days.[19] This would also bring some meaning to the seventh day as being *miqra qodesh,* as otherwise nothing significant happened on that day. Furthermore, the twenty-one days from the beginning of the first month plus forty-nine days brought us to the seventieth day of the year, with clear divisions that consisted of eating from the old harvest, eating only unleavened bread, and eating from the new harvest.

Jacob continued his analysis by noting the relation between *Shevuot* and the Jubilee; both used the number fifty and required counting, and only on them was there a proclamation *(v'qaratem)* of *miqra qodesh. Shevuot* represented a day of harvest for the individual, and the Jubilee, for the entire community.

Benno Jacob's discussion tied the festivals together numerically and found a linguistic bond through the phrase *b' etzem hayom hazeh.*[20] He then listed the special days of the calendar and noted the numerical bond between the Day of Atonement, the Jubilee, and the *Shabbat.*[21] He further pointed out the unity of the festivals in some detail through a discussion of the festival sacrifices in Numbers 28, but an examination pf this point is beyond the scope of this essay.[22]

---

18 As the selling of a house in a walled city: »He may redeem it within a whole year« (Lev. 25:29f.); Ibid. 373.
19 In accordance with *sheva shabtot* (Lev. 25:8 matched with Exod. 34:22, Num. 28:26, Deut. 16:9).
20 On that day one could begin to consume the fresh crop; on that day one could consume the new corn, on that day one must refrain from everything (Exod. 23:14, 21, 284, 33–30).
21 »From the last day of Matzot to Shevuot is 50 days; it occurs on the 70th day of the year; between shevuot and Yom Kippur is 70 + 50. The Day of Atonement unites the number contained in the Sabbath with the Jubilee. Sabbath, Day of Atonement, and Jubilee are *shabbat shabbaton.*« *Der Pentateuch,* p. 381. The festival cycle of the year then concluded with the 202nd day.
22 The sacrifices have been listed and counted with special emphasis on the numerical relations and the repetition of certain numbers. He also tied this to the numbers used in the description of the desert sanctuary. *Der Pentateuch,* pp. 383–96.

If the lunar year was adopted in the Babylonian Exile, then the fact that the Pentateuch knew only a solar year was another indication that it antedated the Exile. In the new calendar the old festival cycle remained, and the numbering of the months betrays an earlier calendar. Jacob acknowledged that there had been later developments and adjustments to the lunar year, but the cycle represented a unity, and he countered the critics' arguments in detail and with considerable sharpness.[23]

Jacob finally dealt at length with the source critical divisions and their supposed emphasis on various aspects of the festivals. He particularly showed that the supposed sources, J, E, and D, already centralized the celebration of the festivals and often in a way hardly practical to a farmer who was supposed to appear three times a year in Jerusalem. On the other hand, the supposed P, purportedly so interested in the temple cult, did not mention this at all and was the most lenient, if one thinks along the source critical lines. Jacob also suggested that the centralization of the sacrifices had not led to the demise of the local festivities, nor was this the intent, as it only wished to restrict animal sacrifices so that the blood could not be consumed. The centralized sacrifices expressed the religious devotion of the entire people and freed ancient Israel from the sacrificial cult, something relegated to P by the source critical theories, which would not have been pleased by this thought. The centralization minimized sacrifices, since only a single lamb was sacrificed each day for the entire nation. The total number of animal sacrifices numbered only fourteen hundred – which was nothing compared to that of the surrounding cultures. He pointed out that every other festivity, as well as prayers, could be conducted in every part of the country.

The closing section of this chapter closely examined the numerical systems involved in the genealogies and then the chronologies of the various festivals and their sacrifices in the Pentateuch; Jacob saw them as a unity and as straightforward. The basic chronological numbers were two thousand, one thousand, one hundred, and thirty; those of the genealogies twelve, seven, and seventy; those of the cult seven, twelve, five, ten, twenty, and thirty. Everything could be reduced to the numbers seven, twelve, thirty, and ten. The first three measured time – seven days in the week, thirty days in the month, twelve months in the year. Ten was the natural number for weights and measurements. He then showed how all this worked out in the genealogies from Adam to Abraham. Jacob speculated that the dominance of

---

23 *Der Pentateuch*, pp. 396–400.

the number twelve in the genealogies probably had its roots in the twelve months of the year. Although the source of the twelve tribes probably lay in the administrative and military organization of David and Solomon or in their court organization, this may also have led to the division of the priesthood into twelve groups. An idealized form of this organization was developed in the desert encampment of the Israelites, placed in Mosaic times. Jacob noted that the tribe of Levi, which served the sanctuary, was divided into twelve components, as was the house of the priest Kehat. All this was carried over into the last period of the Temple, with its division of the priesthood into twenty-four groups. Jacob felt that the numbers twelve and thirty were of Egyptian and Babylonian origin. On the other hand, the multiples of ten represented natural numbers and did not have to be borrowed from anyone. Multiples were used for all except liquid measures (*hin*), which with their division into twelve were probably of Egyptian origin.

Jacob considered the number seventy to be very old and premonarchic. Aside from the seventy elders in the desert, we have the number used repeatedly in the Book of Judges.[24]

The numbers break down into the main numbers cited earlier. Jacob understood that much more must be done with the numbers of the Pentateuch and the unity it demonstrated. Only after such a thorough study could one discuss the composition of the Pentateuch. Jacob concluded this essay in a hortatory way with a statement that all the basic numbers used had their origin in the heavens (sun, moon, or planets) and »in the beginning God created the heavens and the earth.«

This was the bold study of a young scholar, his initial book-length entry into the field of Pentateuchal studies. It had been preceded by earlier shorter pieces as well as his thesis on Esther; all demonstrated his keen analytical powers. In this essay on Leviticus 23, Jacob permitted himself a wider speculative range than he did later. Especially in matters connected with the calendar, he felt free to theorize, as have so many other scholars. He began to deal with the numbers used in the Pentateuch and came to some preliminary conclusions. Although we do not know how he would have

---

24 Judg. 9:2; 12:14, etc. He went into considerable detail and so mentioned that 70 represented 10 x 7, and the origin of 7 should probably be set in Babylon or referred to the 7 planets. The components of the number 7 (3 + 4) were used in folk sayings (Amos 1) or as a way of dealing with generations, in the stories of Genesis as well as »third and fourth generation in the Decalogue and elsewhere.« Sometimes major numbers were combined in an interesting way, as in the desert station of Elim with its 12 wells, 70 palms. We see a similar use of numbers with the loot taken in the war against Midian, which had been artificially created.

handled these portions of Leviticus later; his discussions of Genesis and Exodus show him reluctant to speculate and to reach conclusions that couldn't be proved linguistically. In a field rife with speculative theories, he restrained himself.

Abzählungen

We must now turn to Jacob's 1909 monograph, *Die Abzählungen*.[25] He devoted this study entirely to the pattern of numbers found in the biblical text, a subject that fascinated him throughout his life. This was not a matter of dealing with the numerical value of the letters in a kabbalistic or playful manner, but with the numbers as used in the Bible – that is, forty days and forty nights with Noah, on Sinai, with Elijah's forty-day journey, and so on. Or the obvious use of seven not only for days of the week, but also in many other contexts such as seventy descendents of Jacob settled in Egypt, and seven weeks, but with the less noticeable manner in which words within the text repeated themselves a certain number of times in a traceable pattern. Jacob turned to this theme frequently. It was not the major component of his commentaries, but one of the subthemes found in both the Genesis and the Exodus commentaries.

In the essay *Abzählungen* he turned exclusively to this theme and promised, as explained in the preface, to deal with this matter to which he had already alluded in his book *Der Pentateuch* (1905); he lamented the fact that this book had hardly been noticed by the scholarly world. The brief introductory section of the book noted that others had recently initiated this task in a scholarly manner, but they had failed on three counts. In the first place, they had looked for the wrong set of numbers; in the second place, when their system did not work they emended the text and so forced the issue; in the third place, they often combined the wrong set of words. He promised not to do so and to admit difficulties when they existed. He then proceeded to point out that the dominant numbers he found were twelve and seventy or multiples thereof. He searched the laws concerning sacrifices that constitute the first five chapters of Leviticus and systematically proceeded through the terminology, demonstrating that the numbers were consistent with his system. The sum of the individual sacrifices, for example, was

---

25 *Die Abzählungen in den Gesetzen der Bücher Leviticus und Numeri* (J. Kauffmann: Frankfurt, 1909), 35 pp.

twenty-four, and he listed them; next, he enumerated the use of blood and fat, which comes to forty-eight; and the substances used for the nonmeat offerings *(shemen, solat, l'vonah,* and *melah)* were also forty-eight. This parade of numbers continued for many pages.

Later, when Jacob turned to these chapters again in the pages of his Leviticus commentary, he did not repeat the numerical arguments and referred to this theme only briefly.

Most interesting was his treatment of the laws dealing with skin afflictions (Chap. 13 and 14). Jacob pointed out that most critics felt this section was excessively discursive, but he considered it absolutely precise and actually abbreviated in form, as demonstrated by the fact that the declarations of clean or unclean come to twenty-four. Other detailed usages of various terms in these chapters also come to twenty-four or multiples thereof.

The monograph is not easy reading, providing little more than citations and the numbers derived from them. Benno Jacob continued these studies later in an annotated edition, which I possess. He also indicated some disappointment that only five publications had reviewed the monograph. His later notations represented not only other books of the Bible, but also citations from the Midrash and Talmud. Since the entries were not dated, I do not know how long he continued these studies.

What purpose did Jacob attribute to these sequences in Leviticus and Numbers? He indicated that such frequent repetition of numbers could not be accidental, so they projected a consistent rhythm. He suggested that an investigation of similar patterns in other works of the ancient Orient would be worthwhile. Then he concluded with a series of questions about the meaning of these repeated numbers but provided no answers. For him, it demonstrated the wish of the redactor or author to provide a system; it pointed to the unity of these books in their edited form. He did not speculate whether these patterns indicated an old or a young text, although, of course, either brought its own set of problems. The precise meaning of all this could not be discerned until each statement had been studied in detail and properly expounded – something he clearly hoped to undertake in the future. Nevertheless, Jacob did not return to this theme in a major way. He used numerical analysis in his major commentaries but never worked out an entire system. When questioned about the conclusions he had reached, he always replied to the interlocutor by asking him to count the numbers for himself.

Auge um Auge

Since the phrase »eye for an eye« occurred a number of times (Ex 21,23ff; Lev 24,19f, and Dtn 19,21),we must include it in our discussion of Leviticus. The book *Auge umd Auge*[26] provided Jacob's primary interpretation of the *lex taliones* on the Exodus text. He demonstrated that the terminology indicated compensation, not retaliation, was intended. He presented a detailed analysis of the words used in the biblical text and placed this into the setting of the ancient Near Eastern texts. Both the author and the Philo Verlag intended the study, which grew out of a lecture, to be for the educated laity as well as for the scholar. We shall not present his arguments on the Exodus text here, but shall deal only with the extension into the use of the phrase in Leviticus.

The Leviticus text strengthened the argument and could not be misunderstood; it dealt with both human beings and animals and made it clear that monetary compensation was intended. As the discussion of the three instances in which the *lex taliones* occurred is so intertwined, it is impossible to discuss one without the other, but I shall refrain, as it would add a very long segment to this essay. As Benno Jacob also wished to indicate that the text in Leviticus had not been emended, he provided a numerical discussion that through the textual use of the numbers seven and twelve demonstrated the unity of the *mishpatim*.[27] We find here a thorough analysis of each detail of these legal texts; they were then put in the framework of the ancient Near East. In the last section of the book, the discussion was carried into rabbinic literature and the New Testament. What interests us here is that this little book showed that Jacob had conducted thorough studies of the *mishpatim* along with other later texts of the Torah. This went much further than necessary for the problem at hand; it indicated that he intended to provide as much commentary on the Torah as the length of his life would permit.

Manuscript commentary on Leviticus 1–5

Jacob approached his Leviticus commentary with the same careful linguistic analysis as he did his previous two commentaries. The book was not completed and therefore lacks an introduction that might have dealt with the broader themes discussed. We must also remember that it was Jacob's way

---

26 *Auge um Auge, Eine Untersuchung zum Alten und Neuen Testament* (Berlin, 1929), 143 pp.
27 Ibid., 51.

to write a good first draft, usually by hand, and then to revise it for a working typescript copy. As he continued his research, considered various ideas, or saw the need for clarification, he changed the text. All this is clearly visible in the various manuscript versions of the Exodus commentary. The interleaved, annotated editions of earlier works, which I have, indicate that he continued to revise and add long after a book had appeared in print.

Because this work remains in manuscript and unavailable to the general reader, let me summarize the sections in somewhat greater detail than I might were the work widely accessible. Jacob began with the problem raised by the use of *ohel moed* in the opening verse. As in the earlier commentaries, he cited the major traditional and modern interpretations and his reasons for disagreeing with them. He reviewed his discussion of the *ohel moed* in Exodus, where he had demonstrated that it was a place of meeting between God and Moses. Here, for the first time, the phrase was used to deal with the needs of the Israelite people. The small letter *alef* in *vayiqra* was perhaps intended to call attention to this and to indicate that the absence of a noun was intentional.

Since the *ohel moed* was also the site of the daily sacrifice – *olat tamid* – it fulfilled the name *moed* – meeting place – for the people of Israel. The use of *el* in this brief sentence was unique and bespoke Moses' special relationship with God.

As always, Jacob noted the details, so in 1,2 the use of *adam*, placed before the verb, is different from the subject of the *mishpatim* in Exodus, which otherwise use a similar sentence structure. This placement reflected the fact that the *mishpatim* resolved conflicts between human beings, whereas here we were dealing with the relationship between human beings and God. In this instance the human beings had to take the initiative. Jacob's further comments on *adam* stated that this seldom-used term here sought to universalize the relationship between God and human beings. There was no distinction of sex or age; we were dealing with living persons and their relationship with God, who has power over life and death. This introductory segment was intended for the ordinary Israelite who presented the offering; after the sacrifice had entered the Tabernacle compound, the rules of the cult personnel were in effect.

Jacob continued with an analysis of the use of *v'somah yodo* (v. 3) in place of the expected *sim* or *heniah*. The use of the singular in verse 5 showed that the text dealt with the laity rather than with the priesthood. When the latter was intended, the plural was used along with the phrase *b'nei aharon* or, as later, here *hakohen*. In verse 7 he called attention to the use of »the priests, sons of Aaron,« which indicated a special function, not the normal priestly routine. Jacob pointed out the different terms used for various animals when designated as food or as sacrifices. Birds were a substitute for those too poor to afford a larger animal.

After only seventeen verses, but already twenty pages into the commentary, Jacob felt it necessary to halt the line-by-line commentary and dealt with the »Meaning of the Chapter.« Unlike modern critics, he did not find this section full of pedantic detail, but saw it, rather, as an effort to provide only what was necessary, and that in a summary fashion. The highly significant sacrifice, the *olah*, had to be understood correctly. The section could have been much longer but instead was one of the briefest in the Torah. Five verses sufficed for large cattle and four for small cattle and birds. Most details were omitted, so nothing was said of the method of slaughter, since it simply followed the path taken for profane use. In the later rabbinic literature this was treated at length; here, Jacob suggested that the oral tradition of the Mishnah and the Talmud may even be older than the written text of the Torah. In this section, as with its discussion of the Tent of Meeting in Exodus, our text was not interested in technical detail but in expressing basic religious and cultic thoughts. None of this was intended as a technical manual. Repetition reflected the style of the Torah, which did not use our contemporary »and so on,« but sought to provide proper recognition for each act in its place.

Jacob rejected Wellhausen's theory that the *olah* had replaced the earlier meal offering and so diminished the role of the laity. He pointed out that as far as the priests were concerned, this was the least significant sacrifice; they received nothing from it, nor did the lay person. It and the meal offering represented the truest sacrifices. As this was a free will offering, the lay element was most significant here.

Jacob criticized the Documentary Hypothesis, which made much of the vocabulary used in Leviticus, along with sections of Exodus and Numbers and built their theories of P on it. He stated that the nature and subject matter of the text called for a different vocabulary, so the theory was wrong. They considered all this material late, postexilic, and representing totally different religious concepts. This method of reasoning clouded a simple fact – this was the only detailed description of sacrifices we have. Although sacrifices were mentioned in many places in the Bible, never with any detail. Jacob felt we must ask why certain words were used or what other possibilities existed.

The words *qorban* and *hiqriv* used here were both derived from the same stem, »bring near,« which has the same meaning as the Latin *offere*, later changed in English. Jacob mildly criticized the effort of Buber-Rosenzweig to create new words appropriate for the text, because it led to new difficulties. It was preferable to solve such problems through a commentary. The offering obviously represented an effort to come nearer to God; this was best accomplished through the whole offering, consumed entirely on the altar.

Our text began with the *olah* because it represents the idea of sacrifice most completely. The sacrifice was to consist of a male without blemish; this was less an attempt to single out the male than to create a parallel to the priests themselves. The same kind of wording was used earlier, when a list of blemishes that disqualified a priest was provided. Aaron had no daughters, so this was not at issue.

The *olah* was to be brought to the gate of the Tent of Meeting. Although God is everywhere, one could concentrate entirely on God in that place of revelation with its holy ark. Following this, the lay person placed his hands on the offering, an act that occurred on only two other occasions in the Torah – the dedication of the Levites and Moses' elevation of Joshua. This *semihah* was related to that of the Levites and priests, since all were elevated to the service of God. Much has been written about this term both in the Temple cult and in later Judaism and Christianity. The *semihah* took place for cattle, large and small, which are companions to human beings, but not for birds or the meal offering. It represented the last phase in the act of sacrifice; after this demonstration of intent, the animal was slaughtered.

The purpose of this sacrifice was to seek atonement; it was consumed entirely on the altar and so differed from other offerings. Since there were other sacrifices to atone for specific acts, the Talmud asked, for what did this atone? It answered: for acts of omission. Another interpretation had its source in the Book of Job, where Job brought *olot* for his children; the Midrash, therefore, assumed that it was intended for sins of thought and intent that had not led to any act. We do not know whether anything was spoken by the person presenting the *olah*. Jacob indicated that through bringing the animal as a sacrifice, the person provided a living entity related to himself.[28]

Now Jacob turned to the basic idea behind sacrifices. How were they to be understood? They certainly were not a meal for God, nor was the burning of the sacrifice and the rising smoke to be considered an act of divine consumption. The Israelite religion did not grow out of such primitive

---

28 After the slaughter of the animal, the priestly functions began by pouring the blood, forbidden to the people, on the altar; the blood, as the life-giving force, atoned. Jacob pointed out that this idea became central in Chap. 17.

notions; it represented an absolute break with them, something totally misunderstood by the historical-critical school. Jacob stressed the need to look at the distinguishing characteristics of the Israelite religion rather than only its similarities with the ancient Near Eastern religions. The Israelite concepts contained no hint of animism, semi-divine beings, totemism, or the magical and tabu rituals associated with neighboring religions. The Israelite religion was to serve as a way of measuring the others. Despite this strong assertion, Jacob did not follow this argument with any detailed analysis here; this was to be left for later in the commentary.

Jacob also briefly discussed the use of *elohim* and *y-h-v-h*, so important to the critical school; the specific usage was to make the priests conscious of their service to the *elohim*, who was *y-h-v-h*. Jacob felt that a polemic against paganism could perhaps be found here too.

He saw the listing of animals for the *olah* as directed toward the Israelites, who later were permitted to consume the same animals.

Jacob then discussed the location of the sacrifice, which, like the sin and guilt offerings, was to be brought to the north side of the altar. This was significant because the *olah* was to be the example for the other sacrifices. It was on the North side of the altar that the show breads were placed; they were also a *tamid*, and that parallelism is important. Both were equally sacred, and all this reflected steps toward greater sanctity – the altar in the courtyard, flesh on the clean altar in the *ohel moed*, bread, fasting. Other relationships between the priests and Levites were also discussed.[29]

The wood on the altar was considered part of the sacrifice; both were burned together, as we see from reports in Genesis, Kings, Nehemiah, and the Talmud. Jacob criticized Wellhausen when he reviewed the use of the term *olah* in each of these places; he demonstrated that Wellhausen erred when he stated that the *sevah* was older and more important than the *olah*. The Book of Jubilees, the Testament of Levi, and the Mishnah discussed the types of wood suitable for the altar.

Jacob noted again the significance of each word in these brief descriptions. The term *hiqtir* connected the sacrifice to the incense offering in the inner sanctuary and so to a higher form of sacrifice. The use of *hiqtir* with any priest elevated him to the highest level of holiness – on that occasion equal

---

29 Jacob noted that here Aaron himself looked after the details of the sacrifice in this instance, as it was the first time it was brought; later his sons would undertake the task. This paralleled his initial lighting of the eternal lamp within the *ohel moed*, which his sons then kept burning.

to the high priest. When Jeroboam and Usia usurped this function it caused consternation. Jacob noted that in the Mishnah we read of a second *semihah* by the priest after he had placed all parts of the sacrifice on the altar. It formed a kind of round with the beginning of the sacrificial act and brought it full circle.

When Jacob discussed the use of *mitzbeah* as parallel to *hashayma*, we can again see his sensitivity to language. The former, like the latter, intended to point upward and should not be translated as merely »to the altar.« The frequent use of the anthropomorphism *reah nihoah* occurred without fear of awakening idolatrous thoughts. The burning meat could not have smelled particularly good to human beings, but God was elevated above such considerations.

Each paragraph concludes with *l'y-h-v-h*, which demonstrated a complete dedication of the soul to God. As Dilman stated, this kind of whole offering was possible only for the religion of Israel. Jacob concluded this section with the statement that in this initial chapter of Leviticus and in the lengthy description of the sanctuary in Exodus, we have discovered a new language, which pointed to the essential, spaceless divine. The essence was akin to the threefold holiness the seraphim proclaimed. For this reason the Hebrew language has properly been called »the holy tongue«; the exegete must not shut his ears to this and merely consider it as a »side« noise that could be ignored. So Jacob concluded the interpretation of the initial chapter of Leviticus.

Jacob devoted thirty pages of his manuscript to a discussion of the meaning of this initial chapter and dealt with a host of matters to which he wished to return later. He felt it important, however, to indicate what he considered significant and how he differed from the modern critical commentaries. His Leviticus commentary would undoubtedly have been longer and even more detailed than the Genesis and Exodus commentaries.

The second chapter dealt with the *minhah*, the meal offering, a closely knit unit that Jacob felt had presented its material with utmost brevity and, through the use of its own appropriate expressions, dissimilarly from the first chapter of the book. None of this made the interpretation easy. The opening words, often misunderstood, indicated that this was to be a flour offering, unbaked – not merely that flour was to be brought. *Solel* was meal ground from the kernel; it was sweeter, fatter, and purer than *qemah*. Wheat was intended, but neither this specification nor any quantity nor any further treatment of the flour was mentioned. Jacob noted that our chapter dealt with the general ideas and the basic direction of this sacrifice. We immediately proceeded to the oil and frankincense essential only to this offering. How the priest handled this offering was described later through very specific terminology. Again and again Jacob emphasized that these were not detailed instructions but only an overview intended primarily to stress the ideas of the sacrifices. He pointed out that the Talmudic discussions of the sacrifices usually came to the same conclusions as he, although through roundabout and dialectical arguments. In his detailed exposition of these verses, Jacob often cited the Mishnah, the Talmud, and their commentaries.

Jacob pointed out that throughout the preparation, care was taken to avoid any fermentation of the *minhah* offering; the only exceptions were the first fruit, where bread prepared through rising dough was permitted as was honey from various sources, but he noted that they were not placed on the altar but set by it. Salt, always essential, was added to the sacrifice.

Jacob was particularly interested in the meaning of the *minhah* offering. The term *minhah* itself could indicate any kind of offering, but in Leviticus dealt exclusively with offerings consisting of flour – with oil and frankincense. The *minhah*, here, was a free will offering not restricted to the poor; Jacob noted its connection with the sin offering through the term *nefesh*. The *minhah* as a free will offering had no communal counterpart, so it was introduced differently from the *olah*. It was intended to elevate the donor and to provide direction to human life, which was also true of the obligatory *minhah*. It also differed from the *olah* because there was no blood, and it consisted of the main substance of daily life, flour. *Solet*, which referred to fine flour, whether wheat or another grain, was special in ordinary life, but was to be the norm for sacrifices. Precise measures were not provided here, but only in Numbers, where a minimum, but no maximum, amount was given. It was almost always mixed with oil, which added to its tastiness, but this did not denote additional holiness, since this was not anointing, but only ordinary, oil. Nothing was said here about quality of oil, although the Talmud discussed it.

Jacob noted that the *minhah* was the only sacrifice given in a form ready for consumption, and it was eaten by the priests after a small portion had been placed on the altar. The elegance of its preparation was also intended to elevate the priesthood in the eyes of the people. It could be prepared as gruel, bread, or *matzah*, and the priests could consume it leavened. They had to be absolutely sober while on duty, but otherwise they could enjoy alcohol.[30] Jacob noted that after the flour was baked we have specific names

---

30 After all, honey and sourdough were brought as part of the sacrifice of first fruit; they were

for the forms of bread. As long as it was raw, *minhah* differed from ordinary bread, but when baked it was simply a holier form of the ordinary. When oil was poured onto it, however, it became more akin to the sacred. The verses of our text carefully thought all this out. Jacob pointed out that the contrast between ordinary bread and *minhah* became even clearer in the Talmud.

The *minhah* was designated as holy of holies when it was taken into the sanctuary; it then had the same status as other objects there. The containers were sacred, and their content became sacred once it had entered them. Jacob showed that this was discussed thoroughly in various sections of Talmud, but it could also be seen in later biblical accounts. He discussed the whole process as described in the later literature. The *minhah* was accompanied by a plea to God, except when used without oil for the *sota*.

The incense here was frankincense, which created an expensive aroma and added to the festiveness of the offering. It was added only to the *kametz*, which was placed on the altar, not to the rest, as it is not edible. Jacob noted that salt, a sign of covenant constantly recollected, was emphasized by being mentioned three times; He considered the emphasis on the *minhah* important because it was the sacrifice closest to daily life, a connection also clearly expressed by the Talmud. He felt it was much more important to be informed about daily life of ancient Israel than about the religions of the neighboring people. Archeology would eventually be helpful here.

Jacob pointed out that the various kinds of bread were separated in the containers in accordance with levels of holiness – that is, yeast or oil added, special types used, and so on. He noted that the Talmud provided us with long discussions about various kinds of daily bread that differed in the admixture of water, milk, wine, or other substances; it also described how they were baked.[31]

Jacob's final discussion dealt with the third chapter and the *zevah shelamim*, the second animal sacrifice for which both male and female animals were acceptable. He pointed out that it could be brought anywhere in the courtyard and that most of it was consumed by the lay person who brought it, with only a small amount burned on the altar. The detailed discussion of this sacrifice found in various places varied for the following reasons:

---

not brought onto the altar. This was for reasons of sobriety, without casting any aspersions on fermented products as foul or second rate.

31 Jacob here recalled the descriptions of *mannah*, which he considered as the highest praise of bread. *Minhah* represented a similar elevation of the daily bread: through it the most ordinary became sacred.

1. The consecration of Aaron and his sons
2. The consecration of Moses, for which no details were necessary
3. The first sacrificial service of Aaron and his sons
4. General instructions for the future of this sacrifice.

Jacob then dealt at length with the fat connected with the sacrifice and also with the kidneys; in this discussion traditional sources from the Talmud, Saadia Gaon, Rashi, and so on were also extensively quoted. He intended to return to these matters in »The Meaning« section, which has not survived or perhaps was not written.[32] Jacob concentrated here on the meaning of this difficult text and its vocabulary; he also sought to demonstrate its unity.

He still turned to the peace offering and the small animals used for this sacrifice (3,6ff) and the fatty tail of a special sheep mentioned here. This, as well as the term *helev*, was discussed thoroughly, including a Karaite point of view. The term *helev*, as he demonstrated, was used to express the first and best, with grain as well as animals: the portions destined for the priests.[33]

Jacob now wished to proceed with Chapters 4 and 5 and the sin offering, to be followed by a discussion of the meaning of each of these sacrifices. My copy of the text, however, ends abruptly on p. 112 of the manuscript, in the middle of the translation of a verse.

We have outlined these sections in some detail to indicate the path Benno Jacob took. He considered these sections of the Torah and the entire book of Leviticus significant and was unwilling to treat them summarily. They had often not been properly understood and certainly did not reflect a late or lower form of Judaism. He obviously wished to continue his disagreement with the source criticism in the discussion of this book, but these matters now receded into the background. He was more interested in interpreting this book so that its ideas would be understandable to the contemporary generation.

As we review Benno Jacob's discussions of segments of Leviticus, we can see the young scholar willing to be speculative and to generate hypotheses, even if not entirely provable. The existing correspondence provides no inkling of what led him to abandon this path; it was, after all, a road taken

---

32 In a lengthy note he treated the meaning of a variety of specialized terms connected with these internal organs, tracing them to their ancient origin in Babylonia, a land in which these organs were used to forecast the future.
33 A lengthy paragraph here dealt with the Mishnaic designation for the portions placed on the altar, *imurim*, and the linguistic difficulties this term presented. He explained it through detailed arguments as a reference to those portions that are found most completely in sheep. This note, along with many others scattered throughout Jacob's commentaries, indicated his wide-ranging interests and a desire to solve any puzzle he encountered.

by numerous academics of his time. If we look only at the discussion of the ancient Israelite calendar, we will find a long series of highly speculative essays. Perhaps it was a bond to the traditional commentaries and the individuals who had contemplated these issues for centuries. It might also have been that the unusual combination of his career, the practical rabbinate with scholarly efforts, brought a greater sense of reality. We then see him develop a theory of numbers in an effort to use the numerical system of the Pentateuch to indicate its unity. Although he continued to delve into this, and one can find much connected with it in his notebooks, this did not become a main pillar of his argument. It gradually became only an interesting sidelight, perhaps to be investigated further later by others.

Jacob felt he had dealt adequately with the Documentary Hypothesis in his lengthy commentary on Genesis, especially in the hundred-page excursus, so he devoted less space to these considerations in the Exodus commentary and still less in the segment of Leviticus he completed. He was content that he had proved his point.

It is impossible to compare these segments of a commentary on Leviticus with the existing earlier or later commentaries, as the author would have provided much additional material; it does compare well with those authors that have written specialized essays on segments of Leviticus. This is a very large body of literature, however, and difficult to assess. Sections that provide detailed discussions of the intent of the Bible, the theology of the text, the immense range of material covered in the different sections of Leviticus – all this is missing; and without them Jacob's work on Leviticus was too brief to judge appropriately.[34] The sections treated deserve study on their own and, we hope, will be used by other commentators. Now, more than a half century after Jacob's death, his lack of academic connections, which led to an almost total neglect by his contemporaries and their students, has ceased to matter. Time has eroded the »old boy« network, and his studies can now be judged on their merit.

The fragmentary study of Leviticus undertaken at the end of his life, like the earlier works, demonstrates unusual insights and abilities. The fact that this work and the revision of the Exodus commentary were carried out in wartime and old age is a tribute to Jacob's love of Torah, a lifelong attribute and a gift to the future.

---

34 I have recently discovered a two-hundred-page, handwritten work on Leviticus. It is a preparatory effort composed early in Benno Jacob's career, judging by the handwriting, while he was still in Göttingen. An analysis will cast light on the development of his biblical studies. That it remained unpublished shows that he considered it preliminary.

Anhang

*Rezensionen und Besprechungen von Benno Jacobs Publikationen
(erstellt von Almuth Jürgensen; alphabetisch geordnet[1])*

Adler, Cyrus (Hg.), Kurzbesprechung von »Auge um Auge. Eine Untersuchung zum Alten und Neuen Testament«, in: JQR XXI (1930/31), S. 342f.

Ahren, Yizhak, Im Sinne der Tora. Rabbiner Benno Jacobs Exoduskommentar, in: Allgemeine Jüdische Wochenzeitung, 54. Jg, Nr 1.

Allgeier, Arthur, Besprechung »Quellenscheidung und Exegese im Pentateuch«, in: Theologische Revue Nr. 7/8 (1917), Sp. 160–162.

Bacher, Wilhelm, Besprechung von »Die Abzählungen in den Gesetzen der Bücher Leviticus und Numeri«, in: OLZ 6 (1909), Sp. 268–270.

Ders., Ein alter Kunstausdruck der jüdischen Bibelexegese *secher ladavar* (auf Benno Jacobs Einleitung in die Psalmen, ZAW 17 (1897), S. 72f), in: ZAW 18 (1898), S. 83–98.

Bartels, Adolf, Besprechung von »Krieg, Revolution und Judentum. Rede vom 14. Dezember 1918«, in: Ergänzungsblätter zur »Deutschen Not«, Nr. 2 (1919), S. 4–15.

Bea, Augustin, Der heutige Stand der Pentateuchfrage, in: Biblica 16 (1935), S. 175–200; bes. S. 198.

Beer, Georg, Besprechung »Das Erste Buch Mose – Genesis«, in: OLZ 38 (1935), S. 618–621.

Bergman, Hugo, Besprechung von »Die Thora Moses«, in: Die Welt (Berlin), Nr. 11, (14. März 1913), S. 350.

Beumer, (zum Genesiskommentar), in: Scholastik, Eupen (Belgien), 1935, Heft 2.

Bodenheimer, Alfred, Auge um Auge (zu Jacobs Auslegung des »Ius Talionis«, Ex 21/24), in: INside, Nr. 6, Beilage der Jüdischen Rundschau (Basel), 11. Februar 1999.

Boehmer, Julius, Das biblische »Im Namen«: Zauberformel? Phrase? Glaubensbekenntnis? in: Die Studierstube. Theologische und kirchliche Monatsschrift (hg. von Julius Boehmer) II (Stuttgart 1904), S. 516–533.

---

[1] Zum bibliographischen Verzeichnis der Veröffentlichungen s. Benno Jacob, Das Buch Exodus, hg. im Auftrag des Leo Baeck Instituts von Shlomo Mayer unter Mitwirkung von Joachim Hahn und Almuth Jürgensen, Calwer Verlag Stuttgart 1997, S. 1090–1098.

Ders., Die geschlechtliche Stellung des Weibes in Gen 2 und 3, in: ZAW 75 (1935), S. 281–302 (Auseinandersetzung mit B. Jacob, Genesis).

Brandt, W. (Amsterdam), Besprechung von »Im Namen Jesu« von Wilhelm Heitmüller, Göttingen 1903 und »Im Namen Gottes« von Benno Jacob, in: DLZ 39 (1. Oktober 1904), Sp. 2338–2344.

Buber, Martin, Briefwechsel aus sieben Jahrzehnten, Bd. II: 1918–1938, Heidelberg 1973, S. 438–445.

Ders., Genesisprobleme, in: MGWJ 80, N. F. 24 (1936), S. 81–92

Carlebach, Joseph, Vergeltung. (Besprechung von »Auge um Auge. Eine Untersuchung zum alten und neuen Testament«), in: Der Israelit. Ein Zentralorgan für das orthodoxe Judentum, Nr. 25, 18. Juni 1931, S. 1–3.

Carlebach, Joseph, Unbelehrbar (über Jacobs Genesiskommentar), in: Gola und Geula. Beilage zum Israelit, 21. Juni 1934, Nr. 7, S. 2f.

Childs, Brevard S., The Almost Forgotten Genesis Commentary of Benno Jacob, in: Recht und Ethos im Alten Testament – Gestalt und Wirkung. Festschrift für Horst Seebass zum 65. Geburstag, hg. von Beyerle, Stefan, u. a., Neukirchen 1999, S. 273–280.

Closen, Gustav Engelbert, »Das Erste Buch der Tora«. Gedanken zu B. Jacobs Genesiskommentar, in: Res Biblica 17 (1936), S. 104–116.

Coblenz, Felix, Herr Dr. Jacob als Kritiker. Eine sachliche Beleuchtung von Rabbiner Dr. Coblenz, Leipzig 1908, 32 S.

Cook, Stanley A., Besprechung von »Der Pentateuch. Exegetisch-Kritische Forschungen«, in: The Expositor, Januar 1906, S. 92 (Old Testament Notes).

Ders., Besprechung von »Der Pentateuch. Exegetisch-kritische Forschungen«, in: JQR 18 (1906) Nr. 70, S. 370–374.

Dalman, Gustav, Besprechung von »The Decalogue«, in: ThLZ 19 (1924), Sp. 414f.

Deutsch (?), G., zu »Die Abzählungen in den Gesetzen der Bücher Leviticus und Numeri«, in: The American Israelite vol. 55, Nr. 31, Cincinnati 28. Jan. 1909.

Dienemann, Max, Die Josephs-Geschichte als Prüfstein der modernen Bibelkritik, in: AZJ Nr. 24, Jg. 80 (1916), 16. Juni, S. 282–284.

Diettrich, G., Besprechung von »Der Pentateuch«, in: Sonntagsblatt des Reichsboten, 18. Februar 1906.

Dohmen, Christoph, Besprechung von Benno Jacob, Das Buch Exodus, in: Bibel und Liturgie (Österreichisches Katholisches Bibelwerk), 72. Jg. (1999), Heft 1.

Duensing, Hugo, Besprechung »Das Erste Buch der Tora – Genesis«, in: ThLZ 26 (1935), Sp. 467f.

Eißfeldt, Otto, Der Fünfte Deutsche Orientalistentag in Bonn (21.–25. August 1928) und der Siebzehnte Internationale Orientalistenkongreß in Oxford (27. August bis 1. September 1928), in: ThBl 7 (1928), Sp. 303–309.

Epstein, J., (zum Genesiskommentar), in: The Jewish Chronicle, London, 1. März 1935.

Eschelbacher, Max, Besprechung von »Auge um Auge. Eine Untersuchung zum Alten und Neuen Testament«, in: Der Morgen 6 (1930), S. 209f.

Feuchtwanger, Ludwig, Die neue Berliner Bibel. Grundsätzliches zu einer neuen deutschen Bibelübersetzung, in: Der Morgen XI (1935/1936), S. 123–130.

Ders., Erneuerung der Bibelwissenschaft. Zu B. Jacobs Genesis-Kommentar, in: Der Morgen 10 (1934/1935), S. 53–58.

Fink, Emanuel, Besprechung »Auge um Auge. Eine Untersuchung zum Alten und

Neuen Testament«, in: Mitteilungen aus der Bücherei der Steinthal-Loge, Nr. 6, 1931–1932, o. S. (2 Seiten).

Frevel, Christian, Rezension von Benno Jacob, Das Buch Exodus, in: Bibel und Kirche, 53. Jg., 3. Quartal 1998.

Gesundheit, Shimon, Dieser Kommentar will und soll ein jüdischer sein. Zur Intention der Schriftauslegung Benno Jacobs, in: Benno Jacob, Das Buch Genesis, Hg. in Zusammenarbeit mit dem Leo-Baeck-Institut. Nachdruck der Originalausgabe Berlin, Schocken-Verlag 1934. Stuttgart 2000, S. 4–7.

Goldmann, Felix, Der wahre Sinn des Wortes »Auge um Auge. Zahn um Zahn. Eine Untersuchung zum Alten und Neuen Testament« (Besprechung »Auge um Auge. Eine Untersuchung zum Alten und Neuen Testament«), in: C. V. Zeitung, 25. Januar 1930, o. S. (3 Seiten).

Goloncki (?), (Pilsen), Besprechung von »Die Thora Moses«, in: Freie jüdische Lehrerstimme I, 11 (Feb. 1913), S. 185f.

Greßmann, Hugo, Rubrik »Eingegangene Schriften«: »Gott und Pharao«, in: ZAW 42 (1924), S. 363f.

Ders., Rubrik: »Eingegangene Schriften«: »Auge um Auge. Eine Untersuchung zum Alten und Neuen Testament«, in: ZAW 48 (1930), S. 226.

Ders., Rubrik: »Eingegangene Schriften«: »Mischehen (Morgenreihe, 7. Schrift)«, in: ZAW 48 (1930), S. 226.

Hänel, Johannes, Besprechung »Auge um Auge. Eine Untersuchung zum Alten und Neuen Testament«, in: ThLBl, Leipzig, Nr. 22, 24. Oktober 1930, S. 338f.

Halevi, Perez, Besprechung »Auge um Auge. Eine Untersuchung zum Alten und Neuen Testament«, in: Deutsche Israelitische Zeitung, Nr. 13, 12. Juni 1930, S. 3.

Heitmüller, Wilhelm, Besprechung von »Im Namen Gottes«, in: ThLZ 13 (1905), Sp. 369–374.

Hellbarth, Hans, (zum Genesiskommentar), in: Evangelische Theologie, 1937, Heft 11, S. 394–410.

Herrmann, J., Besprechung von »Quellenscheidung und Exegese im Pentateuch«, in: LZD, o. J. (nach 1916), o. S. (2 Seiten).

Hoberg, Über den Ursprung des Pentateuch (zu »Der Pentateuch), in: BZ IV, 345 (1906).

Holzer, J., Besprechung von »Im Namen Gottes«, in: Der Israelit (Central-Organ für das orthodoxe Judenthum) Nr. 8 (29. Dezember 1904, Literarische Beilage zu Nr. 103/104), S. 2235f.

Holzinger, Heinrich, Besprechung von »Quellenscheidung und Exegese im Pentateuch«, in: ThLZ 13 (1916), Sp. 291f.

Ders., Besprechung von »Die Abzählungen in den Gesetzen der Bücher Leviticus und Numeri«, in: DLZ Nr. 37 (1910), S. 2319f.

Horovitz, Jakob, Besprechung von »Quellenscheidung und Exegese«, in: Jesch. (1917).

Ders., Die Josephserzählung, Frankfurt/M. 1921 (156 Seiten). (Zu »Quellenscheidung und Exegese im Pentateuch«)

Jampel, Siegmund, Neueste exegetische Methoden, in: MGWJ 54 (1910), S. 395–399.

Ders., Antwort auf Jacobs Erwiderung, in: MGWJ 55 (1911), S. 119f.

Janowski, Bernd und Jürgensen, Almuth, »Dies wunderbare Buch«. Zur deutschen Ausgabe des Exoduskommentars von Benno Jacob, in: Benno Jacob, Das Buch Exodus, hg. im Auftrag des Leo Baeck Instituts von Shlomo Mayer unter

Mitwirkung von Joachim Hahn und Almuth Jürgensen, Calwer Verlag Stuttgart 1997, S. XI–XVIII.

Janowski, Bernd und Zenger, Erich, Ein Klassiker der Schriftauslegung. Zu Benno Jacobs Genesiskommentar, in: Benno Jacob, Das Buch Genesis, Hg. in Zusammenarbeit mit dem Leo-Baeck-Institut. Nachdruck der Originalausgabe Berlin, Schocken-Verlag 1934. Stuttgart 2000, S. 1–3.

Jeremias, Besprechung »Auge um Auge. Eine Untersuchung zum Alten und Neuen Testament«, in: DLZ III, 2. Jg., Heft 23, 7. Juni 1931, S. 67f.

Kahan, Besprechung »Die Thora Moses«, in: Die Wahrheit (Wien), Nr. 9, (28. Feb. 1913), S. 10f.

Krauss, Samuel, Besprechung von »Im Namen Gottes«, in: Literarisches Zentralblatt für Deutschland 55, (19. November 1904, Nr. 47), S. 1570f.

König, Eduard, Auseinandersetzung mit »Quellenscheidung und Exegese«, in: Ders. Hermeneutik des Alten Testaments (1916), S. 81ff.

Ders., Besprechung »Quellenscheidung und Exegese im Penateuch«, in: (Exegetische Theologie), o.J., S. 225f.

Ders., Besprechung von »Der Pentateuch« (1905), in: Studien und Kritiken. Eine Zeitschrift für das gesamte Gebiet der Theologie, 79. Jg. (1906), S. 133–140.

Ders., Eine neue Wendung in der Pentateuchkritik? (Besprechung von »Der Pentateuch«, 1905), in: Zeitschrift für den evangelischen Religionsunterricht XVIII (1906/1907).

Ders., Erwiderung auf die Besprechung seines Buches »Die messianischen Weissagungen usw.« durch Benno Jacob, in: Der Jude VIII (1924), S. 126–128.

Ders., Erwiderung auf die vorstehende »Entgegnung« (von B. Jacob auf Königs Besprechung von »Der Pentateuch« (1905)), in: Studien und Kritiken. Eine Zeitschrift für das gesamte Gebiet der Theologie, 79. Jg (1906), S. 484–487.

Ders., Has a new Proof of the Unity of Genesis been discovered? (Besprechung von »Der Pentateuch«, 1905), in: The Expository Times XVI (August 1905), S. 524–527.

Ders., Keine Wendung in der Pentateuchkritik (Antwort auf »Eine neue Wendung in de Pentateuchkritik? Eine Erwiderung« von Benno Jacob), in: Zeitschrift für den evangelischen Religionsunterricht XVIII (1906/1907), S. 308–312.

L., J., Religionsvorträge im Israelitischen Tempelverband. Rabbiner Dr. Jacob spricht über »Der Gott der Rache«, in: Hamburger Familienblatt, Rubrik: Aus dem Hamburger jüdischen Leben, 12. Januar 1933, Nr. 2, S. 9.

Lambert, Mayer, Besprechung von »Im Namen Gottes. Eine sprachliche und religionsgeschichtliche Untersuchung zum Alten und Neuen Testament«, in: REJ 48 (1904) S. 291f.

Lambert, Mayer, Besprechung von »Die Wissenschaft des Judentums, ihr Einfluß auf die Emanzipation der Juden«, in: REJ 55 (1908), S. 294f.

Lambert, Mayer, Besprechung von »Die Abzählungen in den Gesetzen der Bücher Leviticus und Numeri«, in: REJ 63 (1912), S. 282f.

Langhe, R. de, (zum Genesiskommentar), in: Ephemerides Theologica Lovanienses, Louvain, o.J., o. S.

Levinger, Wilhelm, Auge um Auge. Das Buch eines jüdischen Gelehrten. Drei Beiträge zu dem Thora-Wochenabschnitt Mischpatim, in: Bayrische Israelitische Gemeindezeitung. Nachrichtenblatt der Israelitischen Kultusgemeinden in München, Augsburg, Bamberg und des Verbandes Bayrischer Israelitischer Gemeinden, VII. Jg., 15. Feb. 1931, Nr. 4, S. 49f.

Maas, Hans, Rezension von Benno Jacob, Das Buch Exodus, in: Beiträge pädagogischer Arbeit, 41. Jg (1998), Heft 3.

Makower, Felix, Protest gegen »Die Stellung des Rabbiners« (1910), in: AZJ 1910, Nr. 46–48, 10. Februar.

Meinhold, Johannes, Besprechung von »Quellenscheidung und Exegese im Pentateuch«, in: DLZ 28 (1916), S. 1271–1273.

Möller, H., zu »Mose am Dornbusch«, in: W. Möller, Einleitung in das Alte Testament, Zwickau 1934, S. 24.

Möller, W., Besprechung von »Die biblische Sintfluterzählung – ihre literarische Einheit«, in: Der Morgen 6 (1930), S. 507f.

Nouvelle Revue Theologique, (zum Genesiskommentar), Paris, 1935.

Nowack, W., Besprechung von »Im Namen Gottes«, in: ThR (1905, Nr. 6) (Rubrik: »Altes Testament, Geschichte der israelitischen Religion II«), S. 250–253.

Pagel (Berlin), Besprechung von Wilhelm Epstein/Jacob, Die Medizin im Neuen Testament und im Talmud, in: Deutsche (?), Nr. 44, 29.10. (1903?), handschriftlich (4 Seiten), Nachlaß Pittsburgh.

Peters, Norbert, (zum Genesiskommentar), in: Theologie und Glaube, 1935, Heft 2.

Pola, Thomas, Besprechung von Benno Jacob, Das Buch Exodus, in: Theologische Beiträge, Juni 1999.

Radday, Yehuda T., Dort oben ging es nicht mit rechten Dingen zu. Ein Buch, das vom Himmel fiel, und sein geretteter Kommentar: Wie Benno Jacob das Buch Exodus las, in: Frankfurter Allgemeine Zeitung, 10. Februar 1998, Nr. 34, 7 D.

Reider, Joseph, Besprechung »Das Erste Buch der Tora – Genesis«, in: JQR 30 (1939–1940), S. 189f.

Riebesehl, Klaus, Besprechung von Benno Jacob, Das Buch Exodus, in: Jahrbuch für Evangelikale Theologie, 13. Jg. (1999/2000).

Robinson, T. H., Besprechung »Das Erste Buch der Tora – Genesis«, in: The Expository Times 46 (1934/1935), (Rubrik: »Recent Foreign Theology«), S. 284.

Ders., (zum Genesiskommentar), in: Journal of Royal Asiatic Society, Oct. 1935, S. 750ff.

Rosenblatt, Samuel, Book Review on »Das Erste Buch der Tora – Genesis«, New York 1974 and »The First Book of the Bible: Genesis«, by Benno Jacob. Abridged, edited and translated by E. I. and W. Jacob, New York 1974, in: JBL 95 (1976), S. 285f.

Rosenzweig, Franz, Briefe, Berlin 1935, S. 402f u. ö.

Ders., Briefe und Tagebücher, 2. Bd. 1918–1929, (Der Mensch und sein Werk. Gesammelte Schriften, Bd. I), Haag 1979, S. 1284 (Index).

Rost, Leonhard, Besprechung »Das erste Buch der Tora – Genesis«, in: DLZ (1935), 7. April, 6. Jg., Heft 14, Sp. 577f.

Samuel, Salomo, D. Jacobs neuer Beitrag zur Bibelforschung. Im Hinblick auf sein Buch Quellenscheidung und Exegese im Pentateuch«, in: K. C.-Blätter 7, (1917, Nr. 14), S. 773–776.

Samuel, Salomo, Ein Meisterwerk der Schriftauslegung. »Benno Jacob: Das erste Buch der Tora Genesis, Berlin, Schocken-Verlag, 1934«, in: CV-Zeitung, 16. April 1936, Nr. 16, 2. Beiblatt.

Schendemann, Wilhalm, Die Tora ist nie zu Ende gelesen – einige Bemerkungen zum Kommentar über das biblische Buch Exodus von Benno Jacob, in: Im Gespräch, Heft 3, Nov. 2001, S. 66ff.

Schl., Noch eine Feststellung (zu Jacobs Genesiskommentar), in: Der Israelit Nr. 50, Jg. 77, 17. Dez. 1936, S, 10.

Schmid, Konrad, Klassiker in Neuerscheinung. Der Exoduskommentar von Benno Jacob erstmals auf deutsch, in: Reformierte Presse 35 (1998), S. 11.

Schmidt, Werner H., Besprechung von Benno Jacob, Das Buch Exodus, in: ThLZ 124 (1999), 7/8.

Schulthess, Friedrich, Zu Benno Jacobs Aufsatz S. 135ff (»Christlich-Palästinensisches«), in: ZDMG 55 (1901), S. 337–340.

Siegfried, zu »Beiträge zu einer Einleitung in die Psalmen«, in: Theologischer Jahresbericht 1897, S. 52.

Speyer, H., Besprechung von »Auge um Auge. Eine Untersuchung zum Alten und Neuen Testament«, in: MGWJ 79 (1935), S. 53–55.

Stade, Bernhard, zu »Der Pentateuch« (Bibliographische Notizen), in: ZAW 25 (1905), S. 98.

Steuernagel, C., zu »Die Abzählungen in den Gesetzen der Bücher Leviticus und Numeri«, in: ThLZ Nr. 11 (1909), S. 324f.

Strathmann, D. H., Besprechung von »Auge um Auge, eine Untersuchung zum Alten und Neuen Testament«, in: Theologie der Gegenwart XXIV, Heft 11/12 (1930) (Rubrik: »Neues Testament, 4. Auslegung«), S. 311f.

Stern, Heinrich, Nachwort (zu Jacob, »Zeremonial- und Sittengesetz«, in: Gemeindeblatt der jüdischen Gemeinde zu Berlin, 20. Jg., Dez. 1930, Nr. 12, S. 546–551), o. J. (1930/31) (3 Spalten).

Sternfeld, (zu Jacob, »Zeremonial- und Sittengesetz«, in: Gemeindeblatt der jüdischen Gemeinde zu Berlin, 20. Jg., Dez. 1930, Nr. 12, S. 546–551), o. J. (1930/31)

T., Die neue Genesis (zum Genesiskommentar), o. J., S. 19f.

Urbach, Ephraim, Neue Wege der Bibelwissenschaft, in: MGWJ 82 (1938), S. 1–22.

Vogelstein, Hermann, Besprechung von »Im Namen Gottes«, in: AZJ 69 (24. Februar 1905, Nr. 8), S. 90f.

Wiener, Max, Aus der neuesten bibelwissenschaftlichen Literatur (zu »Quellenscheidung und Exegese im Pentateuch« (Benno Jacob) und »Die Josephsgeschichte« (Jakob Horovitz)), in: MGWJ 69 (1925), S. 6f.

Witzel, Theophil, Besprechung von »Der Pentateuch«, in: Literarischer Handweiser 1906, Nr. 5, S. 187.

Ders., Besprechung von »Der Pentateuch«, in: Biblische Zeitschrift 1905, S. 98.

(Autor/in unbek.), Bericht über Orientalistenkonferenz Oxford 1928, in: The Near East and India (Londoner Wochenschrift), Vol. XXXIV, Nr. 903–906.

(Autor/in unbek.), Besprechung von Jacob, B., Quellenscheidung und Exegese im Pentateuch, in: Monatsblätter für den kath. Religionsunterricht an höheren Lehranstalten, Heft 1, 1917, o. S. (1 Seite).

(Autor/in unbek.), Der Fünfte Deutsche Orientalistentag Bonn 1928 vom 21. bis 25. August 1928 veranstaltet von der Deutschen Morgenländischen Gesellschaft, in: ZDMG 81/82 (1927), S. LXIII (zu Benno Jacob »Die Talion im Bundesbuch«).

(Autor/in unbek.), »Die Abzählungen in den Gesetzen der Bücher Leviticus und Numeri« (kurze Notiz), in: Literarische Beilage der Kölnischen Volkszeitung Nr. 4, 29. Januar 1909, S. 29.

(Autor/in unbek.), Kurzbesprechung von »Auge um Auge. Eine Untersuchung zum Alten und Neuen Testament«, in: JQR XXI (1930–1931), S. 342f.

(Autor/in unbek., maschinenschr.), The first Book of the Tora Genesis, translated and explained by B. Jacob, 3 Seiten (Februar 1935), (Nachlaß Pittsburgh).

(Autor/in unbek.), zu Jacobs Eintreten gegen Liebermann von Sonnenberg (1892), in: MVAA, 16.–22. Dez. 1892.

(Autor/in unbek.), Rezension von Benno Jacob, Das Buch Exodus, Pfälzisches Pfarrerblatt, 88. Jg., Nr. 11, Nov. 1998.

(Autor/in unbek.), Besprechung von Benno Jacob, Das Buch Exodus, in: Internationale Zeitschriftenschau für Bibelwissenschaft und Grenzgebiete, Vol. 44 (1997/1998).

(Autor/in unbek.), Besprechung von Benno Jacob, Das Buch Exodus, in: Allianz Spiegel, Informationsschrift der Österreichischen Evangelischen Allianz, Nr. 48, 13. Jg., 12/1999.

M. K. (Autor/in unbek.), Besprechung von Benno Jacob, Das Buch Exodus, in: ZAW 1999 (Sonderdruck).

T. (Autor/in unbek.), Die neue Genesis, in: B'nai B'rith, Monatsblätter der Grossloge für den Cechoslovakischen Staat X (1935), Jg. XIV, I.O.B.B., S. 19f.

C. H. (Autor/in unbek.), zum Genesiskommentar, in: Nouvelle Revue Theologique, Juni 1935.

K.-F. W.(Autor/in unbek.), Rezension zu Benno Jacob, Das Buch Exodus, in: Kirchliches Amtsblatt der Evangelischen Kirche von Westfalen, Nr. 1 vom 19. Feb. 1998.

Artikel und Aufsätze zur Biographie Benno Jacobs
(erstellt von Almuth Jürgensen; alphabetisch geordnet)

Ash, Adolph/Philippson, Johanna, Self Defence at the turn of the Century, in: YLBI III (1958), S. 122–139, bes. S. 134f, Anm. 26f.

Birkmann, Günter/Stratmann, Hartmut, Benno Jacob, in: Bedenke vor wem du stehst. 300 Synagogen und ihre Geschichte in Westfalen und Lippe, Essen 1998, S. 261f und 50–54.

Borut, Jacob, The Rise of Jewish Defence Agitation in Germany, 1890–1895: A Pre-History of the C. V.?, in: YLBI XXXVI (1991), S. 59–96, bes. S. 62 Anm. 18; S. 76, S. 92.

Carlebach, Julius, Benno Jacob – eine Rekonstruktion, in: Benno Jacob, Das Buch Exodus, hg. im Auftrag des Leo Baeck Instituts von Shlomo Mayer unter Mitwirkung von Joachim Hahn und Almuth Jürgensen, Calwer Verlag Stuttgart 1997, S. XIX–XXV.

Engel, David, Patriotism as a Shield. The Liberal Jewish Defence against Antisemitism in Germany during the First World War, in: YLBI XXXI (1986), S. 147–171, bes. S. 161f (zu »Krieg, Revolution und Judentum«).

Eschelbacher, Max, Zur Erinnerung an Benno Jacob, in: Mitteilungsblatt für die jüdischen Gemeinden in Westfalen, (Oktober/November 1959, Nr. 3), S. 4.

Ders., Benno Jacob (1862–1945). Centenary of his birth, in: AJR-Information 17 (September 1962, Nr. 9), S. 8 (mit Photo).

Ders., »Benno Jacob (1862–1945)«, in: Tradition und Erneuerung Nr. 14 (Dezember 1962), Bern, S. 210–215.

Geis, Robert Raphael/Kraus, Hans-Joachim, »Benno Jacob«, in: Versuche des Verstehens. Dokumente jüdisch-christlicher Begegnung aus den Jahren 1918–1933, München 1966, S. 81–86.

German Jewry. Its History, Life, and Culture, London 1958, The Wiener Library Catalogue Series, Nr. 3, S. 64, 202.

Glatzer, Nahum N., The Frankfort Lehrhaus, in: YLBI I (1956), S. 105–122, bes. S. 117.

Goldschmidt, F., A Vigorous Fighter, in: AJR-Information 17 (September 1962, Nr. 9), S. 8.

Greibel, Fred (Hg.), Leo Baeck Institut New York, Catalog of the Archival Collections, Tübingen 1992, S. 280.

Hanemann, Frederick T., »Benno Jacob«, in: JE 7 (1904), S. 30.

Holländer, Ludwig, Zum 70. Geburtstag von Rabbiner Dr. Benno Jacob (Viadrina), in: K. C. Blätter (Zeitschrift des Kartell Convents der Verbindung deutscher Studenten jüdischen Glaubens) 23, (Januar 1933), Nr. 1, S. 3–5.

Ders., Benno Jacobs Kampf mit Liebermannn von Sonnenberg, in: K. C.-Blätter (Zeitschrift des Kartell Convents der Verbindung deutscher Studenten jüdischen Glaubens) 23 (Januar 1933), Nr. 1, S. 3–7.

Jacob, Ernst I., »Benno Jacob«, in: Bulletin Congregation Habonim 5 (Mai 1945, Nr. 7), S. 4–6.

Ders., Benno Jacob als Rabbiner in Dortmund, in: Mayer, Hans Chanoch (Hg.), Aus Geschichte und Leben der Juden in Westfalen. Ein Sammelband, Frankfurt/M. 1962, S. 89–92.

Ders., Life and Work of B. Jacob (1862–1945), in: Paul Lazarus Gedenkbuch. Beiträge zur Würdigung der letzten Rabbinergeneration in Deutschland, Jerusalem 1961, S. 93–100.

Ders., The Torah Scholarship of Benno Jacob, in: CJud (Summer 1961), S. 3–6.

Jacob, Walter, The Life and Works of Benno Jacob, in: Jacob, Benno, The second Book of the Bible Exodus, translated with an Indroduction by Walter Jacob, Hoboken N. J. 1992, S. XV–XXXII.

Jürgensen, Almuth, Die Tora lehren und lernen. Rabbiner Benno Jacob in Dortmund (1906–1929), in: Barbian, Jan-Pieter (Hg.), Juden im Ruhrgebiet. Vom Zeitalter der Aufklärung bis in die Gegenwart, Essen, S. 67–104.

Kaznelson, Siegmund, Juden im deutschen Kulturbereich, Berlin 1959, S. 943.

Kisch, Guido, Das Breslauer Seminar, Jüdisch-Theologisches Seminar (Fraenkelsche Stiftung) in Breslau 1854–1939. Gedächtnisschrift, Tübingen 1963, S. 420.

Klatzkin, Jakob, »Benno Jacob«, in: EJ (D) 8, Berlin 1931, S. 738.

Liebeschütz, Hans, Das Judentum im deutschen Geschichtsbild von Hegel bis Max Weber, Tübingen 1967, S. 266f.

Liebeschütz, Hans, Profile of a Rabbi, in: YLBI VIII (1963), S. 252f.

Lowenthal, Ernst G., Juden in Preußen. Biographisches Verzeichnis. Ein repräsentativer Querschnitt, Berlin 1981, S. 104.

Röder, Werner/Strauss, Herbert A., Biographisches Handbuch der deutschen Emigration nach 1933, Bd. 1, München u. a. 1980, S. 322.

Rosenzweig, Franz, Briefe eines Nichtzionisten an einen Antizionisten, in: Der Jude, Sonderheft zu Martin Bubers 50. Geburtstag (1928), S. 81–86.

Rosenzweig, Franz, Briefe, Berlin 1935, S. 125ff; 400ff; 490ff; 580ff; 618ff.

Rotschild, Jacob, »Benno Jacob«, in: HaEncylopaedia HaIvrit 20, Jerusalem 1970/1971, Sp. 30f.

Rotschild, Jacob, »Benno Jacob«, in: EJ 9 Jerusalem 1972, Sp. 1206f.
Samuel, S., Dr. Benno Jacob. Zu seinem 60. Geburtstage am 8. September 1922, in: CVZ 18 (7. September 1922), S. 222f.
Schottroff, Willi, Franz Rosenzweig und die Bibel, in: ders., Das Reich Gottes und der Menschen, München 1991, S. 99–135.
Seligmann, Caesar, Erinnerungen (1860–1950), Frankfurt/M. 1975, S. 137ff; 174ff.
Toury, Jacob, Anti-Anti 1889/1892, in: YLBI XXXVI (1991), S. 47–59, bes. S. 48.
The Universal Jewish Encyclopedia Vol. 6, »Benno Jacob«, New York 1942, S. 13.
Walk, Joseph, Kurzbiographien zur Geschichte der Juden in Deutschland 1918–1945, München u. a. 1988, S. 168.
Wassermann, Henry, Bibliographie des jüdischen Schrifttums in Deutschland 1933–1943, Bibliographien der deutsch-jüdischen Geschichte Bd. 2, München u. a. 1989, S. 29f.
Wiener, Max, »Benno Jacob«, in: JL 3 (1927), S. 107f.
Wilhelm, Kurt, Benno Jacob. A militant Rabbi, YLBI 7 (1962), S. 75–94.
Ders., »Benno Jacob«, in: Wissenschaft des Judentums im deutschen Sprachbereich I, Tübingen 1967, S. 87ff.
Wininger, S., Grosse Jüdische Nationalbiographie, Cernowitz 1925–1936, III, S. 254 und VII, S. 114.
(Autor/in unbek.), Leo Baeck Institut New York, Bibliothek und Archiv, Katalog Bd. 1, Tübingen 1970, S. 227; 275.
(Autor/in unbek.), in: Aufbau-Reconstruction. An American Weekly 6, New York 1945, S. 14.

Verzeichnis der Autorinnen und Autoren

Elman, Yaakov Associate Professor of Judaic Studies, Yeshiva University.

Gesundheit, Shimon, Dr., Privatdozent am Department of Bible der Hebrew University of Jerusalem, Israel.

Jacob, Walter, Dr. und Rabbiner am Rodef Shalom Templer in Pittsburgh/USA, Oberrabbiner der Liberalen jüdischen Gemeinde Beth Shalom in München, Lehrer am Abraham Geiger Institut in Potsdam und Enkel von Benno Jacob.

Jürgensen, Almuth, Pastorin der Nordelbischen Kirche, arbeitet an einer Dissertation über Benno Jacob.

Marks, Herbert, Professor für vergleichende Literaturwissenschaft und Direktor des Institute for Biblical and Literary Studies an der Indiana University, Bloomington/USA.

Niehoff, Maren Ruth, Dozentin für Jüdische Studien an der Hebräischen Universität Jerusalem.

Plaut, W. Gunther, Rabbi Dr., Herausgeber und Hauptautor, The Torah – A Modern Commentary (New York, 1981) und 25 anderer Werke. Präsident Central Conference of American Rabbis, 1983–85.

Pritzlaff, Christiane, Dr. phil. Oberstudienrätin und Lehrbeauftragte der Universität Hamburg. Tätigkeiten in der Lehrerfortbildung und freie Mitarbeiterin des NDR.

Wiese, Christian, Dr., Wiss. Assistent am Lehrstuhl für Judaistik an der Universität Erfurt.